知識ゼロでも自分でできる！

オールカラー

個人事業の経理と節税

【第2版】

税理士
大沢 育郎 監修

ナツメ社

個人事業を始めよう！ 3つのアクション

サラリーマンとはココが違う！

自分の行動こそすべての原動力！

個人事業を開業したばかり **佐藤**さん

佐藤さんの心強い相談役 **大沢育郎** 税理士

個人事業主になってすぐ気が付いたんですけど、

個人事業主って、本業の仕事以外にやらなければならないことがたくさんありますね。

サラリーマン時代は会社が税金やいろいろな届出、手続きも代わりにやってくれましたからね。

事業主は経営に関するおカネの管理もしないといけません。

自分でアクションを起こさないと、何も進みませんね……

そのとおり！　個人事業は自分のアクションがすべての原動力です。

まずは事業を経営していく上で必要な手続き、そして経理と税金の基本的なしくみを知ることから始めましょう。

アクション1

届出

個人事業の開業を税務署に届け出る

行動は自分から！

個人事業主を始めるためにはまずは税務署に「個人事業の開廃業届出書」を提出し、いよいよ夢の実現に向けて事業のスタートを切ります。届出書には自分の「屋号」も記載します。ビジネスの内容、お店への思いを込めた名前をよく考えましょう。

詳しい内容は
➡ 第1章　開業に向けた準備　23ページ

アクション2

経理

毎日の取引を帳簿に記録する

とても重要！

毎日の売上や仕入を帳簿に記録します。自分のビジネス、商売でのおカネの動きを把握することは、経営者として事業を維持していくためにとても重要です。経理にはルールがあります。このルールに沿った経理は青色申告控除を受ける条件でもあります。

詳しい内容は
➡ 第3章　経理のイロハをマスターする 49ページ

アクション3

税金

1年分の所得税を確定申告する

事業主の義務！

個人事業主は自分の所得について確定申告をしなければなりません。ココがサラリーマン時代とは大きく変わるところです。売上の金額によっては消費税の確定申告をしなければならない場合もあります。

詳しい内容は
➡ 第2章　個人事業主のための税金講座〜基礎編〜 39ページ

個人事業を始めよう!

おカネの動きを帳簿に付ける

経理の目的

目的は事業用のおカネの管理

個人事業はどんぶり勘定では経営を維持できません。売上や費用といった毎日の取引に伴うおカネの動きを帳簿に記録することで、儲けはどのぐらい出せたのか、ムダな支出はないかなど、自分の事業を取り巻く現状を把握できます。

Point! 経理によって事業の本当の姿を把握する

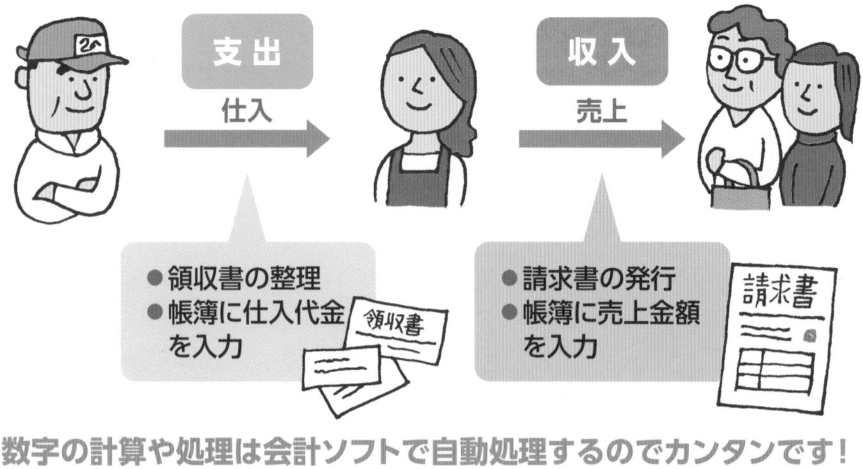

数字の計算や処理は会計ソフトで自動処理するのでカンタンです!

ココに注意 ⚠ **事業用とプライベートは別の財布に**

経理を始める上で最初にすることは「事業用の財布」を作ることです。生活やプライベートに使うおカネと区別するためです。事業用のおカネはすべて事業用の財布で出し入れします。帳簿を付ける時に混乱しないように、銀行口座・カードなどは事業用とプライベート用をしっかり分けて管理しましょう。

経理の流れと記帳する帳簿

経理を始める前に

- 所得税の青色申告承認申請書を税務署に提出
- 会計ソフトの導入、初期設定

最高65万円の所得控除が受けられる青色申告特別控除を受けるためには事前届出が必須です

毎日（随時）

- 現金、預金の残高確認
- 領収書や請求書の管理、伝票の起票
- 現金の出入を現金出納帳に記帳
- 預金の出入を預金出納帳に記帳
- すべての売上を売掛帳に記帳
- 仕入の発生ごとに買掛帳に記帳

■現金出納帳に記帳する

令和×年		摘要	収入	支出	残高
1	1	前月繰越	700,000		700,000
	6	A商店から仕入		240,000	460,000
	11	B株式会社から売掛金を[			
	19	C商店へ売上			
	22	スタッフの給与支払い			

書き方は基本的にお小遣い帳と同じ。入金と出金と残高を記入する

毎月

- 前月の財務状況をまとめる（月次決算）
- 請求書の発行
- 入金の確認
- 売上代金、仕入代金にかかる仕訳
- 資金繰りの確認
- 従業員がいる場合は給与計算、源泉所得税の納付
- 仕入の発生ごとに買掛帳に記帳

■仕訳帳を作成する

日付		摘要	元丁	借方	貸方
11	4	（売掛金）	5	450,000	
		（売上）	4		450,000
		C商店に掛け売上			
	18	（普通預金）	2	180,000	
		（売掛金）	5		180,000
		B株式会社より入金			
		（通信費）			
		11月分携帯電話料金			
		ネットショップでプリンタ			

取引を入力すれば各帳簿を自動で作成してくれる会計ソフトもあります

1年の最後（決算）

- 1年の財務状況をまとめる
  （決算、損益計算書、貸借対照表の作成）
- 実地棚卸
- 固定資産の償却
- 前払費用、未払費用の管理
- 交際費や雑収入の確認
- 従業員がいる場合は年末調整

■損益計算書、貸借対照表を作成する

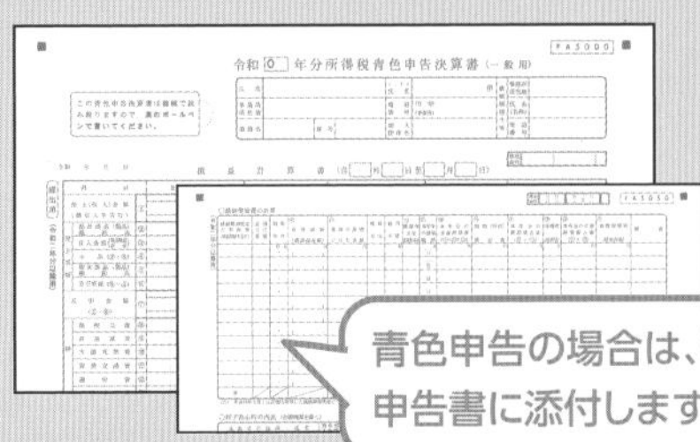

青色申告の場合は、確定申告書に添付します

積み重ねた帳簿データから作成する決算書は〝事業の通信簿〟

▼

しっかり帳簿を備えた申告はその内容の証明にもなります。

避けては通れない

個人事業を始めよう！ 税金のこと

1年分の所得税を確定申告

個人事業主は税金の申告と納付を自分でしなければなりません。1年間の所得状況に応じた税額を計算し、期限までに税務署に申告・納付します。これが確定申告です。税金を正しく支払わない場合は厳しいペナルティがあります。

Point! 納税は国民の義務。軽く考えてはいけない

所得税（復興特別所得税）

1月から12月までの1年間の所得に対して課される税金。2013年分からは所得税に加えて、復興特別所得税も課されています。

住民税

住んでいる自治体に支払う税金。所得によって税額が決まる所得割、一定の負担を定めた均等割を組み合わせて税額が決まります。

事業税

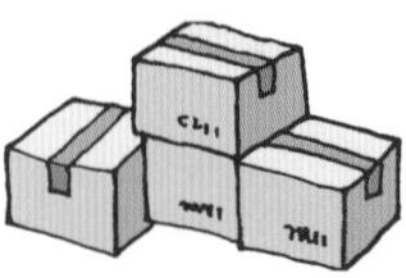

個人事業者のうち特に法律で定められた業種の事業者に課税されます。

国民健康保険税

健康保険料ともいいます。サラリーマンは会社が折半している場合もあるので、個人事業主になると思いのほか高額に感じることも。

ココに注意 ⚠ 課税売上高が1000万円を超えると消費税も

課税売上高が1000万円を超える個人事業主は消費税の課税事業者として消費税の確定申告も必要となります。ただし、課税事業者となるかどうかは前々事業年度の課税売上高で判断します。そのため、一部の例外を除き、開業から2年間は消費税はかかりません。

※2023年10月１日以降、インボイス発行事業者として登録した場合は課税事業者となります。

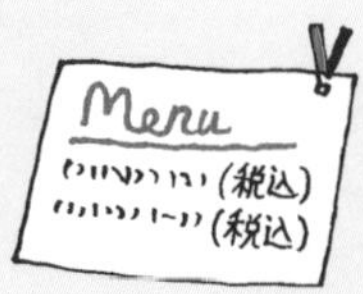

1年の税務スケジュールがわかる 税金カレンダー

★プライベート用のおカネから納付する税金　●事業用のおカネから納付する税金　◎従業員に代わって事業主が納付する税金

★所得税の還付申告（1月1日～3月15日）

★所得税の確定申告（2月16日～3月15日）

●消費税の確定・還付申告（2月16日～3月31日）

1月

◎従業員の源泉所得税の納期の特例分納付（7月～12月分）（納期限20日）

●固定資産税（償却資産税）の申告（納期限31日）

★国民健康保険税（第8期）

2月

★国民健康保険税（第9期）

3月

★国民健康保険税（第10期）

4月

5月

★住民税の通知

●自動車税の通知

●自動車税の納付（納期限31日）

6月

★住民税の分割納付（第1期分）

●固定資産税の分割納付（第1期分）

★国民健康保険税（第1期）

7月

◎従業員の源泉所得税の納期の特例分納付（1月～6月分）（納期限10日）

★国民健康保険税（第2期）

★所得税の予定納税 1期分

8月

★住民税の分割納付（第2期分）

●事業税の通知

●事業税の分割納付（第1期分）

★国民健康保険税（第3期）

9月

●固定資産税の分割納付（第2期分）

★国民健康保険税（第4期）

10月

★住民税の分割納付（第3期分）

★国民健康保険税（第5期）

11月

●事業税の分割納付（第2期分）

★国民健康保険税（第6期）

★所得税の予定納税 2期分

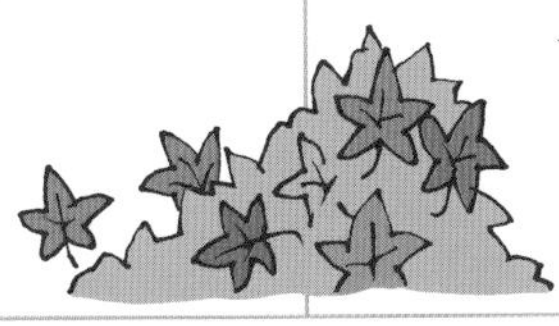

12月

◎従業員の年末調整

●固定資産税の分割納付（第3期分）

★国民健康保険税（第7期）

※従業員の源泉所得税の納付は特例を適用しない場合、毎月10日が納付期限です。
※国民健康保険税、固定資産税については自治体により異なる納期を定めている場合があります。
※税金ではありませんが、このほかにも個人事業主には国民年金保険料（2024年度月額1万6980円）の納付があります。

必見

個人事業主が知っておきたい

「節税」のコツ

大沢税理士が安心・安全な税金対策を伝授します！

払わなければならない税金と払わなくてもいい税金の巻

税金って高いですよねえ。節税というか、もっと安くならないものでしょうか?
事業主にとって納税は大きな負担ですね。でも、節税を考える前に自分が納める税金の額って、誰が決めていると思いますか?
そりゃ税務署でしょう?
違います。自分が納める税金の額は事業主が自分で決めているんです。
え? うそでしょう? 税務署が申告漏れで調査に入ったとか、聞きますけど?
調査が入ったのは事業主が払わなければならない税金を正しく申告しなかったからですね。
税金には払わなければならない税金と、払わなくてもいい税金があるんですよ

ご存知ですか？ 申告納税制度

申告納税制度は、納税者の一人一人が自分で税務署へ
所得等の申告を行い税額が確定し、この確定した税額を納付する制度で、
国の税制の土台となるものです。

ある年に
払った
所得税

節 税

必要経費を
漏れなく計上

税務上の
優遇措置を適用

税務署が自動で申告額から差し引いてくれるわけではありません。個人事業主が経費を精査し、優遇措置を使いたい場合は適用の届出、手続きを行い申告・納付額に反映させなければなりません。

納める税額は全然変わる

払わなくても
いい
税金

払わなければ
ならない
税金

節税の王道！

必要経費になるものはきっちり漏らさず処理する

＋

使える優遇措置はしっかり活用する

申告納税制度の理念は納税者が法律に定められた納税義務を自発的に、かつ適正に行うことを求めているものですが、個人事業主は税金に関する新しいニュース、優遇措置の動向などにも高い意識を持って、税負担の軽減を図りたいものです。

掛金は全額所得控除！節税効果も大きい年金制度の巻

脱サラして起業しましたが、改めて感じるのは税金と社会保険関係の負担感ですね。
税務署
ねんきん
保険料
サラリーマンは年金や健康保険にかかる保険が会社と折半ですから、自分で全部を払うとなると大変ですね。
年金については厚生年金から国民年金になったので、将来の給付額を考えると正直、不安もあります。
年金
国民年金に上乗せできる年金制度に加入することで計画的な資産形成が進められますよ。掛金は全額が所得控除できる制度ならば節税効果が大きく、必ず出ていく公的な費用の負担感も軽減できます。
税金

国民年金と組み合わせ

おすすめの年金制度

個人事業主が加入できる代表的な年金制度を紹介します。
いずれの制度も掛金について全額が所得控除できます。将来受け取ることができる予定利率などはそれぞれの制度によって違いがあります。

個人型確定拠出年金「iDeCo」(イデコ)

自分で運用商品を選び、掛金とその運用益との合計額について給付が受けられます。そのため、運用の実績によってはマイナスになるケースもあります。

運営主体	国民年金基金連合会
加入資格	20歳以上65歳未満の人
毎月の掛金	5000円～6万8000円まで1000円単位(自営業者の場合)
受け取り方法	老齢給付金として原則60歳から(一時金、年金、併用)
申し込み先	金融機関

■ iDeCoの節税効果シミュレーション

モデルケース ●年収500万円 ●年齢50歳 ●掛金6万8000円(月額)

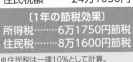

〔iDeCoに加入した場合〕
課税所得……154万4500円
所得税額…………7万7225円
住民税額………15万9450円

〔iDeCoに加入しなかった場合〕
課税所得……236万5000円
所得税額………13万8550円
住民税額………24万1050円

〔1年の節税効果〕
所得税………6万1750円節税
住民税………8万1600円節税

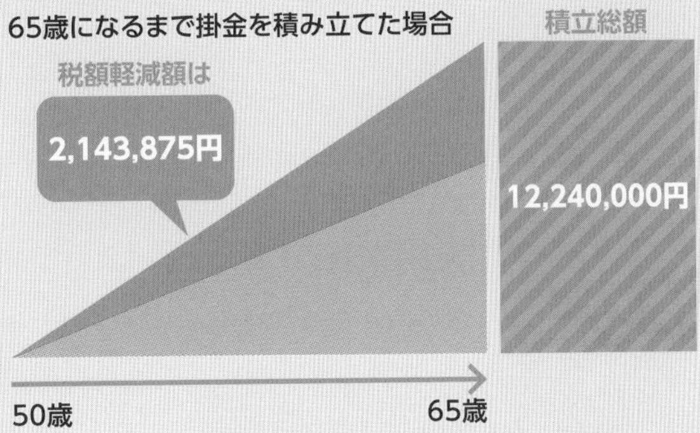

※住民税は一律10%として計算。

小規模企業共済

全国で約159万人(2022年3月時点)が加入しています。事業資金の貸付制度もあります。

運営主体	中小企業基盤整備機構
加入資格	小規模企業の経営者や役員、個人事業主など
毎月の掛金	1000円～7万円まで500円単位
受け取り方法	満期や満額はなく、退職・廃業時に受け取り可能(一括、分割、併用)
申し込み先	商工会、商工会議所、金融機関など

国民年金基金

会社員などとの年金額の差を解消するために創設された公的な年金制度。65歳から生涯受け取る終身年金が基本です。

運営主体	国民年金基金連合会
加入資格	20歳以上65歳未満の自営業者とその家族、フリーランス、学生など
毎月の掛金	上限6万8000円
受け取り方法	老齢年金と遺族一時金
申し込み先	全国の国民年金基金支部など

押さえておきたい最新税務

2023年10月1日スタート

インボイス制度のキホン

インボイス制度ってナニ?

2023年10月1日から、商品・サービスの取引ごとに消費税率や消費税額、インボイス発行事業者の登録番号などを記載したインボイスを取引相手に交付して保存するインボイス制度が始まります。
それぞれの商品・サービスごとに適用する消費税率、消費税額を明らかにすることで、消費税の納付額をより正確に把握することが目的です。
消費税は、自分の売り手（消費者）から受け取った消費税額（売上税額）から、自分がその仕入の際に買い手に支払った消費税額（仕入税額）を差し引いて、納付する消費税額を計算するしくみです（消費税の仕入税額控除）。2023年10月1日以降はこの仕入税額控除を受けるためにはインボイスの保存、記帳が必要となります。なお、インボイス制度の導入に伴い、個人事業主の経理負担を軽減するための経過措置や特例も設けられます。

インボイス制度

商品・サービス取引ごとに適用する消費税率や
消費税額を明記した請求書を交付する

個人事業主 → 取引先（お客様）

インボイスの発行には準備が必要

- インボイスを発行するためには事前に税務署に登録する必要があります。

- インボイス発行事業者の登録を受けると、消費税の課税事業者になるので、消費税の確定申告が必要になります。

- 取引先にインボイス発行事業者の登録を受けた旨を知らせます。インボイスの交付方法なども共有します。

インボイスを発行できるとナニが違うの？

インボイスがないと、消費税額を計算する上で仕入にかかる消費税額を差し引くことができません（仕入税額控除）。消費税の課税事業者は、インボイスを発行しない免税事業者からの仕入税額控除ができないので、消費税の負担が大きくなってしまうケースがあります。

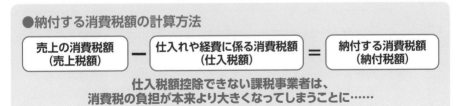

●納付する消費税額の計算方法

売上の消費税額（売上税額） － **仕入れや経費に係る消費税額（仕入税額）** ＝ **納付する消費税額（納付税額）**

仕入税額控除できない課税事業者は、消費税の負担が本来より大きくなってしまうことに……

●自分はインボイス発行事業者で、仕入先がインボイスを交付してくれないケース

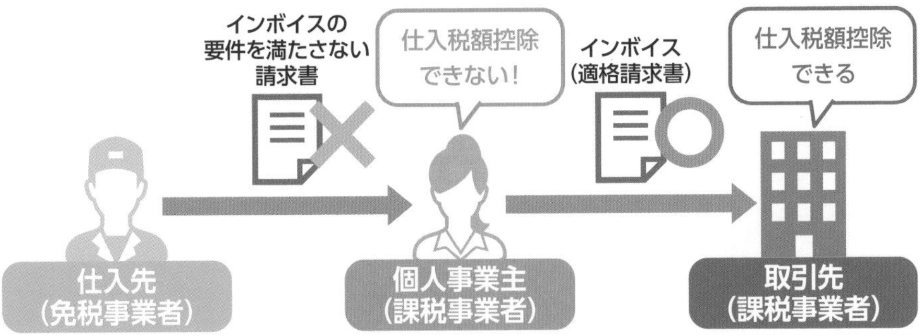

●自分は免税事業者で、取引先にインボイスを交付しないケース

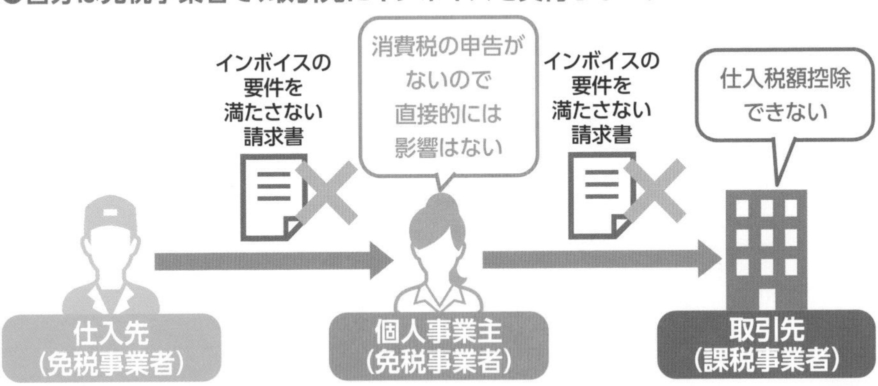

ただし、免税事業者からインボイス発行事業者になる個人事業主などを対象に、消費税の納税額を売上税額から8割差し引くことができる「2割特例」や、インボイス制度開始後6年間は免税事業者からの仕入税額について一定割合を控除できる経過措置が設けられます。

インボイス発行事業者に登録する？ しない？

インボイス発行事業者に登録する、登録しないは個人事業主の任意です。必ず登録しなければならないというわけではありません。
免税事業者の場合、インボイス発行事業者に登録することで課税事業者となるので、消費税の確定申告が必要になります。毎日の経理で消費税の処理にかかる作業が増えるので、インボイス発行事業者として登録するかどうか、迷ってしまう個人事業主もいるでしょう。
登録の判断については、
❶取引先からインボイスの交付を求められるかどうか、
❷登録した場合、登録しない場合の影響――がポイントになります。

●インボイスの交付を必要としない取引先

消費税の申告がない取引先

一般消費者

免税事業者

消費税の申告について簡易的な方法を行う取引先

簡易課税制度を適用している課税事業者

2割特例※を適用している課税事業者

※インボイス制度を機に免税事業者からインボイス発行事業者となる小規模事業者の場合、売上にかかる消費税額の2割を納付する特例が設けられます。消費税額の実額を計算しないので、インボイスを必要としません。

登録する場合、登録しない場合の影響

個人事業主として取引の実情に合わせてインボイス発行事業者として登録するメリット、デメリットを判断することがポイントです。

●インボイス発行事業者として登録

免税事業者の場合、課税事業者として
端数処理のルール見直し、経理システムの改修が必要になる

消費税の申告・納付が必要になる

売上に対する消費税額を
請求書にきちんと転嫁しやすくなる

●インボイス発行事業者の登録をしない

免税事業者の場合、課税事業者になる必要がないので
消費税にかかる経理処理がラク

取引先によっては仕入税額控除ができないので
将来的には取引条件の見直しなどを求められる可能性がある

インボイス制度の実施を契機に、免税事業者であることを理由として取引先が消費税相当額の一部または全部を支払わない行為は、独占禁止法や下請法上、問題となる場合があります。

取引価格の引き下げ

仕入税額控除ができないことを理由に、免税事業者が負担していた消費税額も払えないような価格を設定。

商品・サービスの受け取り拒否

購入する契約をした後に、免税事業者であることを理由に商品・サービスの受け取りを拒否したり、返品したりする。

監修者から

令和の時代を迎え、日本人の働き方がいま大きな岐路を迎えています。大企業は国際競争力、ダイバーシティといった経営課題に直面しながら、日本経済のしくみを支えてきた終身雇用といった企業風土を守ることは難しくなりつつあります。少子高齢化の中で人材をどのように確保していくのか、頭を抱える中小企業も増えています。

また、働く側にも、育児や介護と仕事が両立できる、セクハラやパワハラのない職場づくりを求める声、あるいは若い世代を中心にプライベートの充実を求める「ワーク・ライフ・バランス」といった考え方が広がるなど、会社と個人の関係が１つの曲がり角に立っていることは間違いありません。

＊＊＊

こうした背景の中、サラリーマンとしてキャリアを積んだ人が自分の専門性や技術、人脈などを生かして、個人事業を始めるケースが目立ちます。個人事業の特徴はその手軽さです。会社のように登記したり、社会保険に加入したりする必要は原則ありません。誰でも簡単に個人事業主になれます。

しかし、事業を続けていくことができるかどうかは別問題。起業からそう時を経ずして廃業してしまう人も少なくありません。事業を維持できない一番の理由は「経営」を知らないからです。

事業へのニーズもある。事業主に能力もやる気もある。ただ経営を知らないためにせっかく立ち上げたビジネスを畳まざるを得ない状況になってしまう。とても残念なことです。

では、経営とは何でしょうか――。簡単にいえば、「事業に関わるおカネ」を管理することです。事業に関わるおカネの動きを把握して管理する作業、つまり経理が事業には不可欠なのです。おカネのずさんな管理、「どんぶり勘定」では経営は持ちません。これから個人事業を始めようとする人は正しい経理を学んで、帳簿をつけることを心がけてください。

経理といわれると、「自分は本業のビジネスには自信があるけれど、細かい数字の計算は苦手だ。それに面倒くさい」と感じる人もいるでしょう。でも安心してください。いまの経理はパソコンで会計ソフトを使って行うので、取引に関する数字を入力するだけで細かい計算や仕分、決算書などもほとんど自動でできるんです。

日々の取引をマメに入力していき、１年の最後にできあがった財務諸表はきっと感動ものですよ。

＊＊＊

この本では、個人事業主が帳簿を付けることから確定申告、特に節税効果の大きい青色申告ができるように、経理の考え方、会計ソフトの使い方、税金の知識などを取り上げています。この本が皆さんの事業が成功する一助になることを願って。

税理士 大沢育郎

CONTENTS

第1章 開業に向けた準備

第2章 個人事業主のための税金講座 基礎編

第3章 経理のイロハをマスターする

第4章 従業員を雇う場合の経理ルール

第5章 経理をスムーズにするポイント

第6章 青色申告65万円控除

第7章 会計ソフトを使いこなそう

第8章 業種別 経理の注意点

第13章 税務調査の心構え

巻末付録 お役立ち経理情報

＊本書は『これならできる個人事業の経理と税金 第2版』をもとに、情報を追加し、再編集したものです。
＊本書は、2024年6月現在の情報等に基づき、「令和6年度所得税の確定申告」を念頭に編集しています。ただし、ご購入時に税制・法令、手続き等が一部変更されている場合があります。

第 1 章

行動開始！

開業に向けた準備

自分が思い描く事業プランが見えてきたならば、あとは開業に向けて行動あるのみです。ただし、事業のスムーズなスタートを切るためにはやはり事前のしっかりした準備が大切です。この章では、個人事業主の心構え、そして開業する上でまず何から始めればよいのかを取り上げます。

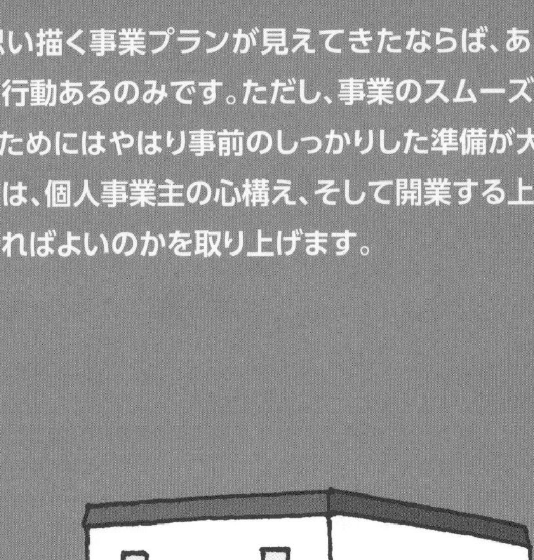

Preparation for opening of BUSINESS

個人事業の心がまえ

経理なくして経営は成り立たない

どんぶり勘定がダメな理由

経理の本来の目的は、事業に関するおカネの動きを把握して「経営に生かす」ことです。確定申告をするためだけに帳簿をつけるわけではありません。

収入や経費を数値化すると、自分の事業を客観的に見直すことができます。ムダな経費はないか、税金の負担を軽減するためにできることはないかと見直すことで、経営改善を行うことができます。

これが**どんぶり勘定**では自分の事業が儲かっているのかどうかさえわかりません。ビジネスは常に順調に進むとは限りません。場当たり的な経営は、やがて資金繰りに行き詰まり、トラブルが起きたりした時に対応できないこともあり得ます。

個人事業主としての信用にも

経理を行うもう１つのメリットとして、個人事業主として社会的な信用が得られることがあります。経理をきちんと行い、確定申告を済ませる。この申告に関する書類は、金融機関などの外部に向けた証明書類にもなります。

家や車を購入したい時にローンを組む際にも社会的な信用が欠かせません。定期的な収入の見通しがあるサラリーマンとは異なり、個人事業主は事業への信用が大切です。

レクチャー

スムーズな開業に向けて2つの計画を立てる

独立を決めたらはじめに資金計画を立てましょう。個人事業にとって大事なプランニングです。事務所、パソコン、車両などを揃えるために必要な初期費用を計算します。

さらに、事務所や倉庫を借りる必要はあるか、仕入はいるのか、人を雇うのかなど事業の内容によって先行投資の規模は変わります。開業するためにいくら準備しなければならないか、あるいは銀行などから資金調達ができるかどうかを見極めましょう。

銀行などに**融資をお願いする場合は、融資額の理由や使い道を説明する「開業時資金計画書」が必要になります。**

次に、開業後のおカネの動きを予測するための収支計画を立てます。毎日のランニングコスト、収益の見通しはいくらぐらいになるのか。利益が出るのであれば**借入金**の返済もできますし、手元に資金も残るはず。しっかりした計画を立ててスムーズなスタートを切りましょう。

Biz-サプリ! 開業資金も帳簿につける必要がある。自分の貯金から資金を用意したとしても帳簿では事業主個人（あなた）からおカネを借りたことになる。➡28ページ「事業主貸」

経理を行う4つのメリット

メリットその1 経営判断

収入と支出、利益が把握できる

売上はきちんと出ているか、支出額は適正であるか、利益は少なくないかなどをチェック。順調に成果が出ていれば自信にもつながる。もし成果が出ていなければ、営業方法や支出の洗い出し、価格の見直しなどの対策を練る。

メリットその2 経営が安定

資金のやり繰りがスムーズになる

おカネの動きが見えていると、やり繰りの予定を立てられる。掛け売りや手形決済などにも安心して対応でき、ビジネスの幅が広がる。

メリットその3 経営強化

事業の課題が見えてくる

事業の強みや改善点が見えてくる。売上の要となる商品・サービスは何かなど、事業を発展させるための方向性など戦略的なアクションが可能に。業績が伸びない場合には原因はどこにあるのかを突き止め、経営改善につなげる。

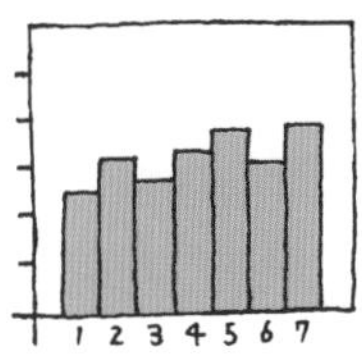

メリットその4 信用アップ

事業に対する理解が得られる

金融機関からの信用を得る材料になる。設備投資をしたい時は収支状況や帳簿を見せれば説得もしやすい。

帳簿づけは法律で定められている事業主の義務

商法 第19条2	商人は、その営業のために使用する財産について、法務省令で定めるところにより、適時に、正確な商業帳簿（会計帳簿および貸借対照表をいう。以下この条において同じ）を作成しなければならない。
所得税法 148条ほか	青色申告者は、その記帳義務に基づいて作成した帳簿書類を整理して保存しなければならない。白色申告者たる記帳義務者は、その記帳義務に基づいて作成した帳簿のほか、業務に関して作成し、または受領した帳簿を整理して保存しなければならない。

開業準備❶

税務署へGO!

まずは税務署に行ってみる

個人事業を始めるにはまず**税務署**に行って、届出を行いましょう。開業に必要な届出の種類、届出書の提出時期についても担当者がきちんと教えてくれます。

開業に必要な届出書や申請書を1つの封筒にまとめて手渡してくれる税務署もあります。封筒には**個人事業の開業・廃業等届出書**が入っています。この届出が事業スタートの第一歩になります。

届出を行うと、税務署から税務講習会の案内などに関するお知らせが届くようになります。帳簿の付け方、申告書を作成する上での経費の取り扱いなど、毎日の経理に役立つ基本を税務署の担当者から説明を受けることができます。疑問点はその場で質問できるので、ぜひ参加しましょう。

税金に関するルールは毎年改正が行われています。税務署から届くお知らせの中身は、新しい制度を紹介するパンフレットなども多いので、必ず目を通しましょう。

自宅兼事務所・店舗の場合は、住所を所管している税務署に提出します。自宅と事務所・店舗を分けていて、事務所・店舗の場所を納税地にする場合は**所得税・消費税の納税地の変更に関する届出書**を提出します。

事業税、住民税といった地方税については都道府県税事務所に**事業開始等申告書**を提出します。事業所などを設けた場合はその開始または設置から15日以内に提出しなければならない決まりがあります。

屋号は覚えやすく、お客さんに伝わるものを

実務サポート

自分の**屋号**ですから、いろいろこだわりが出てきます。ただし、屋号は電話などで「○○の佐藤です」といったように名乗ることも多く、**お客さんに伝えやすい名前、覚えやすい屋号が一番いいと思います。電話の相手に毎度、屋号の説明から始めなければならないのは大変です。**

将来は法人化を考えているのであれば、屋号に「株式会社」をつけるだけで会社名に引き継げるような屋号もよいでしょう。

屋号では使っていけない漢字、フレーズは特にありません、多いのは「あ」から始まる屋号。お店のリストなどにも一番上に載りやすいためです。屋号は途中で変えることもできますが引き落とし設定などをしてしまった場合、変更が面倒になります。

Biz-サプリ! どんな屋号をつければいいかを易者に占ってもらったり、開業届の提出を大安の日にするなどこだわりのある人もいる。屋号があまりに長いと振り込みをしてもらう時に相手を手間取らせてしまうことも。

開業に必要な書類

●個人事業の開業・廃業等届出書

個人事業を始める時、必ず提出することになっています。税務署でもらえますが、国税庁のホームページからダウンロードすることもできます。提出は郵送も可。廃業する際にもこの書類を提出することが定められています。

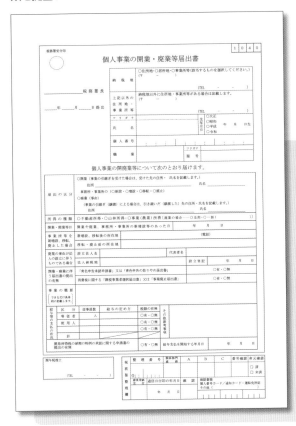

税務署受付印　　1040

個人事業の開業・廃業等届出書

＿＿＿＿税務署長

＿＿年＿＿月＿＿日提出

納税地	○住所地・○居所地・○事業所等（該当するものを選択してください。）（〒　－　）（TEL　－　－　）
上記以外の住所地・事業所等	納税地以外に住所地・事業所等がある場合は記載します。（〒　－　）（TEL　－　－　）
フリガナ / 氏名	生年月日　○大正 ○昭和 ○平成 ○令和　年　月　日生
個人番号	
職業	フリガナ / 屋号

個人事業の開廃業等について次のとおり届けます。

届出の区分	○開業（事業の引継ぎを受けた場合は、受けた先の住所・氏名を記載します。）住所＿＿ 氏名＿＿ 事務所・事業所の（○新設・○増設・○移転・○廃止） ○廃業（事由） （事業の引継ぎ（譲渡）による場合は、引き継いだ（譲渡した）先の住所・氏名を記載します。）住所＿＿ 氏名＿＿
所得の種類	○不動産所得・○山林所得・○事業（農業）所得〔廃業の場合……○全部・○一部（　）〕
開業・廃業等日	開業や廃業、事務所・事業所の新増設等のあった日　年　月　日
事業所等を新増設、移転、廃止した場合	新増設、移転後の所在地（電話） 移転・廃止前の所在地
廃業の事由が法人の設立に伴うものである場合	設立法人名　代表者名 法人納税地　設立登記　年　月　日
開業・廃業に伴う届出書の提出の有無	「青色申告承認申請書」又は「青色申告の取りやめ届出書」　○有・○無 消費税に関する「課税事業者選択届出書」又は「事業廃止届出書」　○有・○無
事業の概要（できるだけ具体的に記載します。）	

給与等の支払の状況	区分	従事員数	給与の定め方	税額の有無	その他参考事項
	専従者	人		○有・○無	
	使用人			○有・○無	
				○有・○無	
	計				

源泉所得税の納期の特例の承認に関する申請書の提出の有無	○有・○無	給与支払を開始する年月日	年　月　日

関与税理士（TEL　－　－　）

税務署整理欄	整理番号	関係部門連絡	A	B	C	番号確認	身元確認
	0						□済 □未済
	源泉用紙交付	通信日付印の年月日	確認	確認書類 個人番号カード／通知カード・運転免許証 その他（　）			
		年　月　日					

提出期限

開業後1ヵ月以内

提出先

納税地の税務署。
納税地と事務所の所在地が異なる場合は両方の税務署。

書き方のポイント

❶ マイナンバーを記載する。提出の際、番号確認書類+身元確認書類をチェックしておきましょう。e-Taxでの送信提出であれば不要です。
❷ 職業欄は詳しく書かなくてもOK(例：小売業、サービス業など)。
❸ 青色申告承認申請書などを同時に提出する場合は「有」に○印を。
❹ 詳しい事業内容を記入します。

●所得税・消費税の納税地の変更に関する届出書

納税地を住所地から事業所等の住所地(または事業所等の所在地から住所地)に変更する場合など。

●所得税の青色申告承認申請書

所得税の青色申告の承認を受ける場合。

給与支払いのある場合

- 給与支払事務所等の開設届出書
- 青色専従者給与に関する届出書
- 源泉所得税の納期の特例の承認に関する申請書

開業準備❷

事業用の口座を開設しよう

口座は分けて管理する

経理を始める前に事業用の普通預金口座を開設します。事業用の口座とプライベートの口座を分けて管理するためです。

事業専用の口座があれば、事業の収入と支出が一目瞭然。取引状況を把握し、残高から利益を予想できます。また、帳簿づけが遅れることがあっても通帳記帳することで取引の判断材料になります。

個人事業主は帳簿をつける義務があるので、口座が１つだと生活費などをその都度、**事業主貸（店主貸）**として記録していかなければなりません。

また、事業用とプライベート用の支払いが混在していると、税務署に対してもおカネを分けて管理しているというアピールができない場合もあります。口座を分けることで管理をできるだけシンプルにしましょう。

すでにプライベートの口座から公共料金などの引き落としをしている場合は、利用中の口座を事業用にし、開設した口座をプライベート用にすることをおすすめします。

自分に合った取引銀行を見つける

振込手数料が安いかどうか、融資が受けやすい銀行かどうか、などの利便性が銀行選びのポイントになります。これまでに付き合いがある銀行を選ぶのもいいでしょう。信用金庫は中小企業や個人事業主への対応が比較的いいのが特徴です。ネット銀行は振込手数料無料（回数限定の場合もあり）などのサービスがありますが、公共料金やカードの引き落とし口座に指定できないことがあるので注意を。

レクチャー　事業用・プライベート用の口座を同じ銀行で作れる？

基本的にはつくることができますが、**最近では個人が複数の口座を開きにくくなっています。**

銀行に事業用の口座を開設したいことをきちんと伝えましょう。提出済みの開業届（26ページ参照）の控えの提出などを求められることもあるようです。

あなたの口座状況や銀行によって変わると思いますので、銀行の窓口で相談してみてください。

Biz-サプリ！　法人になると、収入用と支出用で口座を分けているケースも多い。そうした企業は、従業員に支出用の通帳を渡して管理させ、収入用は代表者が管理している。わかりやすく管理が明確なスタイルを選んでみよう。

事業用はプライベート用の口座とは別に管理する

プライベート用の口座が事業用も兼ねている

どこまでが事業の費用で、どこまでがプライベートで使ったものかがわかりづらい。生活費を引き出すと帳簿上は事業主であるあなたの口座からお金を〝借りた〟ことに。引き出すごとに「店主貸(事業主貸)」として処理しなければいけない。

事業のため専用の口座を作る

事業用口座に家事関連などプライベートの支払いを混ぜないことは、税務署にきちんと帳簿づけをしているアピールにもなる。事業用とプライベート用で割り振らなければならないものは事業用口座から引き落とされるように設定し、帳簿づけをしやすくしておくことも経理をスムーズにするコツ!

ココに注意 「事業用」口座を複数持っている

事業用として複数の口座を持っていると、何の目的なのか税務署から不審に思われるリスクも。全体の残高も把握しづらく、資金を移動させるたびに複雑になり、トラブルのもとになりかねない。

政府系金融機関と民間の金融機関

政府系金融機関

日本政策金融公庫

民間金融機関から融資を受けにくい中小企業のために設けられた。融資専門の機関。

商工中金

日本政策金融公庫同様、民間金融機関から融資を受けにくい中小企業のために設けられた。債券の発行も行う。

民間金融機関

都市銀行

全国に展開。大企業の資金調達をメインとしている。仕入や売上代金の口座として利用するのに向いている。

信用金庫

地元の一定地域に密着し、小規模事業者や個人の会員を対象としている金融機関。個人事業主向き。融資には一定の出資金が必要。

地方銀行

地元に密着している。営業内容は都市銀行に近い。

信用組合

信用金庫にほぼ準ずる。

開業準備❸

自分に合った会計ソフトを選ぶ

パソコンで帳簿づけが断然ラクに!

青色申告に必要となる帳簿の作成をすべて手作業で行うのは、とても時間がかかるし、経理の専門知識も求められます。何もかも自分でやらなければならない個人事業主にとって、本業以外の作業に多くの時間を割く余裕はありません。

そんな皆さんにぜひ活用してほしいのが会計ソフトです。会計ソフトを利用すれば、経理の専門知識がなくても、おカネの出し入れをきちんと記録していけば青色申告に必要な帳簿を作成できるのです。

会計ソフトはよく考えて選ぼう

手作業の経理が面倒なのは、どんな些細な取引でも1つの帳簿に記録して終わりではなく、関連する帳簿に書き写していかなければならないからです。会計ソフトを利用すれば、この**転記**と呼ばれる書き写しの作業がまったく必要なくなります。一度取引を入力してしまえば、すべて自動的に転記してくれるからです。さらに、入力したデータは自動的に集計され、決算書の作成まで会計ソフトが行ってくれます。

会計ソフトには大きく分けて2つの種類があります。法人でも個人事業主でも利用できる本格的な会計ソフトと、個人の青色申告専用ソフトです。会計ソフトとしての基本的な機能は、どちらもほぼ同じです。将来の法人化を計画している場合は、最初から法人対応の会計ソフトを選んでおいたほうがいいでしょう。

会計ソフトとは長い付き合いになります。ある程度歴史のあるメーカーの製品のほうがユーザー数も多く、安心して利用できます。

Excelと上手に使い分け

実務サポート

Excel(エクセル)などの表計算ソフトを経理業務に使っている個人事業主もいます。ただ、**面倒な経理を効率的に済ませたいならばやはり専用の会計ソフトのほうが便利です。**数式の入力ミスで集計金額を間違ってしまうなどということも会計ソフトならば防げます。一方で**請求書の作成や交通費の集計といった用途にはExcelは手軽で使いやすいツールです。**

Biz-サプリ! 転記とは、帳簿や伝票に記録した取引を総勘定元帳やその他の関連する帳簿に書き写す作業のこと。会計ソフトは基本的にこの転記作業が不要。例えば現金出納帳に入力した取引は、自動的に仕訳帳や総勘定元帳に転記される。

会計ソフトが面倒な経理作業を自動処理してくれる

手作業で経理

- 複数の帳簿をそれぞれ作成しなければいけない
- 時間がかかり非効率的
- 帳簿に後から取引を追加したり、修正したりするのが面倒
- 集計作業でミスすることも
- 決算書の作成が大変

会計ソフトを導入すれば

- 1つの帳簿に入力すればほかの帳簿にも自動的にデータが転記される
- 余計な時間をかけずに効率的に経理が行える
- 追加の入力や修正も簡単
- 集計もソフトがすべて自動でしてくれる
- 決算書も簡単に作成できる

個人事業主の経理に便利な会計ソフト

●年間1万円前後で導入できる青色申告専用ソフト

やよいの青色申告オンライン	弥生が販売するクラウド型青色申告ソフト。初心者にも使い勝手がいい。価格は1万円程度。1年間無料体験版もある。
みんなの青色申告	「会計王」のソリマチが販売する個人事業主専用青色申告ソフト。初心者向けの機能が充実。価格は8000〜1万円程度。30日間無料版もある。
ミロクのかんたん！青色申告	ミロク情報サービスの青色申告ソフト。経費按分（あんぶん）、減価償却など青色申告に必要な機能を網羅している。実売価格は8000円程度。無料体験版も。

●将来の法人化後の経理にも使える本格会計ソフト

弥生会計スタンダード	多くの法人、個人に利用されている小規模事業主向け会計ソフトの定番。初心者にもわかりやすいソフトと評判。価格は4万円程度。
会計王	会計ソフトメーカーの老舗ソリマチの法人・個人両対応ソフト。初心者向け仕訳機能などが充実している。価格は4万円程度。
ミロクのかんたん！法人会計	会計事務所向けソフトなどで定評のミロク情報サービスが提供。自動バックアップ機能なども備えている。実売価格は3万円程度。

近年はクラウド型会計ソフトの人気が高まっている。Googleの元社員が立ちあげたfreeeや、マネーフォワードなどを利用する個人事業主も増えている。EPSONの財務応援R4も機能性に優れていておすすめ。

開業準備❹

事業で必要になるマイナンバー

12ケタのマイナンバーをチェック

2015年10月から**マイナンバー制度（個人番号）**が導入されました。これに伴い、個人事業主でも事業上、自分のマイナンバーを提供したり、取引先などのマイナンバーを取得したりすることが必要になる場合があります。

個人事業主の場合は､自宅に送られてきている**通知カード**に記載される12ケタのマイナンバーを使用します。

マイナンバー利用には手続きが必要

自分のマイナンバーを提供するのは、特定の取引先から一定額以上の報酬などの支払いを受ける場合です。取引先では支払調書を作成する上でマイナンバーが必要になります。

マイナンバーの利用にあたっては、原則として利用の目的を相手に説明し、またマイナンバーが本人のものであることの確認を行わなければなりません。そのため、最初に個人事業主が取引先に実際に出向いて利用手続きが行われるケースが多いでしょう。

利用手続きでは身元確認も行われますので、免許証などの身分証明書の提示が求められます。通知カードではなく、個人番号カードを提示する場合は身元確認も同時に行われるので、免許証は不要です。

一方で、従業員を雇用している場合、個人に業務委託をしている場合は、自身がマイナンバーを取得しなければなりません。取得にあたっては提供した時と同様に利用手続きを行います。

ココに注意 個人情報の取り扱いには細心の注意を

個人情報の流出がニュースでも大きな話題になることがあります。個人情報とは個人の住所・氏名・生年月日などが該当しますが、個人情報にマイナンバーが含まれることで、ただの個人情報ではなくなり「特定個人情報」となります。**従業員を１人でも雇っていたり、税理士に顧問料を支払っていたりする場合、個人事業主も相手のマイナンバーを取得することになります。**

この場合、マイナンバーを適切に取り扱う義務が生じますので十分注意が必要です。なお、マイナンバーは原則として本人が同意しても第三者に提供することができません。

Biz-サプリ！ マイナンバーは一生使うものなので大切に取り扱う必要がある。間違っても社員番号や取引先の管理番号などとして使わないように。

取引先にマイナンバーの提供が必要になるケース

報酬、料金、契約金および賞金の支払調書には支払いを受ける相手方のマイナンバーを記載する必要があります。

■「報酬、料金、契約金および賞金の支払調書」の提出範囲

❶ 外交員、集金人、電力量計の検針人およびプロボクサー等の報酬・料金、バー、キャバレー等のホステス等の報酬・料金、広告宣伝のための賞金については、同一人に対するその年中の支払金額の合計額が50万円を超えるもの

❷ 馬主に支払う競馬の賞金については、その年中の1回の支払賞金額が75万円を超えるものの支払いを受けた者に係るその年中のすべての支払金額

❸ プロ野球の選手などに支払う報酬、契約金については、その年中の同一人に対する支払金額の合計額が5万円を超えるもの

❹ 弁護士や税理士等に対する報酬、作家や画家に対する原稿料や画料、講演料等については、同一人に対するその年中の支払金額の合計額が5万円を超えるもの

❺ 社会保険診療報酬支払基金が支払う診療報酬については、同一人に対するその年中の支払金額の合計額が50万円を超えるもの

個人事業主が実行すべき 情報セキュリティ5カ条

1. OSやソフトを最新に

古いOSやソフトウェアのセキュリティ上の問題を悪用したウイルスに感染する危険性がある。

2. ウイルス対策ソフト

ID・パスワードを盗んだり、遠隔操作を行ったり、ファイルを勝手に暗号化するウイルスがある。

3. パスワードを強化

パスワードの推測・解析で不正ログインも。パスワードは「長く」「複雑に」「使い回さない」。

4. 共有設定の見直し

ウェブサービスやネットワーク接続の複合機の設定を間違えて無関係な人に情報を見られることも。

5. 脅威や攻撃の手口を知る

取引先や関係者と偽ってウイルス付きのメールを送ってくるなどの手口も増えている。

人生の備え❶

忘れてはならない年金のこと

国民年金加入は個人事業主の義務

個人事業主になると、サラリーマンと大きく異なるのが年金です。年金保険料も全額が本人負担となります。

加入する年金は**厚生年金**から**国民年金**に切り替わり、将来もらえる額も変わります。「厚生年金のほうがトクだ」と考えている人が多いのですが、実は国民年金のほうが率はいいといわれています。

国民年金をきちんと支払っていれば、払い込んだ金額以上を将来もらえる可能性は十分あります。きちんと支払って長生きしましょう。

将来に備えて年金基金も考えたい

しかし、「国民年金だけで老後の資金は十分だろうか？」と思う個人事業主も少なくありません。むしろ個人事業主にとって共通の心配ごとといえるでしょう。

心配しつつも、当面の資金的な余裕などを考えると、「支払うお金があったらほかに使いたい」として、とりあえず悩みは先送り——としているケースもあります。

誰もがみんな歳を取ります。今のままの健康状態や精神状態がいつまでも続くわけではありません。個人事業主ならではの視点で将来への備えに取り組みましょう。

そこで検討したい個人事業主に適した年金対策が**国民年金基金**や個人年金制度の活用です。国民年金基金は、国民年金にプラスして支払うことで将来もらえる額を増やすもの。掛けた金額を所得から差し引くことができ、節税効果もあります。

レクチャー

商工会議所、青色申告会のメリットは？

一定地区内の商工業者による「商工会議所」や、さまざまな業種の納税者が自主的に組織している「青色申告会」は、PL保険（生産物賠償責任保険）に安く入れたり、無料の講習会を受けられたりするメリットがあります。**確定申告のサポートなどもしてくれるところもあります。**自分にとってのメリットがあれば、入会を検討してみるといいでしょう。新たな人との出会いも生まれます。

Biz-サプリ！ 年金の滞納者が増えると、支払っている人は損しているように感じるかもしれないが、国民年金は実際には加入者の年金保険料だけで運営されているわけではない。私たちが納めている消費税は近年、社会保障目的税ともいわれているように消費税の一部も年金資金に充てられている。

国民年金基金とは

国民年金の保険料を納めている人が任意で加入できる、公的な年金制度。少ない掛金・自由なプランで始められる。収入に合わせて設計し、将来受け取る年金を増やすことができるため、個人事業主が会社員並みの年金を受け取れるようにすることもできる。

■公的年金のしくみ

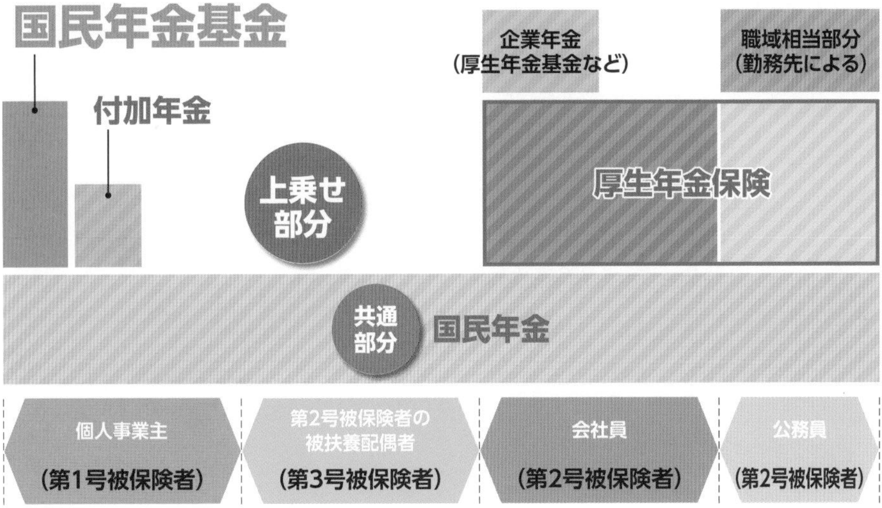

■国民年金基金とは?

国民年金に上乗せする	会社員には厚生年金基金や老齢厚生年金のような上乗せ分があるが、個人事業主は自分で上乗せ分を用意しないと、生活の基礎部分の年金しか受給できない。個人事業主の上乗せ分が国民年金基金にあたる。
加入できる人とは	国民年金の第1号被保険者(自営業やフリーランス、およびその配偶者)の保険料を納めている者で、20歳以上60歳未満であれば加入することができる(全額免除、一部免除、学生納付特例および若年者納付猶予を受けている者は対象外)。
掛金は全額所得控除	掛金は全額所得控除の対象となり、所得税や住民税が安くなる。ほかの個人年金が年額4万円までしか所得控除されないのに比べ、断然有利だ。たとえば、課税所得金額がおよそ400万円で国民年金基金の掛金が年額30万円の場合、所得税・住民税の合計で約9万円軽減され、国民年金基金の掛金は実質約21万円となる。また、掛金も自由に設定できる。

問い合わせ　国民年金基金連合会　https://www.npfa.or.jp/

人生の備え❷

個人事業主と健康保険

勤務元の健保も2年間継続できる

健康保険は、サラリーマンが加入する健康保険と個人事業主が加入する国民健康保険の２つに分かれます。

会社員を辞めて個人事業主になる場合、会社の健康保険組合に**任意継続**の手続きをすれば、会社員の時と同じ保険制度を２年間のみ継続することができます。

会社の健康保険組合が任意継続を認めている理由の１つは、「いまの会社を辞めた後に、同じ健康保険組合に加入する別の会社に入社するまでの移行期間」と位置づけている面もあります。任意継続のメリットとしては会社にいた時と同じ金額で保養所が使えることなどです。

収入などで保険料が増減

会社員の健康保険は、保険料の半分を会社が負担してくれます。また被扶養者の年間収入が130万円未満であるなどすれば、被扶養者に対して保険料がかかりません。

一方、個人事業主が加入する国民健康保険は、世帯全員の前年度の年間収入に応じてその額が増減します。保険料の医療分負担の年間上限額は65万円と決められていて、その範囲で収入があればあるほど高くなります。

会社員から個人事業主になって保険料の額に驚く人も多いようです。

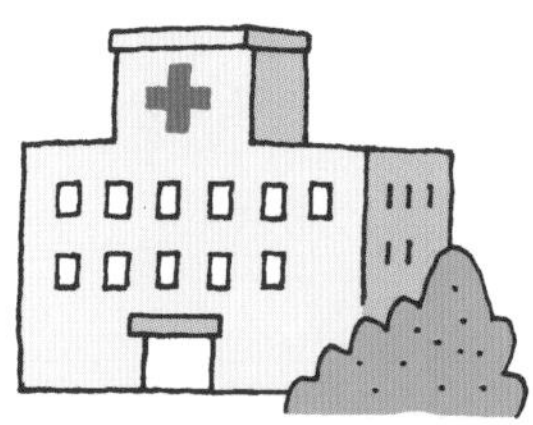

レクチャー

病気やケガへの備え

会社員には傷病手当金という制度があり、働けなくなった場合に標準報酬額の60％が支払われるようになっています。

その点、個人事業主には何の補償もありません。健康維持に気を配り、病気やケガがないよう心がけるのは個人事業主に限った話ではありませんが、万が一に備えて医療保険などを検討するのもおすすめです。保険ショップなどで商品を比較するといいですよ。

Biz-サプリ！ 任意継続の被保険者の要件はなかなか厳格で資格喪失日の前日までに継続して2ヵ月以上の被保険者期間があること、資格喪失日から20日以内に申請することのほか、保険料の滞納が1回でもあると資格を喪失してしまうので注意が必要だ。

主な国保組合リスト

国民健康保険組合とは?

市町村公営の国民健康保険制度の先駆的かつ補完的な実施者として、民間活力によって事業が運営されている。
2024年4月現在、全国には158の国民健康保険組合が設けられている。各組合は(社)全国国民健康保険組合協会(http://www.kokuhokyo.or.jp/)によって統括され、132組合が加盟している。

⚠ 加入に関する注意!

現在、職業などの加入資格は厳しく問われる状況だ。個人事業主であることが第一条件となるが、個人事業主であっても5人以上の従業員がいるところは対象とならない場合などもある。詳しくは各組合に問い合わせを。

●主な国保組合リスト

名称	文芸美術国民健康保険組合	東京食品販売国民健康保険組合
特徴	国内であれば地域を問わず、文芸や美術および著作活動にフリーランスで従事している人とその家族のための国民健康保険。(社)日本グラフィックデザイン協会や日本漫画家協会など、組合加盟の各団体の会員である必要がある。	昭和29年、東京都食品衛生協会を母体に誕生。2024年3月末現在で被保険者数6万1394人、組合員3万4601人。適用地区は、東京都(島しょを除く)・神奈川県・千葉県・埼玉県・茨城県・栃木県・群馬県・山梨県および静岡県。
保険料(月額)	組合員:25,700円 家族:15,400円 (2024年度) (40歳以上65歳未満の場合は介護保険料月額5,700円を加算)	世帯人数1人の事業主組合員/月額23,000円 (40歳以上65歳未満の場合は介護納付金分保険料月額3,900円を加算)
連絡先	TEL:03-6811-7293 https://www.bunbi.com	TEL:03-3404-0123 https://www.toshoku-kokuho.or.jp

column

個人事業主の生存率は10年でわずか1割!?

法人設立などと比べると比較的簡単に始められる個人事業。しかし、難しいのは事業を継続していくことです。少し古いデータになりますが、中小企業庁が個人事業の開業後の生存率について統計をまとめたことがあります。

■□■□■

それによると、個人事業は開業から１年を経過した時に事業を続けていた割合は62.3%。つまり全体の約４割はたった１年で事業をやめているのです。

続いて２年経過後の生存率は47.3%。半分以上が２年を待たずしてビジネスの舞台から姿を消しました。５年経過後の生存率は25.6%、そして10年経過後の生存率はわずかに11.6%でした。

■個人事業所の経過年数別生存率

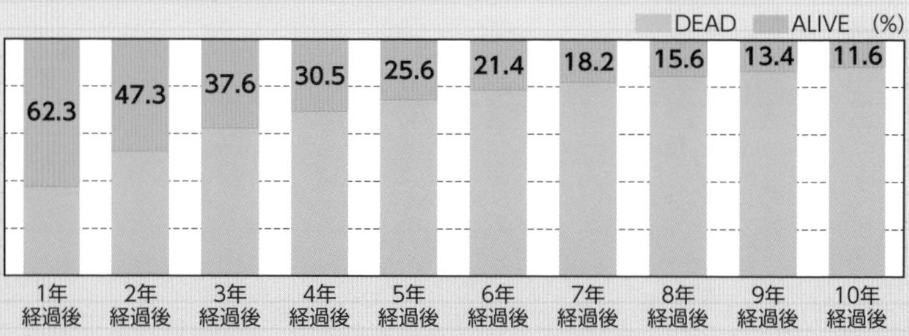

資料：中小企業白書

このデータから見ると、最も不安定な時期は開業直後で、ここで個人事業を経営していくだけの意思、能力、資質があるかどうかを試されているようにも見えます。開業４年を経過するころからは年々生存率が安定していきます。

■□■□■

事業を取り巻く環境は常に順調とは限りません。強い経営をめざすにはおカネの動きを日ごろから把握し、収益性の確保、金融機関などからの信用を得て、いざという時の資金繰りにも困らないようにしておきたいものです。

第 2 章

これだけは
押さえておこう!

個人事業主のための税金講座

基礎編

個人事業主はサラリーマンとは異なり、自分で税金の申告を行わなければなりません。「税金」と聞くと、何となく難しそうなイメージを持ってしまう人もいますが、基本的なポイントを理解すれば、税金は意外にわかりやすいしくみです。所得税とその確定申告、青色申告制度の基礎知識を紹介します。

個人事業主が納める税金

所得税ってどんな税金?

収入から経費を引いた〝儲け〟

所得とは、会社でいうところの「利益」です。事業の収入からかかった経費を差し引いた儲けのこと。所得税の計算の基となります。

所得税はこの所得に基づいて税額が求められます。所得税は所得が上がるほど税率が高くなる**超過累進課税方式**を採用しており、最も公平な税金だといわれています。

また、**所得区分**を10種類に分けることで、所得が継続的なものなのか、偶発的なものなのか、働いて得たものなのか、不労所得なのかなど、所得の内容によって税率や計算方法を変えています。

経費が変われば所得も変わる

会社員がもらう給料は給与所得といい、**年末調整**で税額が計算されます。**給与所得**は主に経費について計算するので、たとえ違う業種でも年収が同じならば所得も同じです。

個人事業による所得は、**事業所得**あるいは**雑所得**のいずれかに該当します。それぞれの事業主で経費が異なるので、収入が同じ個人事業主でも経費の大きさによって所得の額は変わります。

レクチャー

3000万円を給料で稼ぐ? 利子で稼ぐ?

わたしたち税理士を組織する税理士会では、税理士としての資質や能力を担保する目的で頻繁に研修を行っています。

ある日の研修で租税法の教授が次のような質問をしました。

「見た目や性格など、すべてがまったく同じ人が2人いるとします。1人が利子所得で3000万円、もう1人が給与所得で3000万円を得ています。あなたはどちらを配偶者にしたいですか?」

ある若い参加者は少し考えてから、「給与所得の人と結婚します」と答えました。すると、研修に参加していた別のベテラン税理士が、「利子で3000万円もあるということは、預貯金も相当持っている資産家だから、私だったら利子で3000万円の人がいいな」と笑ったのです。

すると、その若い参加者は「給与所得で3000万円稼いでいる方は、きっと目つきが違うはず。私はそこに魅力を感じます!」と返しました。会場内からは拍手が起こり、わき返りました。

このエピソード、あなたはどうお感じになりましたか?

Biz-サプリ! 所得のおさらい……会社員とは異なり、それぞれに経費が異なる個人事業主。例えば、税理士、ライター、理髪店主の3人が年収1000万円だとしよう。でも、3人の経費は異なるので、年収=儲け=所得にはならないのだ。

収入=税務上の所得ではない

●イラストを描いて1万円の収入があった時の所得は?

所得 9,500円

これが儲け=所得!

▲経費 イラストを出版社に送った送料 500円

Q フリーでライターをしています。ライター業のほかに、パートのアルバイトをしていて収入が1年間で50万円ありました。どうやって申告したらいい?

A ライター業の分だけ青色申告しよう

この場合はライター業の分だけを青色申告しよう。パートとしてのアルバイト分は給与所得になるが、給与所得控除が65万円以下であれば所得がゼロになるので（所得控除については164ページ参照）、何もしなくてOK。

個人事業主がもらう収入はすべてが事業所得とは限らない。給与として支払われている場合もあるので支払調書などをチェックしよう。給与やアルバイト代が70万円だったら、65万円を差し引いた5万円を給与所得として申告することになる。

●所得の内容によって10の所得区分に分けられる

利子所得	公社債、預貯金の利子、合同運用信託の利益
配当所得	法人の配当、証券投資信託普通分配金
不動産所得	不動産等の貸付による所得
事業所得	農業、製造業、小売業、その他の事業の所得
給与所得	給料、賃金、歳費、その他給与
退職所得	一時恩給、退職手当等
山林所得	山林(立木)の伐採または譲渡の所得
譲渡所得	資産の譲渡の所得
一時所得	一時の所得で、対価の性質がないもの
雑所得	年金等、上記以外の所得

所得税のしくみ

税金の額はこうして決まる!

所得の種類で課税の仕方が変わる

所得税は1年間の所得に対して課せられる税金です。所得税の課税方法は**総合課税**と**分離課税**の2つがあり、所得の種類によって課税方式が異なります。

総合課税は、その年の所得を合計した総所得金額に対して1つの税率を掛けて税額を算出する方法。総合課税としてまとめられる所得は、事業所得や給与所得､雑所得などです。

分離課税は、ほかの所得と合計せずに個別の税率を掛けて税額を算出します。退職所得や山林所得、利子所得などです。

課税所得4000万円超は税率45%

所得税の税率には、課税所得額が大きいほど税率も高くなる**累進課税方式（超過累進課税）**が採用されています。課税所得額とは「収入－経費－所得控除」の式で計算した金額です。課税所得額に応じた税率を掛けて、最後に税額控除を差し引いたものが所得税の税額となります。税額控除には例えば**住宅ローン特別控除**などがあります。

なお、所得税率は課税所得金額によって最低5%から最高45%に定められており、これらを累進税率といいます。

事業用の車を売ったお金はナニ所得?

実務サポート

不要になった事業用の車を売る場合、利益が出れば譲渡所得になり、事業所得とは別に計算しなければいけません。同時に、例えば50万円で買った事業用の車を10万円で売り40万円の損が出た時、この40万円は所得区分が譲渡所得としての赤字となるので、事業所得の赤字とはならず、ほかの譲渡所得と一緒に損益を計算します。

また、事業には関係のない本など生活用品を売った場合は、儲けが出たとしても税金の申告の必要はありません。ただし、事業用の図書費として購入して経費に計上している場合は、売れた分を雑所得として所得に計上します。

預金の利息についてはどう処理すればいいでしょう？　実は、**個人事業において普通預金についた利息は、事業所得に入れなくてOK**。なぜなら利息は入金される時点で国が自動的に20%、税金を引いているからです。つまり振り込まれた時点で利子所得として課税の手続きは完了しているのです。

Biz-サプリ!　2013年から2037年までの各年分の所得税の確定申告では所得税に復興特別所得税（原則としてその年分の基準所得税額の2.1%）を併せて、申告・納付することとなる。

所得税の計算方法

収入とは
事業などの報酬として支払われた金額。サラリーマンでいうところの「給料」にあたるもの。

所得控除とは
所得から差し引くことができ、課税されないものをいう。所得控除には14種類がある。詳しくは164ページ。

税額控除とは
課税所得金額に税率を乗じて算出した所得税額から、一定の金額を控除する。配当控除や外国税額控除などがある。

課税所得金額

［収入 － 経費 － 所得控除］ × 税率 － 税額控除

経費とは
事業に必要な家賃や設備費、消耗品費、旅費交通費、会議費などのことをいう。プライベートで使われるものについては計上できない。

税率とは
所得税の税率は分離課税に対するものなどを除き、5%から45%の7段階に区分されている。

●所得税の速算表

課税される所得金額		税率	控除額
195万円以下		**5%**	0円
195万円を超え	330万円以下	**10%**	97,500円
330万円を超え	695万円以下	**20%**	427,500円
695万円を超え	900万円以下	**23%**	636,000円
900万円を超え	1,800万円以下	**33%**	1,536,000円
1,800万円を超え	4,000万円以下	**40%**	2,796,000円
4,000万円超		**45%**	4,796,000円

例えば課税される所得金額が700万円で税額控除がない場合、所得税の額は次のようになります。
課税される所得金額700万円×税率23%ー控除額63万6000円=97万4000円

確定申告とは?

1年の利益を確定して申告する

利益を確定して税務署に申告する

確定申告とは1月1日～12月31日の1年間にどれだけ経費がかかって収益があがり、利益が出たかを確定させること。利益を確定させることだけが重要なのではありません。その総額を数字で税務署へ提出するのです。会社員の場合は年末調整を行うことで所得税の納税手続きが完了しますが、個人事業主の場合は自分で手続きをします。確定申告を行うと、所得税だけでなく**住民税**や**国民健康保険税**についても申告したことになります。

支払う税金の額は誰が決めるの!?

税額を確定するには、２つの方式があります。1つが租税行政庁によって納付すべき税額が確定する**賦課課税方式**。自動車税や固定資産税などの地方税が該当し、納付書が送られてくるものです。もう1つは、納税者本人が自分の責任で納税額を計算して申告する**申告納税方式**です。

個人事業主が確定申告で行う所得税は、自分で所得を確定し、税金を計算できる権利が与えられている数少ない税金の1つなのです

還付を受けるために確定申告する人も多い

実務サポート

個人事業主のなかには、報酬が入金される際に10.21％あるいは20.42％の税額が天引きされて金額が振り込まれる人もいます。振り込まれた額を見て、「どうして!?」「ギャラが足りない！」なんて思った人もいるのではないでしょうか。

これは、**報酬を支払う者には報酬に対する所得税をあらかじめ徴収して、個人事業主の代わりに税金を納付する源泉徴収義務があるからです。**源泉徴収される職種については法律で定められています。また、所得税を前年度の所得税額を基に前払いする予定納税をしている人もいます。

こうした確定申告より前に税金を支払うしくみは、納税者がいざ税金を納める時期になったときに納税資金がなくなってしまわないように、事前に納めさせるものです。

ただし、事前に税金を納めるといってもその年の税額は確定申告をすることで決まるので、税金を多く納めていた場合は、確定申告によって税金を返してもらいます。これを還付といいます。

そのため、**個人事業の職種によっては、確定申告は税金を納めるための手続きというよりも前もって多めに支払っていた税金を返してもらう手続き、いわゆる還付申告という見方もできます。**

Biz-サプリ! 還付申告は基本的にいつでも申告可能だ。5年間さかのぼって申告することもできる。しかし、それ以外（納税）の人は2月16日～3月15日の間にしか申告できない。特に、青色申告は期限内申告が前提になるので申告時期には注意しよう。

1年の事業は確定申告が区切りになる

STEP 1

日々の取引を記帳する

1月1日～12月31日までの分を帳簿につけ、こまめに入力しておく。この作業さえしておけば、確定申告の作業はグッとラクになる!

STEP 2

必要な書類をそろえる

取引を記録した各帳簿、源泉徴収票(支払調書)を用意。入力ソフトを使っていれば、確定申告用紙の取り寄せが不要になる。また、保険などの各種控除証明書、医療費の領収書など必要なものをそろえよう。

STEP 3

申告書を作成する

帳簿などをもとに所得と税額を計算しよう。控除額、内訳などを入力すればOK!

STEP 4

税務署に提出!

住所地を管轄する税務署へ、2月16日～3月15日の間に提出する(消費税の申告は3月31日まで)。提出方法は直接行って提出するか郵送、またはインターネットを使った電子申告の3種類。提出期間は土日祝日によって開始日と終了日が変わることがあるので気をつけよう。

翌年の確定申告に向けて

源泉徴収される職種って?

所得税法第204条第1項により、下記の職種が対象になっている。原則、報酬額の10.21%が差し引かれて支払われるため、報酬額が高いほど源泉徴収額も高くなる。

タレント、芸能人、作家、ライター、イラストレーター、カメラマン、デザイナー、弁護士、司法書士、土地家屋調査士、公認会計士、税理士、社会保険労務士、弁理士、海事代理士、測量士、建築士、不動産鑑定士、技術士、プロ野球選手、プロサッカー選手、プロテニス選手、職業拳闘家、競馬の騎手、モデル、外交員、ホステスなど

青色申告と白色申告

帳簿をつければ税金が安くなる

節税効果が大きい青色申告

確定申告には**青色申告**と**白色申告**があります。どちらを選ぶかによって、記帳方法や受けることができるメリットが異なります。

最も節税効果が高いのは青色申告の55万円控除（e-Tax申告の場合は65万円控除）です。青色申告の10万円控除と白色申告の内容はほぼ同様ですが、青色申告の10万円控除は**専従者給与**（98ページ参照）、**貸倒引当金**（152ページ参照）などの特典を受けられます。

白色申告は「いばらの道」!?

多くのメリットを受けられるのは青色申告です。白色申告は**税務調査**が入りにくいとはいわれていますが、税務調査が入った際、経費の一部を否認されるような調査になることがあります。納税者が帳簿書類等を備えておらず、収入や支出の状況を把握できない場合などに、売上・仕入・経費を推計して、課税されることを**推計課税**といいます。

青色申告の場合、この推計課税はありません。

レクチャー

青色申告は貸倒れリスクにも強い

例えば、自宅の一部を貸して不動産所得を得ている人は、翌月分の家賃を住人から前もって受け取る取り決めをしておけば、基本的には家賃を回収できないリスク、つまり**貸倒れ**の心配が１ヵ月はありません。貸倒れリスクや1年の所得が100万円に満たない程度の事業規模の場合は、経理作業にかかる負担が少ない白色申告でもいいと思います。

でも、貸倒れリスクの可能性が少しでもあるのなら、青色申告をおすすめします。以前、あるフリーライターが出版社の倒産によって、本来受け取れるはずだった200万円の報酬が回収不能になってしまいました。

このライターさんは白色申告でしたが、この受け取っていない報酬についてはすでに確定申告で所得として申告済み。つまり受け取っていない報酬に関する税金を支払っていたわけです。

もし、**青色申告を選んでいれば、この回収不能となった報酬について少なくとも貸倒引当金を計上できたのです。**

ライターさんは次の年、ほとんど報酬がなくなってしまい、翌年の確定申告で貸倒損失として計上する意味もなく、1円ももらえなかった報酬に対する税金だけを支払う結果になってしまったのです。

Biz-サプリ! 「開業直後は赤字だし、支払うほどの税金もないから青色でも白色でもどちらでもいい」と考えている個人事業主もいるかもしれない。しかし、面倒がらずに最初から青色申告でスタートするほうがおすすめだ。なぜならば、青色申告はいまの赤字について将来の利益と相殺できる。余計な税金を払うことほどもったいない話はない。

少しの経理作業で多くの特典がある青色申告

	青色申告	青色申告	青色申告	白色申告
特別控除	65万円 節税効果 ★★★★★	55万円 節税効果 ★★★★☆	10万円 節税効果 ★★☆☆☆	0円 節税効果 ★☆☆☆☆
記帳	右記の複式簿記に加えてe-Tax（国税電子申告・納税システム）による電子申告または仕訳帳および総勘定元帳について電子帳簿保存	**複式簿記** 現金出納帳 売掛帳 買掛帳 経費帳 固定資産台帳 預金出納帳 給与台帳 **貸借対照表が必要！**	**簡易簿記** 現金出納帳 売掛帳 買掛帳 経費帳 固定資産台帳 **貸借対照表が不要！**	**記帳義務あり** 売上・仕入・経費などをまとめて1冊に記帳
専従者給与・控除	支払金額のすべてを経費にできる			制限あり （配偶者は86万円、親族は50万円まで）
赤字の繰越控除	翌年以降3年間認められる			災害による損失などに限定される
貸倒引当金の計上	認められる			一定の範囲で認められる
推計課税	されない			される
申告申請書の届出	必要			不要

column

個人事業主の4割が取引先とトラブル
～フリーランス保護新法が成立～

日本では近年、働き方の多様化が進んでいます。育児・介護などと両立できるようにフリーランスで働く人、会社勤めをしながら個人でスキルを生かした副業をする人もいます。

その半面、個人事業主は取引先の企業に対して、立場が弱いという実情もあります。業務の範囲があいまいで過重な仕事を押し付けられたり、無理な短納期を迫られたり、取引先とトラブルになることも少なくありません。

■取引先とのトラブルの有無
(n=3,234)

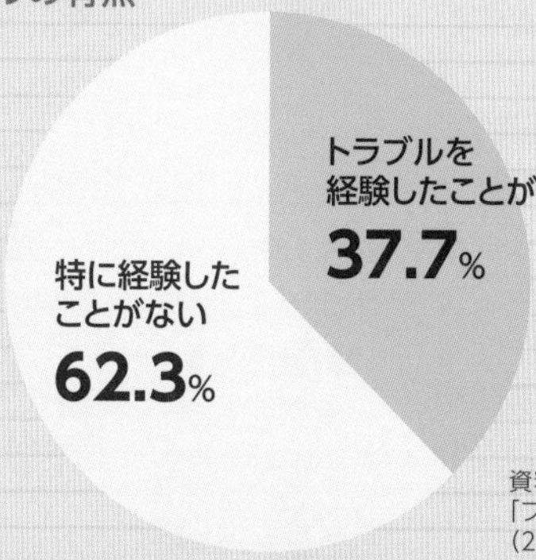

資料：内閣官房
「フリーランス実態調査結果」
(2020年5月)

こうした実情を背景に2023年４月、フリーランスを保護するための「特定受託事業者に係る取引の適正化等に関する法律（フリーランス・事業者間取引適正化等法）」が成立しました。

この法律は、フリーランスで働く個人に業務委託する発注事業者に対して次のような措置を講じることが義務づけられます。

- **仕事の内容や範囲、報酬、納期などの取引条件について書面やメールによる明示**
- **商品やサービスを受領してから原則60日以内の報酬の支払い**
- **ハラスメント行為に係る相談対応などの就業環境の整備**

個人事業主として自分たちを守る労働法規を知っておくことが大切です。

第 3 章

まずは
ここから！

経理のイロハをマスターする

毎日のおカネの流れを把握するためにも、個人事業主にとって最も重要な仕事の一つが経理です。「本業には自信はあるけれど、経理作業はどうも苦手……」という個人事業主も心配ご無用。この章では、経理の基本的なルールから流れ、経理特有の専門用語についてもわかりやすく解説します。

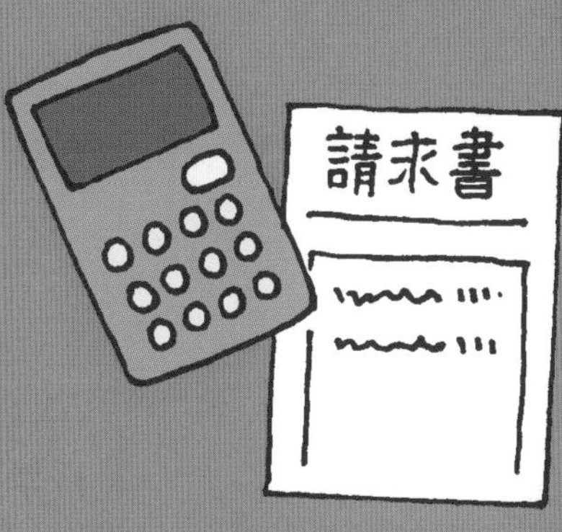

Master of Accounting ABC

記帳ってナニ?

日々のおカネの動きを書き記す

日々の取引を漏れなく記録する

記帳とは事業に関するおカネの動きを記録することです。帳簿づけには大きく分けて**複式簿記**と**単式簿記**という２つの方法があります。青色申告の55万円控除（e-Tax申告の場合は65万円控除）が複式簿記、10万円控除が単式簿記です。

複式簿記は経理の正式なルールに沿った簿記として認められています。事業の取引を７種類程度の帳簿に記録していきます。複式簿記は記帳ミスがあってもそれを見つけられるしくみになっています。

単式簿記は簡単で初心者向きですが、記帳ミスを見つけにくい面があります。取引を１種類あるいは５種類程度の帳簿に記していく方法です。また、単式簿記には**現金主義簡易簿記**という方法もあります。現金の出入りがあった場合に記帳するもので青色申告にも利用できます。ただし、前々年度の年収が300万円以下であることなどの条件があります。

売上計上は発生主義が便利

売上の計上方法は２つあります。１つは取引が発生し権利が確定した時に計上する**発生主義**、もう１つは実際に入出金があった時に計上する**現金主義**です。

発生主義は、入出金の動きに関係なく権利が確定した分を売上に計上します。**権利確定主義**ともいいます。モノやお金が動いた、サービスが行われた時であれば、発送日・到着日・検収日のいずれで計上してもかまいません。取引の数が多くなって売掛金がたまると、売上の計上漏れ、脱漏（だつろう）の危険があります。その点で発生主義に基づいた経理は便利です。

ココに注意　売上は回収して初めて利益になる

売上には関心があるのに、肝心の回収を怠ってしまう人が意外に少なくありません。

発生主義に基づく売上の計上はあくまでも帳簿上での数字であって、現実の利益ではありません。帳簿での数字だけを見て、「うちの大事なお得意様だ」と次々に仕事を受けてしまい、最終的には億単位の仕事に対する報酬が支払われずに裁判沙汰になったケースもあります。

売上は現実に回収して初めて、自分の利益になります。

Biz-サプリ! 複式簿記について専門的な補足をすると、複式簿記は損益法と財産法という2つの概念を取り入れたものだ。損益法での利益とは営業成績の視点から「収益－経費」としており、一方、財産法での利益とは財政状態の視点から「期末財産－期首財産」で算出する。

発生主義と現金主義の違い

●発生主義

実際に代金が回収される段階ではなく、取引が発生した時点で費用・収益を計上する基準のこと。現金主義では把握できない掛取引などを押さえるため、補正的な制度として誕生した、会計上の基本原則である。発生主義の適用範囲には、減価償却費の計上や未払費用の計上、未収収益の計上などがある。

デメリット

帳簿上では利益が出ていることになっているのに、実際には現金が手元にはない場合がある。

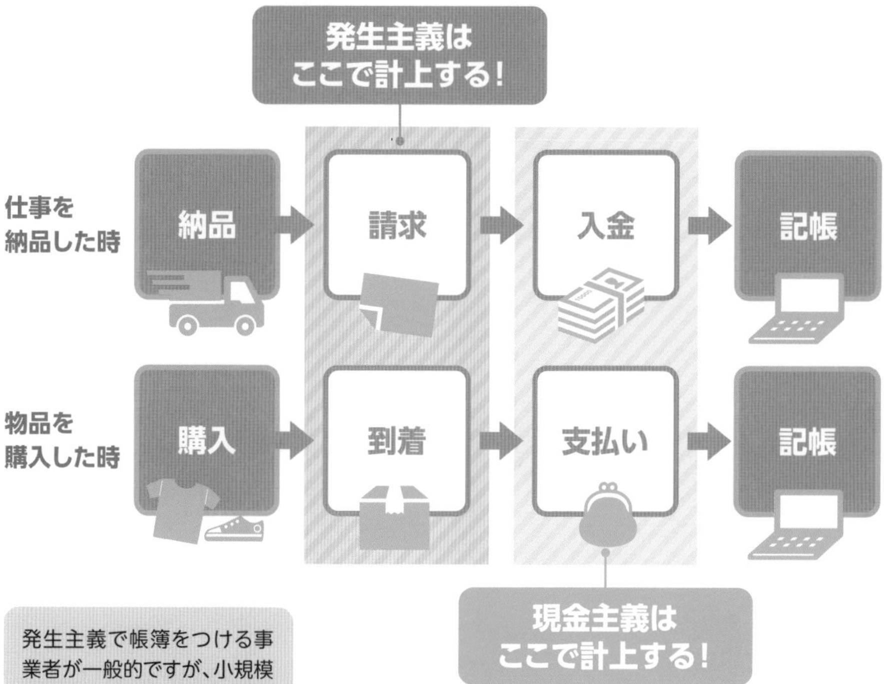

発生主義で帳簿をつける事業者が一般的ですが、小規模事業者の青色申告では所定の手続きをとることで現金主義も認められます。

●現金主義

現金が出入りする時点で、収益や費用を計上する基準のこと。小規模な商店などはこの方法をとっている場合がある。

デメリット

一般の企業の場合、大きなお金はその場ではやりとりされない。代金の回収は取引の2ヵ月後、などということになる。そうすると現金主義ではスムーズに処理できなくなる。

記帳の進め方

経理に必要な資料を整理する

領収書の分類からスタート

記帳を始めるためには何より取引にかかる資料を整理しなければなりません。まず支払関係については現金で支払った領収書、カード払いなど銀行口座を経由して支払ったものの２つに分けます。

現金の領収書については**現金出納帳**（げんきんすいとうちょう）に、銀行口座の領収書は預金出納帳に記帳します。この時、日付順で記帳することがポイント。会計ソフトで入力する場合、自動で日付順にしてくれます。通帳に記されている明細も**預金出納帳**に書き入れていきます。

必要な帳簿への記帳を通じて、収入と経費を把握。税務署に提出すべき**確定申告書B**、**青色申告決算書**を作成していくのが経理の流れです。

個人事業主が確定申告で使用する確定申告書Bは納税額を決める書類で、おもに第一表と第二表の２枚からなっています。

青色申告決算書は**損益計算書**や**貸借対照表**などの４枚の書類からなります。日々の取引を会計ソフトで入力すれば、自動で作成できるので簡単です。決算書は、確定申告のために所得や税額を明らかにするだけではなく、自分の事業の１年間の業績情報が明らかにされている〝事業の通信簿〟。一歩進んで経営分析にも役立てたいものです。

レクチャー

ビジネスを成長させるために必要なこと

ビジネスを成長させていくことは事業主の宿命といっても過言ではありません。収入を上げる方法は次の３つしかありません。

1. 新しい取引先を増やす

2. 来店頻度や受注回数を増やす

3. 単価を上げる

仮に、**この３つの経営課題について30％ずつ実績を向上できれば、売上は２倍になる**といわれています。

１を実現するには新規開拓ですね。一番コストがかかり労力を要するところ。

２と３は既存顧客とのやりとりです。どういう戦略で目標を達成するかを考えれば、すぐに行動に移せるかもしれません。

青色申告の経理を続けていると、自分の事業の傾向がわかるようになってきます。３つの経営課題をクリアするためにはどのような対策が必要なのか。決算書の数字が意味するところを知ることで、事業の目標や方向性が見えてくると思います。

Biz-サプリ! 決算とは、毎年ある特定の日を決めてその日までの1年間の売上や利益を計算すること。法人の場合は会社ごとに決算月は異なるが、個人事業主は1月1日から12月31日までを事業年度とする。確定申告前の約2ヵ月間は忙しい時期だ。早め早めを心がけよう。

経理作業はためないでできるだけマメに行う

事業にかかる細々した領収書やレシートも保管場所を決めてきちんととっておきましょう。忙しい時など毎日記帳することが難しい場合もあります。しかし、あまり時間がたつと取引の内容などを忘れてしまう危険性もありますので、月に一度はパソコンに向かって経理作業をする時間を確保したいところ。税理士などの専門家を交えながら月ごとの月次決算までできれば、より充実した経営改善が期待できます。

●帳簿作成の基本的な流れ

資料整理
領収書や通帳などの整理をして入力準備をする。領収書がない経費がある場合は、出金伝票をきる。

↓

データ入力
現金出納帳、預金出納帳、売上帳、仕入帳、振替伝票の5つを入力する。余裕があれば毎日入力するのがベスト。忙しくても月に一度は入力日をつくる。

↓

売上管理
クライアントごとの販売管理を行う。売掛帳の場合は売った合計が出されてしまうので、請求書を発行する際に売り先ごとの管理をしてみよう。

↓

決　算
収入・支出を計算し、利益(赤字の場合は損失)を計算する。それに基づいて税額計算を行っていく。

売上の構成割合から判断できる経営の安定性

●利益の源泉はどこにあるのか?

売上全体に占める商品の構成割合、取引先ごとの受注額あるいは支払額などを分析することで、事業の強み、弱点が見えてくる。単価や利益率だけでなく、売掛金の回収の速さ、納期の長短などを総合的に判断。昨年と比べて伸びたところなどを年に一度、過去の決算書と比較するだけでも現状認識につながる。

A・B・C社に約30%ずつは理想的

3社くらいからバランスよく売上を出しているAさん。これは最も理想的といえる。クライアントが複数いれば、1社だけに頼っているよりも業績の影響を受けにくい。

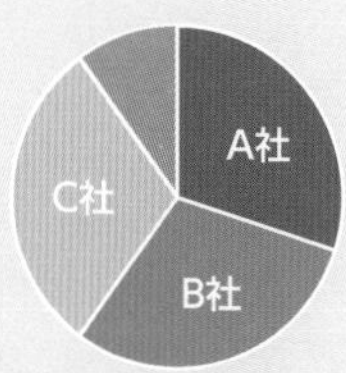

売上の構成割合

1社が約90%を占めているのは危険

A社という1社に頼れば収入が安定し、営業もしなくていいからラクかもしれない。しかし、その会社の倒産など、万が一のリスク管理が後手になってしまう。

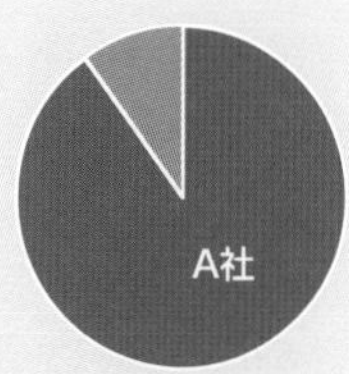

売上の構成割合

個人事業で備える5つの帳簿

こまめに使う現金出納帳

現金出納帳はこまめにつけよう

青色申告控除の適用を受けるには原則として複数の帳簿をつける必要があります。

しかし、すべての帳簿を毎日つけるわけではありません。最も手間のかかる**現金出納帳**をきちんと記帳しておけば、ほかの帳簿づけは月に1回程度、まとめてやっても最初のうちならばOKでしょう。

現金出納帳とは現金のやりとりを記録する帳簿です。まとめ買いをしたり、自動引き落としや振込を利用したりすれば、現金そのもののやりとりは減らせますので、**現金出納帳**の記帳の手間を減らすことができます。こうした工夫が記帳漏れやミス、手間の軽減につながります。

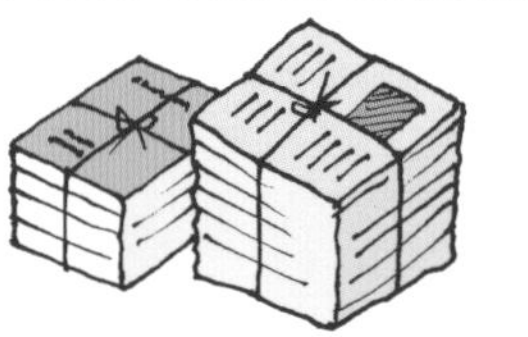

7年間の保管義務

現金出納帳は、実際に自分で現金を動かした場合にだけ記帳します。通帳から支払った場合には、銀行口座を管理するための**預金出納帳**に記帳するので、間違えないようにしましょう。

預金から引き出した現金は、会計ソフトでは自動で転記されますので、どちらに記帳しても問題ありません。

そのほかには、**売掛帳**、**買掛帳**、**振替伝票**をつけます。詳しくは108ページ以降を参照してください。これらの帳簿の保管期間は青色申告・白色申告のどちらでも7年間と決まっています。税務署から提示を求められることもありますので、廃棄しないで大切に保管しましょう。

手持ちの資金が不足した時の記帳

実務サポート

現金出納帳がマイナスになっても、税務署は事業主が立て替えをしていることは理解しています。よって一時的なマイナスであれば、通帳から現金を下ろして正常に戻してもOK。慌てる必要はありません。あまりにも長期間だったり、高額だったりする時は**事業主借**として処理するのがベター。事業主借は事業資金が不足し、個人の貯金などから入金があった場合に使います。

Biz-サプリ! 税務署には強い調査権限が認められているので、必要に応じて金融機関などに個人情報の開示を求めることが許されている。「所得を隠せる」などと考えないほうがいいだろう。

帳簿づけは意外にカンタン! 苦手意識を持たないで

基本的な帳簿は下記の5つ。慣れれば難しいものではないので、開業したてのころにたくさん触れるといいだろう。

現金出納帳（げんきんすいとうちょう）

家計簿やおこづかい帳と似ている

毎日の入出金を発生順に記帳して、残高を明確にするための帳簿。作成することで、どこからどういった現金が入り、何の目的で使われたのかということがわかる。

例
- 現金でタクシー代を支払った時
- 現金で原稿料をもらった時

預金出納帳（よきんすいとうちょう）

銀行別に入出金を記入する

普通預金や当座預金などの入出金を記した帳簿のこと。銀行別にすべての取引を記載する。

例
- 銀行口座から外注先へ振り込んだ時
- 銀行口座に売上代金が振り込まれた時

売掛帳（うりかけちょう）

すべての売上を得意先ごとに記録

売上に関する取引を発生順に記録する帳簿。売掛帳を作成することにより「いつ・誰に・どんな商品を・いくらで売却し・どういった方法で代金を受け取るのか」が明確になる。

例
- A社へ○○円分の商品を売った時
- A社から売上代金が振り込まれた時

買掛帳（かいかけちょう）

仕入を発生順に記録

仕入に関する取引を発生順に記録する帳簿。買掛帳を作成することにより「いつ・誰から・どんな商品を・いくらで仕入れ・どういった方法で代金を支払うのか」がわかる。

例
- B社から○○円分の商品の仕入をした時
- B社へ仕入代金を支払った時

振替伝票（ふりかえでんぴょう）

日々の取引を起票する

入出金取引以外の取引を起票する伝票。すべての取引(勘定科目)について使用することができる。

例
- 源泉所得税を差し引いてC君に給料を支払った時
- 期首と期末の在庫の棚卸を計上した時
- 売掛金に貸倒引当金を設定した時

仕訳とは?

1つの取引を2つに分解する

何かを得る時は何かを失う時

事業を行っていれば、モノやおカネの増減が日々発生します。**取引**とは、そうした経済的価値を増減させる売買のことです。たとえ世間一般では取引にならなくても、火災・盗難・紛失・事故などのように財産の増減に関わることは、帳簿をつける上で取引とみなします。

また、一般には取引とされる売却契約や賃貸契約は、契約を交わしただけで財産の増減につながらないため、帳簿上では取引とみなされません。この取引の考え方が、基本中の基本になります。

すべての取引には２つ以上の側面が必ずあります。実は複式簿記とは、１つの取引を２つの側面で記録する簿記のことです。取引を二面的に考えることが、とても重要になります。例えば、あなたが10万円のパソコンを購入した時、あなたは10万円のパソコンを手に入れる一方で現金を10万円分支出しているわけです。

仕訳（しわけ）によって経営状況がわかる

取引を２つに分解して帳簿に記録していくことを**仕訳**といいます。雑多な経済取引は仕訳されることによって経理のルールに沿ったデータに変換され、帳簿に記入されていくのです。

わたしたちの１日は、電車に乗ったり、商品を受け取ったり、打ち合わせをしたり、備品を購入したり……といった多くの活動で構成されています。実は、これらはすべて取引として仕訳をすることができるのです。

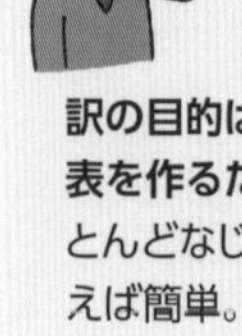

レクチャー

仕訳はなぜ必要なのか?

すべての取引を分解し、左右に分けて記録する仕訳。この仕**訳の目的は、すべて損益計算書と貸借対照表を作るための作業です**。普通の人にはほとんどなじみのない仕訳ですが、覚えてしまえば簡単。単純な入力作業の繰り返しです。

損益計算書と貸借対照表は整合性が取れるしくみになっているのも特徴です。この２つの財務諸表ができあがる過程からは、個人事業主として多くのことが学べるはずです。

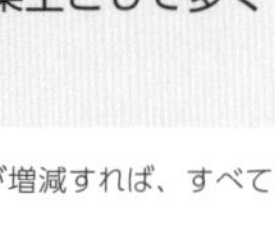

Biz-サプリ! 簿記では、商品を万引きされたり、破損したりすることも「取引」とみなす。おカネやモノが増減すれば、すべて取引になる。

財産の増減に関する取引を仕訳する

取引にあたるもの

- 商品を仕入れた時
- 交通費を支払った時
- 銀行からお金を借りた時
- 商品が盗まれた時
- 消耗品を買った時

取引とはみなさないもの

（実際に財産の増減があったタイミングで仕訳する）

- 仕事を受注した時
- 土地を借りる契約をした時
- 事務所の賃貸契約をした時

取引は2つの側面を持っている

取引には、モノやおカネが増減するという2つの側面がある。それを記録することで経営状況を把握することができる。

例

その1

現金100万円を元手に開業した場合

- 現金が100万円増えた！ → 現金の増加
- 資本金が100万円増えた！ → 資本金の増加

その2

銀行から30万円借りた場合

- 現金が30万円増えた！ → 現金の増加
- 借入金が30万円増えた！ → 借入金の増加

この分解を**「仕訳」**という！

仕訳の基本

「借方」は左、右は「貸方」

借方・貸方の合計は必ず同額

２つの側面に分解した取引を、左側の**借方**と右側の**貸方**に分けて記録することを仕訳といいます。

左側にはどのような形で手元にあるかという「資金の所在や用途」が、右側にはいかにしてそのお金を得たかという「資金の出所」が書かれます。左右は同額になり、これは**貸借平均の原則**と呼ばれます。パソコン会計では定例的な仕訳を登録することができます。

事業に絡んでくる交通費や消耗品代、商品の仕入や売上など、取引はすべて分解して仕訳を行います。取引の内容を表す**勘定科目**ごとに記載される位置が決まっているため、それぞれが属する勘定科目とグループ分けを覚えましょう。これらを帳簿づけしていくことが、経理の基本になります。

複式簿記をつけていくことで取引が等価なものに形を変えていくのを見ることができます。例えば、制作という仕事が20万円の売掛金に変わり、その売掛金は20万円の現預金に変わっていくのです。

仕訳は毎日の記帳で自然に覚える

仕訳では、借方と貸方への振り分け方がルールとして決まっています。取引を２つに分けたどちらかが借方、もう一方が貸方へ対応します。

振り分けるルールは、おもに借方が資産の増加や負債の減少など、貸方が資産の減少や負債の増加などとなります。何が増加したか、減少したかが振り分けのポイント。帳簿をつけていれば、よく使われるものから自然に覚えられますので、頻出するパターンから覚えましょう。

レクチャー

「借方と貸方」は「債権と債務」の意味

なぜ借方・貸方は「左側」「右側」といわないのでしょうか。それは、もともと記帳が債権や債務を記録するためにできたものだから。債権は「相手が自分から借りている」もの、債務は「相手が自分に貸している」もの。常に相手の立場から見た形の解釈をします。

債権を借方、債務を貸方と呼んで債権を左側に、債務を右側に書いていたため、現在の形になったようです。

Biz-サプリ! 複式簿記は、イタリアで14世紀ごろに考案されたといわれている。現在は同じ原理の簿記が世界中で使われている。ドイツの文豪、ゲーテは「簿記は最高の芸術」と讃えたそうだ。

取引を貸方・借方の両面から記帳する

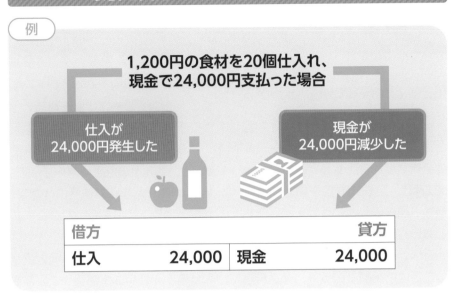

例

1,200円の食材を20個仕入れ、
現金で24,000円支払った場合
仕入が
24,000円発生した
現金が
24,000円減少した

借方		貸方	
仕入	24,000	現金	24,000

借方	貸方
かり ←	かし →
資産の増加 負債の減少 資本の減少 費用の発生	資産の減少 負債の増加 資本の増加 収益の発生

※左右のどちらに記入してもいいわけではなく、きちんとルールが定められている。

左右の分け方は
こうして覚えよう!
「よく使われる仕訳」
ベスト8は240ページ
にあります

勘定科目

取引の内容ごとにグループ分け

勘定科目で経費の内訳がわかる

取引の内容を示す項目を**勘定科目**といいます。例えば、タクシー代や電車代などを計上するときは「旅費交通費」、郵送代や携帯電話の通話料は「通信費」という勘定科目でまとめられます。

とはいえ、税務署が本当に知りたいことは所得額であって、勘定科目についてはあまり厳しく文句を言いません。勘定科目の数は少ないほど分類の手間は省けます。業種によってよく使う勘定科目は異なりますので、自分の事業に合った勘定科目の一覧表を作ると便利でしょう。

小さな取引を大枠で整理していく

さらに大きなくくりとして、勘定科目は資産、負債、資本、費用、収益の5つのグループにまとめることができます。

資産に入るのは、おカネや商品、備品、土地などの財産や著作権など。負債は借入金などの債務のほかに、仕事の報酬を先にもらった時の前払金も含みます。資本は商売の元手のことで個人事業主の場合は元入金が入ります。費用は文字通り、収益を得るためにかかった出費のことで仕事をする上で必要な経費を指します。収益には売上のほか、臨時収入など、利益のもとになる収入です。

1つの小さな取引→仕訳→勘定科目→グループと、だんだん事業を大枠でとらえていくことがわかります。

自分の事業に合わせて勘定科目を設定する

実務サポート

勘定科目に独自で科目を設けてもいいことになっています。「この経費はこの勘定科目にしなければならない」という厳密な決まりはありません。

開業1年目は基本的な勘定科目だけで始め、余裕がでてきたら事業の内容や経理の必要性に合わせて自由に設定してみてください。

例えば、フリーライターならば取材費、ネイルサロンなら装飾費など、業種によって設定できます。1つの勘定科目に大きな金額としてまとめるよりは、**内容に合わせていくつかの科目に分けて計上したほうが事業でのおカネの動きがより見えやすくなります。**分ける目安は数十万円からでいいでしょう。

Biz-サプリ! 税務署が申告書のどこを見ているのかといえば、やはり事業の内容・規模と経費の支出状況に不自然なところはないかという点だ。税務署では同業他者の申告内容と比較して、極端に経費が大きいような場合、調査で質問する場合がある。

勘定科目は5つのグループにまとめられる

その1　資産

勘定科目
- 現金
- 預金
- 売掛金
- など

記帳ルール
資産が
増えたら **借方** ｜ 減ったら **貸方**

その2　費用

勘定科目
- 仕入
- 旅費交通費
- 接待交際費
- など

記帳ルール
費用が　かかった
借方

その3　負債

勘定科目
- 買掛金
- 借入金
- 未払金 など

記帳ルール
負債が
減ったら **借方** ｜ 増えたら **貸方**

その4　資本

勘定科目
- 元入金

記帳ルール
資本が
減ったら **借方** ｜ 増えたら **貸方**

その5　収益

勘定科目
売上高や
利息などの
総収入

記帳ルール
収益が　出た
貸方

事業の全体像は損益計算書と貸借対照表に表れる

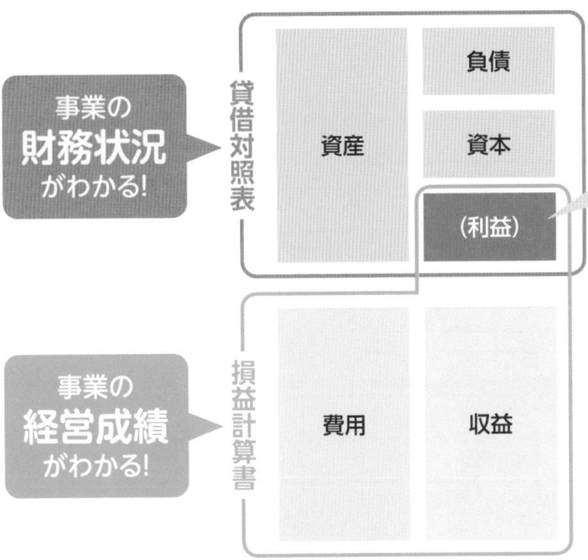

損益計算書と貸借対照表の唯一の共通項がこの「利益」。「収益－費用」を差し引けば「儲け」になる。つまりは所得のこと。所得のうち使わなかった分は来期の元入金とされ「資本」扱いになる。

column

白色申告の記帳義務

白色申告の場合、2014年１月からは事業や不動産貸付等を行うすべての人に記帳と帳簿書類の保存が義務づけられました。所得税（復興特別所得税）の申告が必要ない人も記帳等の義務がありますので注意してください。

どのみち帳簿をつける手間がかかるならば、最初から割り切って青色申告を念頭に置いたほうがよいかもしれません。青色申告にも2種類あって55万円控除（e-Tax申告の場合は65万円控除）を受けるのは複式簿記で記帳しなければなりませんが、10万円控除、通称「青10」であれば、シンプルな単式簿記でOKです。

■□■□■

しかし、白色申告では所得控除できるものがないかといえば、そうではありません。配偶者や親族に給料を支払っている場合、「事業専従者控除」として配偶者は86万円、親族は50万円まで所得控除を受けることができます。所得金額が少ない場合には、事業所得の金額÷[事業専従者の人数＋1]で出される金額が上限になります。

一方で、事業専従者控除を受けると配偶者控除や扶養控除は受けられなくなります。これにより、住民税などが意外に高くなってしまうケースもあるので、この点、注意が必要です。

■白色申告の帳簿の様式例

① 年 月	日	② 摘要	③ 売上	④ 雑収入等	⑤ 仕入	経費 ⑥ 給料賃金	⑦ 外注工賃	⑧ 減価償却費	⑨ 貸倒金

経費		その他経費								
⑩ 地代家賃	⑪ 利子割引料	⑫ 租税公課	⑬ 水道光熱費	⑭ 旅費交通費	⑮ 通信費	⑯ 修繕費	⑰ 消耗品費	⑱	⑲	⑳ 雑費

第4章

事業拡大!

従業員を雇う場合の経理ルール

事業が軌道に乗り始めると、どうしても人手が足りなくなってきます。従業員やパート、アルバイトを雇う場合、所得税の源泉徴収をはじめ、給与計算、年末調整など経理の量・質ともにグッとレベルが上がります。この章では、個人事業主が知っておきたい雇用に伴う経理のポイントを紹介します。

事業主の源泉徴収義務

従業員に代わって税金を支払う

原則翌月10日までに納付する

　従業員やアルバイト、パート、青色事業専従者を雇っている場合は、その給与に係る所得税を事業主が従業員に代わって、国に納付する義務があります。これを**源泉徴収制度**といいます。給与のほかにも、報酬や利子、配当などについてその支払者が税金分を天引きします。徴収した所得税は、原則として翌月10日までに税務署に納付しなければなりません。

　源泉徴収制度は、国にとっては税金の徴収事務を簡素化できると同時に、従業員ら給与所得者にとっても確定申告などの手間が省けるという利点があります。

源泉徴収の前に用意したい書類

　従業員を雇用した場合は、従業員に**給与所得者の扶養控除等（異動）申告書**を提出してもらいます。所得が控除される扶養親族について確認するためのもので、源泉徴収する所得税額を計算するために必要です。

　源泉徴収する毎月の税額は**給与所得の源泉徴収税額表**を使って求めることができます。表の見方は、給与の総支給額から通勤手当などの非課税手当、雇用保険料、社会保険料などを控除します。その金額をもとに、先述の扶養控除等申告書を提出している場合は「甲」欄、提出していない場合は「乙」欄を確認します。

従業員を雇ってからの提出でも大丈夫

●給与支払事務所等の開設届出書

従業員に代わって税金を納める個人事業主を「給与支払事務所等」といいます。「給与支払事務所等の開設届出書」を提出する必要があります。

◎**提出期限**
給与を支払うことになってから1ヵ月以内
◎**提出先**
事務所や店舗の所在地の税務署

Biz-サプリ! 源泉徴収によって事業者が納付を代行する所得税は、「従業員からの預り金」という性質があって、納付が遅れるとペナルティがある。納付期限から1日でも遅れると、不納付加算税として納めるべき税金の10%（税務署から指摘されることなく自主的な納付については5%）が徴収される。

毎月の源泉徴収税額は「月額表」で求める

表中の税額には「復興特別所得税」も含まれています。

総支給額 ― 非課税手当（通勤手当など） ― 雇用保険料 社会保険料

「給与所得者の扶養控除等（異動）申告書」の提出があれば「甲」欄

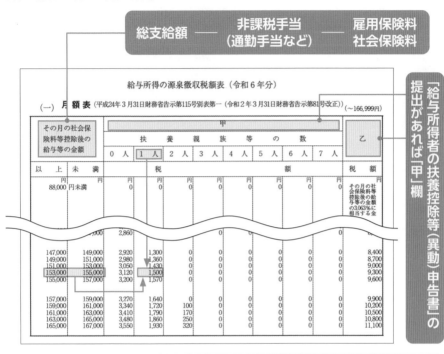

給与所得の源泉徴収税額表（令和6年分）

（一） 月額表（平成24年3月31日財務省告示第115号別表第一（令和2年3月31日財務省告示第81号改正））（～166,999円）

その月の社会保険料等控除後の給与等の金額		甲								乙
		扶養親族等の数								
		0人	1人	2人	3人	4人	5人	6人	7人	
以上	未満	税額								税額
円	円	円	円	円	円	円	円	円	円	円
88,000円未満		0	0	0	0	0	0	0	0	その月の社会保険料等控除後の給与等の金額の3.063%に相当する金額
147,000	149,000	2,920	1,300	0	0	0	0	0	0	8,400
149,000	151,000	2,980	1,360	0	0	0	0	0	0	8,700
151,000	153,000	3,050	1,430	0	0	0	0	0	0	9,000
153,000	155,000	3,120	1,500	0	0	0	0	0	0	9,300
155,000	157,000	3,200	1,570	0	0	0	0	0	0	9,600
157,000	159,000	3,270	1,640	0	0	0	0	0	0	9,900
159,000	161,000	3,340	1,720	100	0	0	0	0	0	10,200
161,000	163,000	3,410	1,790	170	0	0	0	0	0	10,500
163,000	165,000	3,480	1,860	250	0	0	0	0	0	10,800
165,000	167,000	3,550	1,930	320	0	0	0	0	0	11,100

たとえば……

●社会保険料等控除後の給与が15万3,000円
●扶養親族が1人

→ 源泉徴収税額は、**1,500円**

源泉所得税の納期を半年に1回にする場合

●源泉所得税の納期の特例の承認に関する申請書

源泉徴収した所得税を毎月納めるのは手間がかかります。この申請により、給与の支給人員が常時10人未満であれば半年分をまとめて納付できます。

◎提出期限　随時
◎提出先　事務所や店舗の所在地の税務署

支給額から保険料と税金を控除

勤務時間はタイムカードで管理する

給与計算の基となる要素は、出勤日数、勤務時間、遅刻・早退、時間外労働、休憩時間、社会保険料、雇用保険料、福利厚生などです。おおよそ次の手順で進めていきます。

❶毎月の締め日になったら、従業員の総支給額を計算します。出勤日、勤務時間を計算し、基本給がある場合は、通勤費、残業代などの諸手当を加えて、総支給額を求めます。勤務時間はタイムカードを利用するなどして、しっかり管理しましょう。

❷総支給額から非課税手当（通勤費など）、雇用保険料、社会保険料（従業員が常時5人以上の場合は、加入義務）を控除します。控除する金額は、雇用保険料（総支給額に雇用保険料率を乗じて計算）、健康保険料・厚生年金保険料です。

❸総支給額から社会保険料等を控除した後の金額から源泉所得税（64ページ参照）を控除します。そのほか住民税なども控除して、支払額（手取額）を求めます。

賞与の源泉徴収は税額表を使う

賞与（ボーナス）の支給がある場合については、月々の給与計算と同様に総支給額から規定の雇用保険料、健康保険料、厚生年金保険料、源泉所得税を控除します。賞与の源泉所得税は、「賞与に対する源泉徴収税額の算出率の表」で求めます。毎月の給与計算の際に使う月額表ではありません。賞与からは住民税など地方税は徴収されません。

レクチャー

面倒な給与計算。作業を外注するのもアリ

給与計算は、細かい確認事項が多く、面倒で時間のかかる作業です。

1～3人程度の少人数であれば比較的短時間で処理できますが、シフト制なども採用しながら複数のアルバイトを管理して運営している個人事業主の場合、とても給与計算をしている時間などないというケースもあります。

給与計算のために本業が疎かになってしまうようでは本末転倒。いっそのこと**給与計算は税理士（会計事務所）や経理代行会社に任せてしまうのも現実的な解決策です。**

Biz-サプリ! 給与計算……従業員への給与の支払いでは、当然のことだが、支給日や支給額は守ること。悪気のないちょっとしたミスで、従業員との信頼関係にひびが入ってしまうのはもったいない。給与計算の手順をしっかりマスターして、きちんと給与の支払いを済ませておきたい。

給与計算の流れ

1 従業員の総支給額を計算

総支給額=基本給+残業代+通勤費ー欠勤控除など

2 総支給額から非課税手当、保険料を控除する

雇用保険料、社会保険料（健康保険料、介護保険料、厚生年金保険料）の料率表に照合する。社会保険料は社会保険事務所が決定します。

3 最後に、税金を控除する

源泉徴収する所得税額の計算は、月額表（65ページ参照）を使って計算する。

給与明細書、賃金台帳を作成 (68ページ参照)

パートもアルバイトも

雇用保険制度への加入は事業主の義務

①労働時間が週20時間以上、
②31日以上継続して雇用される見込みがあれば、雇用形態を問わず強制加入。

負担者／事業の種類	① 労働者負担（失業等給付の保険料率のみ）	② 事業主負担	失業等給付の保険料率	雇用保険二事業の保険料率	①+② 雇用保険料率
一般の事業	6/1000	9.5/1000	6/1000	3.5/1000	15.5/1000
農林水産 清酒製造の事業	7/1000	10.5/1000	7/1000	3.5/1000	17.5/1000
建設の事業	7/1000	11.5/1000	7/1000	4.5/1000	18.5/1000

雇用保険料=総支給額×保険料率

例えば…… 一般の事業で総支給額 18万円の場合は

18万円 × 1.55% = 2,790円

給与明細書

同じ内容で賃金台帳も作成する

賃金台帳には5年間の保存義務

給与計算をしたら、**給与明細書**と**賃金台帳**を作成します。給与明細書の様式は自由で、市販されているものでも、表計算ソフトなどを使って自作しても構いません。給与明細書には、労働日数、労働時間、残業・休日、深夜労働の時間数、基本給、手当等の額、所得税など総支給額から控除されている額を記載します。

また、事業者には賃金台帳の作成が義務づけられています（労働基準法第108条）。違反した場合は30万円以下の罰金が科せられます。賃金台帳は給与明細書と同じ内容を記入します。なお、作成した賃金台帳は、最後に記入した日から原則５年間保存しなければなりません。

税務申告関係の書式は国税庁HPからダウンロード

実務サポート

所得税の確定申告書をはじめ各種届出書、64ページで紹介した「給与所得者の扶養控除等（異動）申告書」、「給与所得の源泉徴収税額表」、66ページで紹介した「賞与に対する源泉徴収税額の算出率の表」など、**税務申告に関する書式はほとんど国税庁ホームページ（https://www.nta.go.jp/）からダウンロードすることができます。**

国税庁ホームページ

Biz-サプリ! 賃金台帳……労働基準法では、従業員を雇用する事業主に賃金台帳の作成を義務づけている。賃金台帳はパソコン上で保存していても構わない。ただし、労働基準監督署などから提出を求められた際にすぐに対応できるよう、印字できるようなシステムにしておく必要がある。

給与明細書の書式例

記入漏れがないように必要な項目を確認しよう！

✔ 労働日数、出勤日数

✔ 従業員の氏名

✔ 残業、休日出勤の時間数

令和●年×月

給与明細

部門名		社員No.		氏名	殿

勤怠	労働日数	出勤日数	有給休暇日数		慶弔休暇日数		差引支給額
	欠勤日数	遅刻回数	早退回数		時間外労働		

支給	基本給	役職手当	資格手当	家族手当	時間外手当	通勤手当	
					不就労控除	総支給額	課税対象額

控除	介護保険	健康保険	厚生年金	雇用保険	社会保険合計	所得税	住民税
				生命保険料	積立金	返済	控除計

✔ 所得税など賃金から控除される額

✔ 基本給、手当等の額

知っておくと便利！　雇用に関する届出の一覧

家族や従業員を雇用する際に必要な届出をまとめました。

	届出先	書類名	届出期間
家族に給料を支払う場合	税務署	青色事業専従者に関する届出書	3月15日まで ※1月16日以後に新しく事業を開始した人は事業開始から2ヵ月以内。
従業員を雇い入れた場合	税務署	給与支払事務所等の開設届出書	給与の支払い開始から1ヵ月以内
		源泉所得税の納期の特例の承認に関する申請書兼納期の特例適用者に係る納期限の特例に関する届出書	随時 ※適用しようとする月の前月末日まで。
	労働基準監督署	労働保険　保険関係成立届	従業員を雇い入れてから10日以内
		労働保険　概算保険料申告書	従業員を雇い入れてから50日以内
	ハローワーク	雇用保険適用事務所設置届	従業員を雇い入れてから10日以内
		雇用保険被保険者資格取得届	従業員を雇い入れた翌月10日まで
5人以上の従業員を雇う場合	年金事務所	健康保険・厚生年金保険新規適用届	適用事務所になってから原則5日以内

年末調整のしかた

従業員の正確な所得税額は？

従業員のための〝確定申告〟

　従業員などに給与を支払っている場合は、事業者は**年末調整**を行います。従業員の所得を確定した上で、その源泉所得税について過不足分を精算しなければなりません。

　事業者は毎月、従業員の給与から源泉徴収して税務署に所得税を納付していますが、この源泉所得税はあくまでも月額表（64ページ参照）などに基づいて計算した概算の税額に過ぎません。なぜならば、生命保険の掛金がある人は所得の課税対象額が減りますし、住宅ローン控除などを適用する人は所得税額から一定の税額を差し引くことができるからです。

　そのため、従業員のその年の１月～12月までの給与総額が決まった上であらためて正確な所得税額を確定する必要があります。それまで源泉徴収していた所得税額が多ければその過納分を**還付**します。一方、不足している場合は追加で徴収することになります。

　年末調整を行う際には、従業員から各種控除の申告書などを用意してもらいます。具体的には、毎年秋ごろ国税庁から**『年末調整のしかた』**という冊子が届きますので、これを読みながら作業を進めていきます。

　年末調整が終わったら、**源泉徴収票**を作成します。源泉徴収票は３枚あるいは４枚つづりになっています。１枚は従業員用で、２枚は「市町村提出用」なので、従業員の住所の役所に提出します。

外部スタッフには支払調書　実務サポート

税理士や弁護士、ホステス、外部スタッフなどに支払った報酬の源泉所得税については、源泉徴収票ではなく**支払調書**を作成します。このようなケースでは**外注先が自分で確定申告を行うのでその支払関係を明らかにするために必要となります**。その年中に支払いの確定したものを記入します。控除額以下であるために源泉徴収されなかった報酬についても漏れがないよう注意してください。

スタッフを雇っている個人事業主に届く『年末調整のしかた』。

Biz-サプリ！ 『年末調整のしかた』……国税庁が毎年作成している冊子で、年末調整の手順や年税額の計算方法について解説している。税金の取り扱いは毎年改正されるので、前年と同じ方法では正しい年末調整を行うことはできない。冊子の冒頭には、昨年からの変更点がまとめられているので、作業する上で必見だ。

年末調整で従業員に用意してもらうおもな書類

正確な所得税額を求める上で、従業員からいくつか提出してもらわなければならない書類があります。年間の所得から控除できる額を計算するために必要な書類です。

給与所得者の扶養控除等申告書

配偶者控除、扶養控除、障害者控除などを受けるために提出する

給与所得者の保険料控除申告書兼配偶者特別控除申告書

生命保険料、地震保険料などの保険料控除や配偶者特別控除を受けるために提出する

給与所得者の(特定増改築等)住宅借入金等特別控除申告書

住宅借入金等特別控除を受けるために提出する

年末調整の流れ

Step 1

「1年間(1月〜12月)の給与 ＋ 賞与」を計算する

Step 2

「給与所得控除」後の給与を照合する

国税庁『年末調整のしかた』に記載してある「給与所得控除後の給与等の金額の表」で照合する。

Step 3

控除額を計算する

基礎控除、配偶者控除、扶養控除、社会保険料控除、生命保険料控除など課税対象となる所得額を引き下げる各種控除額を計算する。

Step 4

課税給与所得を計算する

給与所得控除後の給与から各種控除を差し引いた額が、実際に所得税の課税対象となる所得だ。

Step 5

算出年税額を照合する

国税庁『年末調整のしかた』に記載してある「年末調整のための所得税額の速算表」で課税給与所得に応じた算出年税額を照合する。

Step 6

年調年税額を求める

一番最後に「税額控除」(住宅ローン控除など)できる額があれば、算出年税額から差し引く。こうして求められた年調年税額が、従業員のその年の所得税額になる。

※雑損控除や医療費控除、寄附金控除を適用する場合、従業員(納税者本人)が確定申告する必要があります。年末調整では還付を受けられません。

雇用と外注の見極め方

「事実上の雇用」に注意

源泉徴収義務がある場合も

仕事を滞ることなくこなすためには、専門的な技術や知識を持った人にうまく仕事を振りながら、効率的に進めていく必要があります。建設業や理美容業ではよくあることです。

しかし、こうしたスタッフが一時的なヘルプではなく、いつの間にか常時、仕事をお願いしている状況になっていることも少なくありません。事業者としては「外部の人に手伝ってもらっている」（請負契約）つもりで**外注費**を払っていても、税務署からは「雇用契約に基づく給与」と判断されることがあります。

外注費と給与では、経理上、大きく２つの違いがあります。１つは**所得税の源泉徴収義務**、もう１つは**消費税の仕入税額控除**です。例えば、美容室でフリーの美容師さんに月25万円でヘルプをお願いしたケース。事業者は１年間では「300万円の外注費」と考えました。外注であれば、所得税の源泉徴収義務は発生しません。また外注費に上乗せする消費税分は仕入税額控除ができます。

ところが、この外注費が「美容師さんへの給与」と判断されると、多額の税金を支払わなければなりません。まず、所得税について源泉所得税が月２万900円（月額表の「乙」欄）なので、年間25万800円。さらに消費税分は過大控除になります。加えて、**延滞税**や**過少申告加算税**も発生します。スタッフの勤務実態を踏まえた税務処理を心掛けましょう。

レクチャー

スタッフは請負契約のほうがメリットは大きい？

請負契約の場合は、個人事業主がスタッフの年末調整のために作業をする必要がなく、またスタッフの報酬にかかる消費税分も消費税の納税額から差し引くことができます。一方、スタッフの立場では、請負で得られる所得は給与ではなく事業（雑）所得になるので、年金受給者の場合は、年金カットのリスクを抑えられる効果もあります。ただし、税務調査では、就労実態によって「雇用・請負」を判断されますので、注意が必要です。

Biz-サプリ！ 派遣社員……派遣社員にも請負と同じような節税メリットがある半面、思い通りのコストダウンにつながるとは限らない。その一番の理由は、派遣社員の派遣料自体がそれなりに高額なケースが少なくないためだ。税務上の損得だけでなく、総合的に判断することが大事だ。

外注費と給与の違い

外注費 **（請負契約）**	事業所得に該当するので、事業者には原則、源泉徴収義務はない。事業者は外注費に係る消費税分について仕入税額控除が適用される。
給与 **（雇用契約）**	給与所得に該当するので、事業者に源泉徴収義務がある。給与は消費税の課税対象ではないので、仕入税額控除はできない。雇用契約扱いでは社会保険の加入義務も。

外注費と給与の判断基準

国税庁は、給与として取り扱われる雇用契約（またはこれに準ずる契約に基づく対価）であるかどうかの判断について、下の様な判断ポイントを総合的に考えあわせて、実質で判断するとしています（消費税基本通達1-1-1）。

おもな判断ポイント

※カッコ内は通達の原文です。

○が多いほど、「給与」と判断される可能性が高い！

1 仕事が他の人では代わりがきかない ○
（その契約に係る役務の提供の内容が他人の代替を容れるかどうか）

2 仕事の作業について事業者から指揮監督を受けている ○
（役務の提供にあたり、事業者の指揮監督を受けるかどうか）

3 仕事の成果、仕事による商品が失われた場合でも事業者は報酬を支払う ○
（まだ引き渡しを了しない完成品が不可抗力のため滅失した場合等においても、当該個人が権利としてすでに提供した役務に係る報酬の請求をなすことができるかどうか）

4 仕事に必要な材料、作業道具などは事業者が提供している ○
（役務の提供に係る材料または用具等を供与されているかどうか）

column

自分の事業を客観的に評価する

38ページのcolumnでも取り上げましたが、10年続かない個人事業主が9割近いというデータもあるように、世の中が刻々と変化する中でいかに顧客ニーズをとらえて生き残っていくかは、事業を立ち上げた時点で常に目の前に突きつけられる課題といえます。

■ ■ ■ ■ ■

事業を維持していく上では資金繰りの安定、資金調達が重要な生命線です。そのためには銀行からの融資の円滑化を図るだけでなく、銀行だけに依存しない経営体質、投資を呼び込むための戦略が必要です。

投資を呼び込むためには自分の事業がどのように評価されているかを知らなければなりません。現在は社会のシステムが成熟し、モノが足りている時代——。よほどのヒット商品でもない限り、飛ぶように何かが売れることは難しいでしょう。薄利多売でとにかく売上を伸ばすというビジネスモデルはあまり評価されないようです。

■ ■ ■ ■ ■

一方で、事業の評価基準としてよく見られるポイントが「利益率」といわれています。「どれだけのコストで、どれだけの利益を上げているか」。

事業の収益性を測る指標の１つに「ROA（総資産利益率）」があります。資本をいかに効率的に運用できているかを表す指標です。青色申告に向けてきちんと経理を続けていると、１年の決算では貸借対照表ができあがります。

青色申告のためだけの書類ではもったいない。ぜひ事業の利益率をチェックしてみてください。

■総資産利益率（ROA）の計算式

ROA（%）＝当期純利益÷総資産×100

第 5 章

これで
スッキリ!

経理をスムーズにするポイント

経理をしているうちに、「あれ？　これはどう処理すればいいのだろう?」という素朴な疑問も出てきます。毎日の作業ですから、短い時間で要領よく作業をこなしていきたいもの。この章では、日々の経理作業を効率的にするためのテクニック、そして知っておくと役に立つ経理の常識を習得しましょう。

Improve Accounting Work

領収書の整理術

慣れれば作業時間も短縮できる

面倒がらずに整理整頓!

気がつくと**領収書**がいっぱいで、お財布がパンパンになっている……という経験をしたことはないでしょうか。そこで、日々もしくは週に1回、または月に1回等とルールを決めて、領収書整理をするのがおすすめです。領収書整理はやり方次第では作業時間を短縮できる単純作業の1つ。慣れるまでは頻繁に行い、その後徐々に回数を減らしていってもいいでしょう。慣れれば「面倒だな」と感じることがなくなってくるはずです。

おすすめの保存方法は、ジャバラファイルを用意し項目別に未記帳の領収書を入れておくこと。記帳の際ファイルで整理されていれば行いやすく、出費の多い項目を知ることもできます。記帳後は、ホチキスやひもなどで月・項目ごとにまとめ、別のファイルや袋などに入れてしまえば完了です。領収書は7年間の保管が義務づけられています。

ノートへの糊づけなどの面倒な作業は、時間がかかるので余裕のない人はしなくてもかまいません。きちんと整理と管理さえできていれば、どういう形でもいいのです。万が一の税務調査の際、経費について質問された時に自分で把握できていて答えられればいいわけです。

領収書は、現金で経費を支払ったことを証明する重要な資料です。領収書がないと、支払いを証明できません。領収書に金額などの記載ミスがあった場合も、証明されなくなってしまいます。紛失してしまった場合には店舗などに再発行を依頼しましょう。

ココに注意 紙切れ1枚が身を守る

数年間まったく確定申告をしていなかったところに税務調査が入り、売上があったことなどが全部わかってしまった個人事業主がいました。領収書があれば経費が認められるのですが、ある期間の証拠書類をなくしてしまっていたのです。**証拠書類はきちんと保管しておかないと、税務調査があった時に身を守るものがなくなってしまう場合があります。**紙切れ1枚でも立派な盾になりますよ。

Biz-サプリ! 事業用の口座から引き落としや振込などを行えば、領収書の数を減らせてとても便利だ。現金管理の手間も省ける。売上だけではなく、経費も事業用口座が活躍する。

領収書の代わりになるもの

神経質にならなくても大丈夫！
証拠書類の幅は意外にも広い

自分で経費の管理を行う個人事業主。慣れないうちは、「これは大丈夫かな?」と心配なことも多いだろう。領収書とは、自分が事業用に使ったことを裏付ける資料になればおおよそ認められるのだということを覚えておこう。

ケース❶ メモ書き

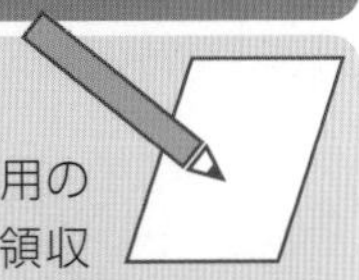

書き込んでもOK！

事業用とプライベート用のものを一緒に購入し、領収書が1枚になってしまった場合は内訳を書き込もう。丸印をしたり、接待や会議の内容をメモする形でもOKだ。

ケース❷ レシート

**領収書は
発行しなくていい**

わざわざ領収書を発行してもらわなくても、レシートがあれば問題ない。むしろレシートの方が内容がわかってよい。

ケース❸ 上様宛の領収書

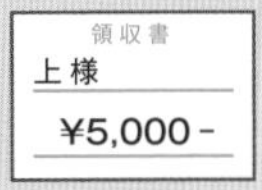

**基本は宛名は
必要だが……**

急いでいたり、自分以外の人が買い出しに出て、「上様」の領収書をもらった場合でも事実上の経費であれば認められる。

ケース❹ 印画紙タイプ

消える前になぞる！

だんだん印刷された値段表示が薄くなり、黄色っぽくなってくる印画紙タイプのレシート。今後、消えてしまいそうなものがあれば、上から値段をなぞっておこう。

ケース❺ カード明細書

**カード払いの時も
安心**

クレジットカードで買い物をした場合は、領収書がないことも多いだろう。そんな時には毎月カード会社から届く明細書で代用しよう。

ケース❻ 通帳

振込の時は通帳や伝票で

振込による支払いをしたため領収書が手元に残らないケースは、通帳をもとに記帳すれば立派な証拠書類になる。振込後にATMで発行される、控えの伝票でもOKだ。

ケース❼ 納品書

**納品書は
捨てないように**

インターネットで買い物をし、領収書がないケースは、商品とともに届いた納品書が領収書代わりとして役に立つ。捨てずに取っておこう。

領収書のスクラップ術

すぐに探せる見やすい貼り方

下からペタペタ貼っていく

毎日どんどんたまっていく領収書……整理がついつい煩雑になりがちです。そのまま放っておくと、数日前のレシートですら、いつのまにか紛失してしまいます。そこで、ノートやスクラップブックを用意して、その日のうちに貼ってしまいましょう。貼り付けていく際に心がけたいことは、「見たい時にすぐに探せること」です。

そこで日付順、あるいは月順に、下から貼っていきます。領収書に番号を振っておくと、検索しやすくなります。

税務調査で提示が求められることも

領収書やレシート、請求書など帳簿に記載されている数字、取引の実態を証明する書類は**証ひょう**と呼ばれます。証ひょうは、帳簿や決算書類とともに一定期間、保存することが義務づけられています。保存期間は原則７年間、一部の証ひょう類は５年間です。

証ひょうは申告する所得税の基礎資料となるので、税務署から調査の際に必ず提出が求められます。そのため、確定申告が終わっても捨ててはいけません。提出が求められた時に、段ボール箱にぐちゃぐちゃと放り込んでおくようでは、帳簿の記載を証明できませんから、日ごろから整理しておくことが欠かせません。こうした書類の整理も事業者の大事な仕事です。

ココに注意　保存期間はどの段階が起点？

原則７年間（一部は５年間）の保存義務がある帳簿や領収書ですが、その起点、つまりいつから７年間なのでしょうか。注意しなければならないのは、作成あるいは受け取った日から７年間ではない、ということです。

帳簿類の保存期間は、「締め切った日の翌年３月16日」から７年間。領収書などの証ひょう類については、「作成・受領した年の翌年３月16日」から７年間（一部は５年間）です。

Biz-サプリ！ 帳簿などの保存義務を忘れてうっかり捨ててしまった場合、明確な罰則規定はないが、次のようなデメリットがある。❶青色申告が取り消される恐れ（青色申告の要件の1つになっているため）、❷消費税の仕入税額控除の否認。また、税務調査などで税務署の言われるがままに課税される恐れも否めない。

領収書の上手なスクラップ方法

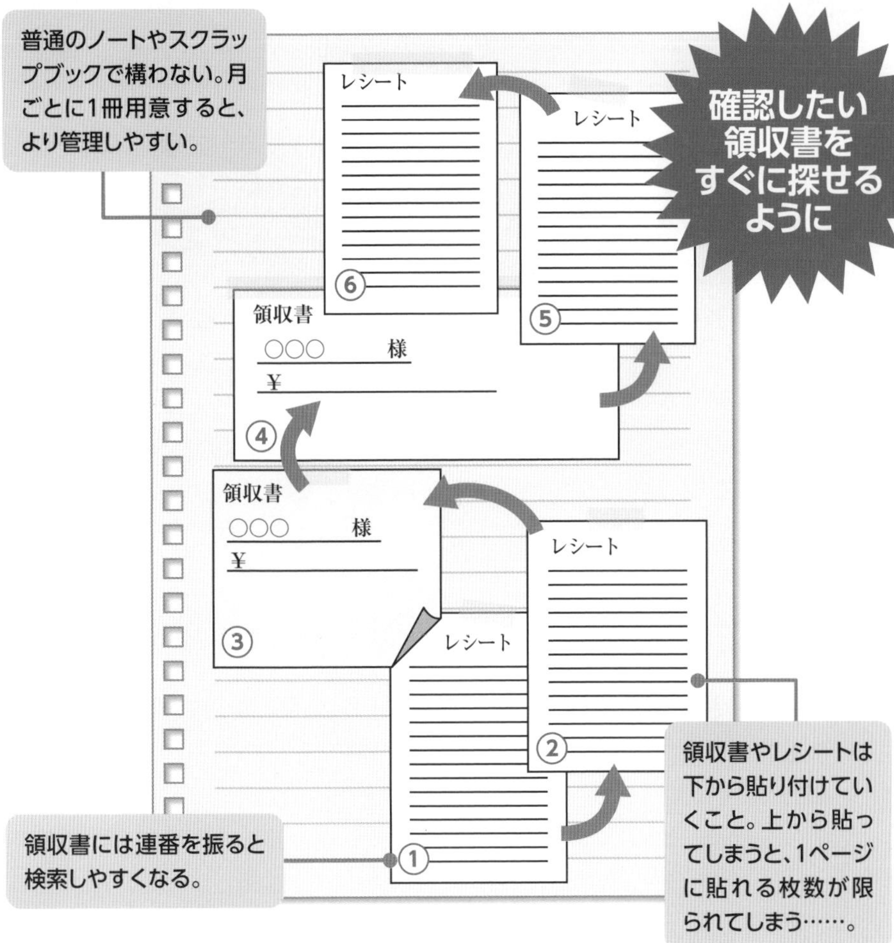
普通のノートやスクラップブックで構わない。月ごとに1冊用意すると、より管理しやすい。
確認したい領収書をすぐに探せるように
レシート
⑥
レシート
⑤
領収書
○○○ 様
¥
④
領収書
○○○ 様
¥
③
レシート
レシート
②
①
領収書には連番を振ると検索しやすくなる。
領収書やレシートは下から貼り付けていくこと。上から貼ってしまうと、1ページに貼れる枚数が限られてしまう……。

●帳簿書類の保存期間（青色申告の場合）

保存が必要なもの			保存期間
帳簿	仕訳帳、総勘定元帳、現金出納帳、売掛帳、買掛帳、経費帳、固定資産台帳など		7年
書類	決算関係書類	損益計算書、貸借対照表、棚卸表など	7年
	現金預金取引等関係書類	領収証、小切手控、預金通帳、借用証など	7年(※)
	その他の書類	取引に関して作成し、又は受領した上記以外の書類（請求書、見積書、契約書、納品書、送り状など）	5年

※前々年分所得が300万円以下の場合は5年。

領収書の書き方

大事なことは宛名と但し書き

「上様」では証明にならない

領収書を発行する目的は、商品やサービスの代金を受け取った証明をすることです。書式は特に決まっていないので自作しても構いません。ネットからも領収書の書式サンプルが簡単にダウンロードできます。ただし、一般的には、控えを残せる２枚複写のものを使う事業者が多いです。複写式の領収書はコンビニでも普通に売られています。

領収書を発行する際に気をつけたいことは、宛名を正確に書くことです。お客さんから「上様でいいです」といわれることもありますが、それでは代金を受領した証明にならないので、個人名でも会社名でもきちんと書きます。但し書きについても具体的に明記します。「品代として」などではなく、「お菓子代」というように書きましょう。

受領したお金の記載については、金額の頭に「¥」、３桁ごとに「,」（カンマ）、最後に「－」（ハイフン）を入れることも不正を防止するために必要なルールです。

受取金額５万円以上の領収書は、**印紙税**がかかるので**収入印紙**を貼ります。印紙を貼り忘れると、過怠金（かたいきん）といって印紙税の３倍の罰金が発生します。

ただし、印紙税は課税文書に必要なものなので、お金を受領したことを伝えるメールには収入印紙が必要ありません。最近では、送料や印紙税を節約するために、メールで領収書の発行を済ませるケースも増えています。

自分で出金伝票をきることもできる

一方、仕事に必要な経費のなかで、領収書をもらいづらい、またはもらえない場合があります。実際に支払ったところを第三者が証明してくれるわけではありませんから、それなりの信憑性を持たせなければなりません。

こうしたケースでは**出金伝票**を使い、支払日時や支払先、金額、内容などを記載しましょう。出金伝票をきることで、それが領収書の代わりになるのです。支払いの都度、忘れずに記入する癖をつけることが大切です。

Biz-サプリ! 領収書を紛失した場合は、基本的にお店で再発行してもらうこと。ただし、金額が小さければ出金伝票をきって代用しよう。

領収書の書き方

❷ 宛名は正確に書く。「株式会社」も「(株)」ではなく正式名称がよい。「上様」では受領の証明にならない

❸ 金額を記載する際は、「¥」、「,」、文末の「-」といった記載ルールを守ること。数字や桁数を付け足すような不正を防止する

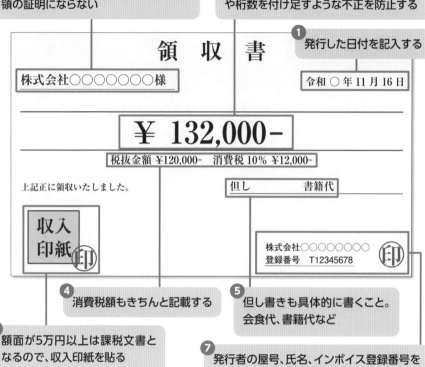

❶ 発行した日付を記入する

領　収　書
株式会社○○○○○○○○様
令和 ○ 年 11 月 16 日
¥ 132,000-
税抜金額 ¥120,000-　消費税 10% ¥12,000-
上記正に領収いたしました。
但し　書籍代
収入印紙
印
株式会社○○○○○○○○
登録番号　T12345678
印

❹ 消費税額もきちんと記載する

❺ 但し書きも具体的に書くこと。会食代、書籍代など

❻ 額面が5万円以上は課税文書となるので、収入印紙を貼る

❼ 発行者の屋号、氏名、インボイス登録番号を明記した上で、押印する

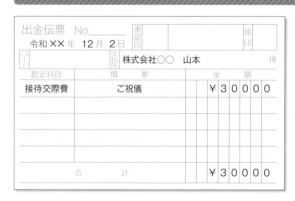

出金伝票の書き方

出金伝票　No______　令和 ××年 12月 2日　承認印　係印

コード　支払先　株式会社○○　山本　様

勘定科目	概要	金額
接待交際費	ご祝儀	¥30000
合計		¥30000

●領収書が出ない場合（割り勘の飲食代、自動販売機のジュース代、ご祝儀など）は忘れないようにメモ書きで残しておき、後で出金伝票に記入することで領収書代わりになる。

●領収書をなくした、忘れてしまった場合も出金伝票に書き込めばOK。

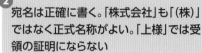

請求書

取引先の締め日に遅れずに送付

納品後はすぐに送るケースも

請求書には、摘要や報酬額、記入が必要な場合は源泉所得税や消費税などを表記します。自分の住所や電話番号、口座名も忘れずに入れ、押印します。契約書や取り決めがある場合は無記入で構いませんが、報酬の振込期限を明記するのも大切です。この期日に入金確認ができない場合は、催促がしやすくなります。

インボイス発行事業者は登録番号、消費税率ごとに区分した取引の合計額や消費税額などを記載します。

請求書の送付は納品後すぐに送るというケースも多いです。ただし、お客さんの支払いが月末締めという場合、その少し前に届くように送るのもよいでしょう。いずれにしてもお客さんの締め日に間に合うように請求書の発行日、送付日を考えましょう。請求書を発行する際には、必ず控えをとっておくことも忘れずに。請求漏れや取引先の支払い漏れがあることも少なくありません。請求を忘れたまま放置しておくと、2年後には債権（請求する権利）そのものが法律上消滅してしまいます。

請求書を送ったにもかかわらず、入金がない場合は冷静に対処しましょう。個人事業主のなかには、「大切な取引先だから、あまりお金の催促をきり出しづらい」という人もいます。入金がない場合は、まず請求書が届いているかを確認。担当者の勘違いということも。

レクチャー

可能ならば請求は自動引き落としで

報酬の回収に困っている人はいませんか？　私はクライアントから**毎月の報酬額について自動引き落としを設定**させてもらいます。1件ごとに振替手数料がかかり、回収コストは発生しますが、メリットが大きいと感じています。

自動的に引き落とされて入金があることで、収入管理がしやすくなりました。**期日に必ず入りますので、収入をすぐに事業の経費に回すことも可能**。自由度が高いシステムなのです。

また、**クライアントからの入金がない場合には誰の入金がないのかがリストですぐわかります**。催促の連絡をするのは時間も労力も必要ですが、未入金のお知らせフォーマットがワンクリックで表示され、メールで通知できるのです。事務作業の手間が激減しました。

Biz-サプリ！　請求書の支払期限で「○月○日までに」と書くと、相手や状況によっては自分の都合を押し付けることになってしまう。「到着後10日以内にお願いします」などの表現もいい。

請求書を書くときの注意点

インボイス発行事業者が交付するインボイスの作り方は192ページを参照。

❼ 消費税分を上乗せした税込価格

❶ 請求書の発行日。取引先の締め日に間に合うように

❷ 宛名

御　請　求　書

請求No.124
発行日：令和 ○ 年11月15日

○○○株式会社　御中

御請求額(税込)	106,650円

〒123-4567
東京都杉並区
高円寺北○○-○○
○○商店
TEL：03-○○○-○○○○
登録番号　T12345678

❹ 請求の内容

下記の通り、ご請求申し上げます。

No.	費　目	数　量	単　位	小　計
	メインテーブル装花	1	12,000	12,000
	ゲストテーブル装花	11	4,500	49,500
	ブーケ	1	6,000	6,000
	紅茶セット ※	60	500	30,000
			合　計	¥97,500

10%対象　67,500円	10%消費税　6,750円
8%対象　30,000円	8%消費税　2,400円

※は軽減税率(8%)対象

御振込先
銀行名：○○銀行
支店名：高円寺北口支店
口座番号：○○○○○○○ 普通口座
口座名義：○○商店（フリガナ）

❻ 税率ごとに区分した消費税額

❺ 合計金額

❽ 振込先。フリガナも明記すること

❸ 自分の住所、屋号や電話番号、インボイス登録番号など

取引先がおカネを支払ってくれないときは?

実務サポート

もし取引先が誠意のない態度で請求に応じない場合は、**督促状**によって支払いを促すこともできます。**督促**とは、相手に対して約束の実行をせき立てること。**督促状は、請求書よりもはっきりと「早く支払ってください！」と伝えることになります。**

裁判所が支払いを督促してくれる**支払督促**という制度もあります。取引相手に異議がなければ、強制執行（差し押さえ）をすることができます。**費用は数千円程度で済みます**から安心です。

個人事業主の経費

「自宅=事務所」の経費は？

事業用の分を経費にできる

自宅の一部を事務所や店舗として使用している場合、経費として計上できる金額は「どれくらい仕事で使っているか」によって決まります。例えば、自宅が60㎡。仕事スペースとして15㎡を使っている時、家賃の４分の１を**地代家賃**として経費に計上できます。ただし、持ち家でローン返済中の場合は、ローンの元本部分は経費にならないので注意。

水道光熱費についても同じように計上できますが、水道やガスについては飲食業でない限り税務署にチェックされることがしばしばあります。また、車についても仕事で使っている割合は**車両関連費**として経費にできます。ローンの場合は利息を按分（あんぶん）して計上します。

旅費交通費は月に一度精算する

仕事の移動で支払った電車やタクシー・飛行機・バス料金、ガソリン代などは**旅費交通費**。収入を得るためにかかったものは、基本的に全額経費にできます。切符など領収書のない場合は出金伝票をきります。

旅費交通費は、月ごとに交通費精算書で精算します。Excel（エクセル）などのソフトで日付、行き先、目的、利用路線、出発地、到着地、往復か片道か、金額の欄を設けて入力します。現金出納帳にはこれを「○月交通費」と一括で計上すれば完了です。旅費交通費は、従業員の通勤費や出張手当なども計上できます。ただし、旅費交通費には限度額があり従業員に高額を支給すると所得税がかかります。

レクチャー　子どもが子役の仕事をしているならば……

個人事業主になりたての人から「チャイルドシートは経費にできますか？」という質問を受けたことがあります。

子どもが子役として仕事をしていれば別として、これはさすがに事業性があるとはいえません。**私物は当然経費にはできません**。不正な計上が発覚すると、たとえ悪気がなくても加算税などのペナルティーがつきます。常識に沿った判断が大切です。

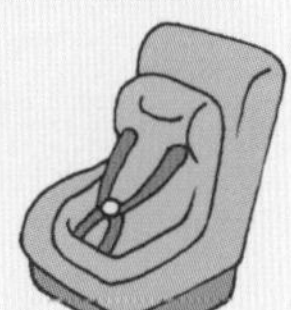

Biz-サプリ！　車両関連費……車検費用や車両の修繕費のほか、自動車保険や自動車税など、車両運搬具を維持したり、使用したりするために支払う費用のこと。

経費・仕訳 個人事業主のギモンQ&A

Q カードを利用して貯まったポイントは？

A 仕事の移動で使うSuica（スイカ）のチャージをカードで支払った場合など、カードの利用によって貯まるポイントは、生活費として帳簿づけしなくてもOKだ。

Q 租税公課（そぜいこうか）って何？税金は経費になるの？

A 租税とは税金のこと、公課とは租税以外の罰金や賦課（ふか）金などを指す。所得税や住民税は経費にならないが、固定資産税や自動車税などの仕事用とプライベート用が混在する税金の一部と、事業にかかる事業税や消費税などは経費にすることが可能だ。延滞税は経費にできないので注意。

Q 買掛金（かいかけきん）と未払金の違いって何？

A 買掛金とは、商品を仕入れたがまだお金を払っていない時に使う。未払金とは、それ以外の取引（例えば、固定資産の購入など）の時に使われる。違いは、売買された物が商品であるか否か。商品売買であれば買掛金、それ以外の品物などであれば未払金になる。

Q 消耗品費って何？

A 仕事に使う文房具や電池などの消耗品、オフィス家具、電気機器、パソコンなどの機器を指す。青色申告であれば、取得価額に応じて費用化するので、何を買ったのかがわかるように、摘要に記入しておくといいだろう（144ページ参照）。

Q 事業主借（かり）と事業主貸（かし）の違いは何？

A 事業主借とは、プライベート用の現金預金を事業用に使った場合の個人事業主からの借入金。逆に事業主貸とは、事業主の自分がプライベートの自分へ生活費を貸した場合の勘定科目になる。

Q 自宅兼事務所の場合、生活費は経費に入れていいの？

A 生活費は経費に計上できない。ただし、生活費のなかの家事関連費は、事業用とプライベート用を合理的に区分することができれば、事業分を経費に計上することは可能だ。

Q 自分の食事代は福利厚生費になる？

A ならない。食事は誰もがとるものだからだ。客との食事であれば接待交際費になり、従業員との食事だと福利厚生費、打ち合わせの食事であれば会議費になる。ただし、税務署は金額が大きければ否認する可能性があるので気をつけよう。

Q 勘定科目になっている当座預金ってそもそも何？

A 小切手や手形の決済を行うための口座だ。取引銀行と当座勘定取引契約を結んで開く。法令により無利子で、通帳はなく毎月銀行から計算書が送られる。預金の残高が不足すると、振り出した小切手や支払期限の来た手形が決済できなくなる。この状況を不渡りといい、2回不渡りを出すと全国の銀行との取引が停止され、経営は困難となる。

外注するときの仕訳のギモン

外注工賃と支払報酬

外注内容で勘定科目が変わる

　外部への発注や専門職への業務依頼が必要になることがあります。その際に気をつけたいのが、外注に関する勘定科目に**外注工賃**と**支払報酬**の２種類があるということ。

　外注工賃は営業や事務処理などを委託する場合や、修理加工、建設業を営む個人事業主への支払い、期間限定で派遣会社に人材派遣を頼んだ場合などに使います。雇用ならば外注工賃ではなく、勘定科目は給料賃金になりますので注意しましょう。

　支払報酬は専門職に対する報酬を支払う時に使います。具体的には、弁護士、税理士、司法書士、デザイナー、イラストレーター、カメラマンなどです。外注工賃は一般的業務への支払いなのに対し、支払報酬は専門的業務への支払いであることがポイントです。

源泉徴収がない事業主も多い

　従業員を雇っている個人事業主（給与支払者）が専門職に報酬を支払う際、多くの場合、所得税を差し引かなくてはいけません。

　しかし、常時２人以下の家事使用人（お手伝いなど）だけに給与や退職金を支払っている場合と、確定申告のために税理士などに報酬料金だけを支払う場合は、源泉徴収の必要はありません。また、従業員への給与についても、原則、月額８万8000円未満であれば源泉徴収をしなくていいのです。

　もちろん、給与支払者でない個人事業主は外注に出しても源泉徴収はしなくてOKです。

レクチャー

源泉徴収されるかどうかは支払者によって変わる

　全国各地で講演活動を行っているAさんは常々、不思議に思っていたことがありました。報酬が同じ講演のはずなのに、自分の受け取る金額が講演によってまちまちなのです。受取額が異なるのは、講演の主催者が源泉徴収義務のない任意団体だったり、あるいは源泉徴収義務のある企業だったりするためです。そのため、報酬を支払う主催者によってはとりあえずの自分の受取額が変わるのです。

Biz-サプリ!　個人事業主は何でもかんでも源泉徴収されるわけではない。源泉徴収されるのは、指定されている職種だけ（45ページ「源泉徴収される職種って?」参照）。

外注で失敗しないコツは?

1 自分だけのものさしを持たない

正確な発注内容を示すことが重要だ。自分の常識にとらわれて「こうするのは言わなくても当然のことだ」「これは常識」などと思ってはいけない。確認作業を怠らず、丁寧にコミュニケーションをとろう。個人事業は、何か失敗やトラブルがあった時の責任はすべて自分に降りかかるのだ。

2 丸投げせず積極的に理解する

詳しくなければ外部へお願いするのが外注の自然な流れだが、丸投げしてはいけないということがポイントになる。発注者もある程度の技術的な部分を理解する必要がある。そうすることで、業者との打ち合わせもスムーズにいき、質のよい仕事内容につながっていくはずだ。

3 なるべく長く付き合える人を探す

「自分は発注者だから」「お金を支払う側だから」といった気持ちを前面に出してはいけない。個人事業では、その場かぎりの外注ではなく、長い付き合いのできる業者を探すべきだからだ。

「源泉徴収義務者」ってどんな人?

所得税を差し引いて給与や報酬を支払う人

人を雇って給与を支払ったり、税理士などに報酬を支払ったりする場合には、支払うたびにその金額に応じた所得税を差し引くことになっている。差し引いた所得税は、原則として給与などを実際に支払った月の翌月10日までに納めなければならない。所得税を差し引いて、国に納める義務のある者を「源泉徴収義務者」という。

クレジットカード・電子マネーの経理

処理のタイミングはいつ？

カード決済は未払金として処理

キャッシュレスの流れが加速しています。支払いは基本的に**クレジットカード**、あるいは**電子マネー**を利用するという人も多いでしょう。

カード決済の場合、経理上どのタイミングで処理するのでしょうか。「商品やサービスの代金をカード払いした時」、「カードの利用明細が来た時」、「利用代金が口座から引き落としされた時」の3つが考えられますが、**発生主義**の考えで商品などの支払いをした時になります。

カード決済についてはまず支払いをした段階で**未払金**として仕訳を行います。その後、口座から引き落とされたときに**預金**から未払金が支払われたとして処理します。

実際の記帳は、カード会社から通知された利用明細と預金通帳の記録を照会しながら行います。

また、電子マネーを利用する機会も増えています。後払い方式（ポストペイ）の電子マネーとしては三井住友VISAカードが運営するiD（アイディー）、JCBカードが運営するQUICPay（クイックペイ）などがよく使われていますが、後払い方式の電子マネーについてはカード決済と同様に経理処理を行います。

前払い方式は現金と変わらない

一方で、Suica（スイカ）など前払い方式(プリペイド)の電子マネーについては経理の処理方法がいくつかあります。

例えば、旅費交通費に使うなど用途が決まっている場合、おカネをチャージした段階でそのすべてを一括で経費に計上することができます。チャージ後は支払いのたびに仕訳の処理を行う必要はありませんが、支払った日、内容、金額などを記録しておきましょう。

ただ、前払い方式の電子マネーは基本的には現金と同じものとして処理してもOKです。電子マネー専用のお財布におカネを移したという考え方です。この場合はチャージの段階で仕分けをする必要はありません。

Biz-サプリ!! カードの年会費が経費となるのか気になるところだが、海外の高級ホテルなどと提携しており、富裕層向けのプレミアムカードともなると、年会費だけで数万円になるものもある。ただ、完全に事業用のカードであれば、年会費も経費として問題ないだろう。

カード決済の仕訳は2段階で処理する

●カード決済（商品の購入）した時

取引先A社のサポートを受けた仕事が完了し、打ち上げ。レストランBで飲食費2万5000円をカードで支払った。

借方	貸方	摘要
接待交際費 25,000	未払金 25,000	レストランB （取引先A社と打ち上げ） ※事業用クレジットカード

●口座から引き落としされた時

翌月、事業用口座から利用代金の2万5000円が引き落としされた。

借方	貸方	摘要
未払金 25,000	普通預金 25,000	事業用 クレジットカード 引き落とし

実務サポート

勘定科目「電子マネー」を設定する方法もある

現金、預金と同じように勘定科目として電子マネーを新しく設定するのも１つの方法です。チャージについては現金から電子マネーへ振替する仕訳を行い、その後は電子マネーで支払いするたびに電子マネーの勘定科目で仕訳を行います。

電子マネーの処理方法は複数ありますが、その都度別々の処理をするのではなく、どれか１つの方法に統一して処理を行いましょう。

column

国も起業家を応援！
無担保・無保証人での資金融資もアリ

まったくの新規開業となれば、民間の銀行などはなかなかおカネを貸してくれないという現実があります。資金を調達したい場合、まず日本政策金融公庫に相談するのが常道です。

日本政策金融公庫の「新創業融資制度」は創業・スタートアップを支援するもので、無担保・無保証人で利用できます。対象者は新たに事業を始める人のほか、事業開始後税務申告を２期終えていない人となっています。融資限度額は3000万円（うち運転資金1500万円）で、新たに事業を始めるための準備資金、事業開始後に必要とする設備資金や運転資金として使えます。

ちなみに、日本は外国に比べて起業家スピリッツに乏しいと言われています。日本の開業率は欧米に比べるとかなり低い状況で、2001年～2010年の成人（18歳～64歳）の創業希望者はアメリカ13.6％、フランス13.1％なのに、日本はわずかに3.8％。貯蓄好きで投資嫌いの日本人らしい国民性が如実に反映されているようにも見えます。

しかし、国の経済に活力を生むのは高いモチベーションを持って新しいことにチャレンジする〝活きのいい起業家〟です。そこで国では創業支援を重要施策として力を入れており、さまざまな優遇措置を実施しています。

例えば、株式会社などを設立する際には登録免許税がかかりますが、国から創業支援事業計画の認定を受けている市区町村の場合は、税額が半分に軽減される制度もあります。

個人事業主が活用できる公的な優遇措置については、小規模事業者を所管する中小企業庁が窓口になっている制度もあります。同庁ホームページ（https://www.chusho.meti.go.jp）もチェックしながら、最新の情報に関心を持っておきたいところです。

第 6 章

目指せ！

青色申告65万円控除

青色申告を行う個人事業主、青色申告者には最高65万円の特別控除をはじめ、さまざまなメリットがあります。例えば、税負担の軽減につながる特別措置の適用、国や自治体が実施する各種補助金制度の活用、融資を受ける際にも銀行から金利の優遇を受けられる場合があります。青色申告を行うことはすなわち「事業の経営力」を高めることにつながります。

Challenge the AOIRO-SINKOKU

青色申告の税メリット

抑えられるのは所得税だけじゃない

複式簿記と決算書を作成する

　正規の簿記ルールによる**帳簿づけ（複式簿記）**をし、申告に必要な決算書を作成すると、e-Tax申告などを条件に所得から65万円を差し引くことができます。**所得税**の節税になるばかりか、**住民税**や**国民健康保険税（料）**にも影響します。これは青色申告者だけに認められる特別控除です。また、**青色事業専従者給与**もメリットの1つ。配偶者や親族が仕事を手伝う時、要件さえ満たせば、支払う給与を全額経費にすることができます。

赤字だって立派な資産!?

　事業上の損失を次年度より最高3年間まで繰り越し、所得から差し引く**純損失の控除**が青色申告には認められています。利益が出た時に過去の赤字を相殺できるのです。赤字が出た年の確定申告で、**損失申告書**の提出が条件になります。また、赤字が出た年の前年に青色申告していれば、純損失を前年に繰り戻して前年分の所得から控除して所得税の還付を受けることもできます。事業所得以外で収入があった場合は、通算の所得で計算します。

レクチャー

儲けは〝次の儲け〟への投資に

　よく「儲かる商売は何ですか」と聞かれますが、どの業界にも儲かっている人とそうでない人がいると私は思います。

　儲かっている人の共通点は、入ってきたお金を利益に結びつくようなところへ適正に使っているところ。儲かったからといって遊んだり、外車や宝石や腕時計などを衝動買いしたりするのではなく、パソコンなどの設備や、スキルを上げるスクールや書籍に投資しているのです。別に遊ぶことや好きな車などの購入を否定しているわけではありませんよ。**〝今買うべきものなのかどうか〟を吟味することが重要です。**

　あるクライアントに、工場生産のコンサルタント会社がありました。社長は優先順位の考え方をハッキリと持っており、家賃が安く広い事務所を借りて、営業車などは古いものを使っていました。しかし社内には最新の機械を入れ、従業員にスキルアップさせていたのです。自社の稼ぐ源をしっかり自覚していることに感心しました。

Biz-サプリ! 青色申告も白色申告も、一度慣れさえすれば所得算出のための集計の手間に大きな違いはない。ぜひ青色申告で帳簿づけをしながら、日々少しずつ経営感覚を育んでいこう。頭で経理や簿記を理解することと、実務として儲けの勘を養っていくことは必ずしもイコールではないのだ。

青色申告者への優遇措置はこんなにある！

その1 最高65万円の特別控除がある！

帳簿づけなどを条件に、所得から65万円または10万円を控除できる。「経費を増やして白色申告したほうが面倒な帳簿づけがなくていい」と思っている人は65万円を使うコストも考えてみよう。白色申告では認められる経費の範囲が狭い。この特別控除は年間65万円の経費を使うよりも、手軽に所得を減らせるのだ。

65万円の控除ってどういうこと？

例えば… 課税所得金額195万円以下の人が65万円の控除を受けた時

●所得税5%
➡**所得税が32,500円安くなる！**

●住民税一律10%
[都道府県民税4%+市町村区民税6%]
➡**住民税が65,000円安くなる！**

つまり ➡ **合計 97,500円 おトク!!**

その2 家族への給与が全額経費になる！

所得税法では「自営業者と生計を一にする家族従業者の労働対価は必要経費に算入しない」と原則として定められている。しかし、青色事業専従者給与の届出書を提出すれば、生計を一にする家族や親族に支払う給与を全額経費として計上できる。白色申告の場合は事業専従者控除があるが、金額が限られている。

▶詳しくは98ページへ！

その3 棚卸で計算方法を選べる！

棚卸の在庫は、翌年以降に売れる見込みがあるとして棚卸資産として帳簿づけしなければならない。その計算方法には9通りあり、青色申告者には節税効果の高い低価法という計算法が認められている。これによって年末の棚卸資産を低く抑えるほど売上原価という経費が高くなり、節税になるのだ。

▶詳しくは140ページへ！

※フリーランスの人は該当しません。

その4 30万円未満の資産は経費に計上OK！

長期で使う10万円以上の備品は固定資産といわれ、数年にわたって分割して経費に計上する減価償却という方法を取るのが一般的だ。しかし、青色申告の場合は購入した30万円未満の固定資産は全額一括で経費に計上できる。

▶詳しくは144ページへ！

その5 売掛金の一部を経費に計上OK！

販売済みで未回収の代金を売掛金という。これは取引先に倒産や資金繰りの悪化などが起こると、回収できなくなる危険性がある。そのため損失をあらかじめ見積もり、一部を貸倒引当金として経費に計上できる。青色申告では、倒産危機だけではなく年末に残った売掛金から算出したものも経費に計上できる。

▶詳しくは148、152ページへ！

その6 SOHOや店舗兼自宅は家賃や光熱費も経費に！

SOHOや店舗兼自宅などの場合、家賃や光熱費、電話代など、事業用とプライベート用の区別なくひとまとめで支払う。それらの経費を家事関連費という。青色申告では、事業用をはっきりと区分できれば経費として認められる。白色申告でも認められてはいるが、明確に区分できないと否認されてしまう。

▶詳しくは84ページへ！

その7 赤字が出ても繰り越して相殺！

開業して数年は赤字……というケースは多い。そんな時、青色申告なら赤字を翌年から3年間にわたって繰り越すことができる。その3年間に黒字が出れば、その年の所得から赤字分を差し引けるため、所得税を低く抑えることが可能。節税につながる。事業以外の所得がある場合は損益通算もできる。

▶詳しくは206ページへ！

青色申告の条件

会計ソフトで意外に簡単!

7種類の帳簿を備える複式簿記

青色申告の条件は、第一に所得が事業所得と不動産所得であることです。そして青色申告特別控除を受けるためには、7種類の帳簿づけをする複式簿記を行う必要があります。

「難しそう」と思うかもしれませんが、複式簿記も会計ソフトを使えば、簿記の専門的な知識がなくても簡単に行えます（104ページ参照）。

帳簿や領収書、請求書などは申告書の控えと一緒に7年間保存することが義務づけられています。なお、青色申告するには事前に**青色申告承認申請書**の提出が必要になります（96ページ参照）。

決算書も家計簿感覚で作れる!

青色申告は申告書のほかに**青色申告決算書**を作成する必要があります。この決算書は損益計算書と貸借対照表からなり、お金の出入りを詳細に記します。この手間を想像して「白色申告にしようかな」と考えている人も、実は会計ソフトを使えば青色申告決算書の作成もとても簡単です。複雑なビジネスをやっている場合でなければ、家計簿をつけるような感覚で作れます。

ココに注意 開業日はいつにするか?

「個人事業をいつ始めたか」という開業日については詳しい取り決めがなく、グレーゾーンになっています。「今日からやるぞ！」と自分で決めた日を指すのか、初めて請求書を起こした日かなど、あいまいにされています。開業までの準備の期間まで遡って開業日に設定する人もいるでしょう。特に「こうしなければいけない」という決まりはないのです。

ただし、開業届の提出日は1ヵ月以内と定められていますから、逆算して1ヵ月以内におさまるように開業日を設定しましょう（開業届の詳細は26ページ参照）。

しかし、適当に開業日を設定していいわけではありません。例えば、5月に開業したという届けを提出したのに、5月以前に事業の入金があれば、税務署から指摘されますので注意してください。特に青色申告は事前の届出が必要ですから、もし青色申告について認められないとされてしまうと、納税額などに大きな違いが出てしまいます。

Biz-サプリ! 青色申告決算書……確定申告書に添付して一緒に提出する。1年間の所得額の内訳を出した明細書のようなものだ。所得を明らかにする損益計算書と、財務状況を表す貸借対照表の2つが決算書類になる。

青と白では支払う税金がこんなに違う

青色申告65万円控除がいいといわれるわけを徹底検証。3種類の確定申告では、どれくらい税額が変わるのだろう?

特別控除前の
所得金額250万円、
所得控除75万円の場合

所得税と住民税だけでなく国民健康保険税も含めれば、この節税効果はさらに上がります。所得税は、所得に応じて税率5%～40%で累進していくため、課税所得が大きければ大きいほど、節税効果が高くなりますよ。

	Step 1 特別控除を差し引く	Step 2 所得控除を差し引く	Step 3 税率を掛ける	Answer! 税額が判明!
	青色申告特別控除前の所得金額から、青色申告特別控除を差し引くと、所得金額になる。	Step1で求めた所得金額から、所得控除を差し引くと、課税される所得金額になる。	Step2で出した課税される所得金額から、所得税5%と住民税10%をそれぞれ計算する。	所得税と住民税を足すと、税額が想定できる。
青色65万円控除	2,500,000 − 650,000 = 1,850,000	1,850,000 − 750,000 = 1,100,000	1,100,000 5% 10% 55,000+110,000	最もおトク! =165,000円
青色10万円控除	2,500,000 − 100,000 = 2,400,000	2,400,000 − 750,000 = 1,650,000	1,650,000 5% 10% 82,500+165,000	82,500円の差 =247,500円
白色	2,500,000 − 0 = 2,500,000	2,500,000 − 750,000 = 1,750,000	1,750,000 5% 10% 87,500+175,000	97,500円の差! =262,500円

※所得税の所得控除と住民税の所得控除は異なりますが、ここでは便宜上同じと仮定して計算しています。
※この計算例は厳密な税金計算ではなくおおよその数字をとらえることを目的としています。

青色申告の申請

開業2ヵ月以内に申請書を提出

開業届と一緒に出してしまおう

青色申告者になるためには、**所得税の青色申告承認申請書**を定められた期限までに提出しなければなりません。事業内容のほか、屋号や記帳方法を記入し、税務署へ提出します。65万円控除を選ぶ場合は簿記方式を必ず複式簿記にしましょう。帳簿名も選択するようになっていますので、記入漏れのないように確認を。**個人事業の開業・廃業等届出書**（26ページ参照）と一緒に提出すると手間が省けますのでおすすめです。

提出期限は開業から2ヵ月以内

提出期限は開業から２ヵ月以内です。提出期限を過ぎると、１年目は白色申告になってしまいます。１月１日〜15日までに開業した人は、３月15日までに提出すれば、その年の確定申告から青色申告ができます。

白色申告から青色申告に変更したい場合は、青色申告をしたい年度の３月15日までに提出しましょう。これ以降に「青色申告をしよう！」と思い立っても、青色申告ができるのは翌年以降になってしまいます。

レクチャー

忙しい開業時期も手続き関係は最優先で

開業したばかりの個人事業主でこんな人がいました。所得税の青色申告承認申請書の提出期限である2ヵ月が迫ろうとしていたのですが、「屋号が決まらないから、申請書の提出はもう少し先にする」というのです。

提出期限を過ぎると青色申告ができなくなってしまいますから、見ているこっちがハラハラしてしまいましたが、本人はいたってマイペース。「ひらめきがおりてこないんだよ」などと言います（笑）。

結局は、無事に屋号も決まり、なんとかギリギリで青色申告の申請書を提出することができました。開業まもない時期は何かと忙しいものですが、青色申告をするのかどうかで帳簿づけの準備も考えなければなりません。

税金の優遇措置を適用したい場合は、青色申告の申請書のように、事業年度の初めなど事前の手続きが必要になるケースも少なくありません。税務関係の提出期限を意識しながら、開業準備と同時進行で進めましょう。

Biz-サプリ！ 開業届などの書類一式は税務署でもらうこともできるし、国税庁のホームページからダウンロードができる。郵送すれば申請は完了なので、忙しい時にはぜひ利用しよう。ただ、税務署に馴染みがない場合は最初に一度、直接行ってみるのもいいだろう。ギモンがあれば担当者に率直に聞いてみよう。

所得税の青色申告承認申請書の書き方

職業の内容を具体的に書く

青色申告をしようとする年の3月15日まで(1月16日以後、新たに事業を開始したり不動産の貸付をした場合には、その事業開始等の日から2ヵ月以内)に提出する

税務署受付印

1 0 9 0

所得税の青色申告承認申請書

玉川　税務署長

令和○年 10月 1日提出

納税地	◉住所地・○居所地・○事業所等（該当するものを選択してください。） (〒158－0083) 東京都世田谷区奥沢8丁目×－× (TEL 03 － 1234 －××××)		
上記以外の住所地・事業所等	納税地以外に住所地・事業所等がある場合は記載します。 (〒 －) (TEL － －)		
フリガナ	コンノ ヨウイチロウ	生年月日	○大正 ◉昭和 ○平成 ○令和 49年 5月 5日生
氏名	紺野陽一郎 ㊞		
職業	出版物の企画・編集	フリガナ 屋号	オフィスコンノ オフィス紺野

令和 5 年分以後の所得税の申告は、青色申告書によりたいので申請します。

1　事業所又は所得の基因となる資産の名称及びその所在地（事業所又は資産の異なるごとに記載します。）

名称 オフィス紺野　所在地 東京都世田谷区奥沢8丁目×－×

名称　所在地

2　所得の種類（該当する事項を選択してください。）

◉事業所得　・○不動産所得　・○山林所得

3　いままでに青色申告承認の取消しを受けたこと又は取りやめをしたことの有無

(1)　○有（○取消し・○取りやめ）　年　月　日　(2)　◉無

4　本年1月16日以後新たに業務を開始した場合、その開始した年月日　令和5年 10月 1日

5　相続による事業承継の有無

(1)　○有　相続開始年月日　年　月　日　被相続人の氏名　(2)　◉無

6　その他参考事項

(1)　簿記方式（青色申告のための簿記の方法のうち、該当するものを選択してください。）

◉複式簿記・○簡易簿記・○その他（　）

(2)　備付帳簿名（青色申告のため備付ける帳簿名を選択してください。）

◉現金出納帳・◉売掛帳・◉買掛帳・◉経費帳・◉固定資産台帳・◉預金出納帳・○手形記入帳
○債権債務記入帳・◉総勘定元帳・◉仕訳帳・◉入金伝票・◉出金伝票・◉振替伝票・○現金式簡易帳簿・○その他

(3)　その他

関与税理士

(TEL － －)

税務署整理欄	整理番号	関係部門連絡	A	B	C		
	0						
	通信日付印の年月日		確認印				
	年 月 日						

事業所や資産の名称(本店、○○支店、○○出張所、山林)と所在地、電話番号を書く。書ききれない時は別紙に書いて添付する

相続により事業の承継があった場合は、有をチェックし、相続を開始した日の年月日、被相続人(相続させた人のこと、親など)の氏名を書く。相続ではない場合は、無をチェックする

青色事業専従者❶

家族への給与は全額経費にできる

家族に給与でも白より青が有利

白色申告の場合、配偶者ならば最高86万円の専従者控除が認められています。

一方、青色申告では家族や親族への給与が全額経費として認められます。**青色事業専従者給与に関する届出書**を提出することが条件です。

経営している店舗や事務所を家族が手伝っている場合、事業主として家族に支払った給与をすべて経費にすることができれば、大きな節税になります。

ただし、**青色事業専従者**になると、配偶者控除や扶養控除の対象からは外れるので、どちらを使ったほうが節税効果は高いのか、その点はよく考える必要があります。

なお、青色事業専従者給与は全額が経費にできますが、専従者の仕事の内容、給与額などは前もって届出書に記入することになります。仕事の内容を考慮してあまりにも給与が高すぎるような場合、認められないこともあるので注意しましょう。

専従が条件。「他にも仕事」はNG

青色事業専従者には誰もがなれるわけではありません。「専従者」という表現のように、その仕事だけに従事していなければならないのです。

例えば、事業の状況がよくなくて、妻がパートに出て働くなどほかの仕事をしている場合は、別の所得があるため専従者控除は認められません。さらに、6ヵ月以上専従すること（年の途中で開業した場合はその期間の半分以上）なども条件として定められています。

なお、結婚した兄弟など、生計が別の家族・親族に支払うアルバイト代は経費として処理できます。

Biz-サプリ! 「生計を一にする」とは、生活費や医療費などを送金しているようなケースの場合、つまり互いの家計が独立していないことをいいます。同居していなくとも生計を一にしているとみなされます。

青色事業専従者の条件

1 個人事業主と生計を一にしている
2 15歳以上の家族や親族
3 ほかの仕事をしていない
4 確定申告者の配偶者控除や扶養控除の対象外である
5 6ヵ月（1年の半分）以上、事業に従事している

家族や親族への給料が経費になるケース

実務サポート

大学生の子どもに仕事を手伝ってもらったら？

いくつかの条件があり、少しややこしいのが青色事業専従者です。実際に例を挙げてみましょう。

例えば、妻がフリーランスのデザイナーで、サラリーマンの夫に仕事を手伝ってもらったケース。これは、夫がほかに仕事を持ち、所得を得ているので認められません。税務・経理上は「身内でお小遣いをあげた」という扱いになり、個人的なやりとりであるとみなされます。仕事を手伝ってくれる学生の子どもなども青色専従事業者としては認められません。

夫婦が同業のケースではどうでしょう。夫婦がともにライター業で夫の書いた原稿を妻がチェックしている場合。この場合も同じように身内のやりとりであるとみなされます。どうしても給与として処理をしたい場合は、報酬の支払者に交渉して2人それぞれに分けて支払ってもらうしか方法はありません。ちなみにこれが**法人になると、身内への給料を経費にすることは可能です**。

専従者の給与はいくらにするか?

少し高めに設定してもいい

青色事業専従者給与に関する届出書には、給与金額の記入欄があります。書き込んだ金額を支払えなくなった場合、無理に支払う必要はありません。記入した金額以下であればいくら支払ってもいいので、少し高めの金額を書いておくのもいいでしょう。

ただし、この金額があまりに高いと税務署から否認されることも。節税効果が高いシステムですから、「すごく儲かっているならば法人化」という考え方でいきましょう。

給与を支払う前に届出を

届出書には給与金額のほか、専従者の氏名・続柄・年齢・経験年数・仕事内容などを記入します。届出書は給与を支払う前に提出しましょう。提出期限は原則として**青色申告承認申請書**と同様、確定申告の対象年の3月15日まで。それ以降に働くことになった場合は、家族や親族が働き始めた日から2ヵ月以内に提出することになっています。

家族が専従者として働くことが決まっているならば、開業届などと一緒に提出するといいでしょう。

給与設定のポイント

	ときどき手伝う主婦Aさん	ガッツリ働くBさん
勤務時間	週2日・1日3時間	週5日・1日8時間
時給	**980円**	**1,100円**
給与	**980円**×3時間×月10日 =**29,400円**/月 1年で**352,800円**	**1,100円**×8時間×月20日 =**176,000円**/月 1年で**2,112,000円**
	▶**配偶者控除38万円を受けたほうがトク!**	▶**青色事業専従者がおすすめ!**

所得税や配偶者控除を意識しながらどれくらい働くのかを検討しよう

家族に支払うべき適正給与額について、悩む人も少なくありません。目安になるのは、同業種の給与。特別扱いはせずに、求人誌などで比べてみましょう。給与額が103万円までなら所得税はかからない(地方税は98万円前後まで)。給与額が月額10万円以上になると税務署から仕事内容を聞かれることもあるので、お手伝い程度なら10万円以内にするのも無難。しかし、安すぎると配偶者控除を受けたほうが節税になるケースもあるので、よく検討を。

Biz-サプリ! 青色申告の承認申請書をはじめ、税務署に提出する申請書、届出書などは記入がなかなか難しい部分もある。制度の改正などに伴い、書面の様式も頻繁に変わるので、わからないことがあれば税務署に行くことをおすすめする。税務署の担当者は丁寧に答えてくれるはずだ。

青色事業専従者給与に関する届出書の書き方

青色事業専従者給与額を必要経費に算入しようとする年の3月15日まで（1月16日以後に開業した人や新たに専従者がいることとなった人は、その開業の日や専従者がいることとなった日から2ヵ月以内）に提出する

税務署受付印

1 1 2 0

青色事業専従者給与に関する ◎届出書 ○変更届出書

玉川 税務署長

令和○年 10 月 1 日提出

納税地	◎住所地・○居所地・○事業所等（該当するものを選択してください。） （〒 158 － 0083 ） 東京都世田谷区奥沢8丁目×－× （TEL 03 － 1234 － ×××× ）
上記以外の住所地・事業所等	納税地以外に住所地・事業所等がある場合は記載します。 （〒 － ） （TEL － － ）
フリガナ	コンノ ヨウイチロウ
氏名	紺野陽一郎 ㊞　生年月日 ○大正 ◎昭和 ○平成 ○令和 49年5月5日生
職業	出版物の企画・編集　フリガナ オフィスコンノ　屋号 オフィス紺野

令和 5 年 10 月以後の青色事業専従者給与の支給に関しては次のとおり ◎定めた ○変更することとした ので届けます。

1　青色事業専従者給与（裏面の書き方をお読みください。）

	専従者の氏名	続柄	年齢 / 経験年数	仕事の内容・従事の程度	資格等	給料 支給期	給料 金額（月額）	賞与 支給期	賞与 支給の基準（金額）	昇給の基準
1	紺野絵美子	妻	40歳 / 2年	経理		毎月25日	200,000円	12月	100,000	年1回
2										
3										

2　その他参考事項（他の職業の併有等）

3　変更理由（変更届出書を提出する場合、その理由を具体的に記載します。）

4　使用人の給与（この欄は、この届出（変更）書の提出日の現況で記載します。）

	使用人の氏名	性別	年齢 / 経験年数	仕事の内容・従事の程度	資格等	給料 支給期	給料 金額（月額）	賞与 支給期	賞与 支給の基準（金額）	昇給の基準
1	桐山眞子	女	35歳 / 1年	編集補助		毎月25日	150,000円	12月	75,000	年1回
2										
3										
4										

※ 別に給与規程を定めているときは、その写しを添付してください。

関与税理士　（TEL － － ）

税務署整理欄	整理番号	関係部門連絡	A	B	C		
	0						
	通信日付印の年月日	確認印					
	年 月 日						

販売事務、記帳事務、受付事務、農耕等と併せて、その職責（経理責任者、販売責任者等）を書く。従事の程度については、毎日○時間程度従事、○月から○月までの農耕期に毎日従事などと書く

使用人のうち専従者の仕事と類似する仕事に従事する人や、給与の水準を示す代表的な例を選んで書く

column

銀座！ 渋谷！ 日本橋！
～憧れの一等地にオフィスを開設～

ビジネスはイメージも重要です。デキるコンサル業、おしゃれなアパレル関係などの業種では、オフィスの立地にもこだわりたいところ。自分のウェブサイトや名刺に銀座、渋谷、日本橋といった住所を記載できれば、やっぱり見映えが違います。

■□■□■

都内の一等地にテナントを借りるとなれば、かなりの家賃を覚悟しなければなりません。しかし、バーチャルオフィスを利用すれば、月額数千円～3万円程度で事業に必要な住所・電話番号をレンタルできます。

本来のオフィスとは異なり、バーチャルオフィスの多くは自分専用のデスク、ブースなどはありませんが、会議や打ち合わせのための共有スペースを利用できるケースもあります。

特に、個人事業を始めたいという女性の場合、事業のための住所を確保することで、自宅の場所を非公表にできる安心感もメリットといえます。

■□■□■

バーチャルオフィスで気になるのは、個人事業を始める際に税務署に提出する開業・廃業等届出書、所得税の確定申告書などに記載する住所として問題ないのかという点です。

所得税法では納税地に係る規定として、「国内に住所を有する場合　その住所地」（同15条1)、「国内に住所を有せず、居所を有する場合　その居所地」（同15条2）とあります。

バーチャルオフィスの住所はいわば〝形だけの住所〟です。そこで仕事をするわけでもなければ、帳簿も在庫もありません。これについて基本的にはバーチャルオフィスの住所を記載して問題はないようです。ただし、税務当局から納税地について指定があった場合はその住所を記載しなければなりません。一応、最寄りの税務署にあらかじめ相談しておくことが無難です。

第7章

経理がラクになる!

会計ソフトを使いこなそう

青色申告するためには複式簿記での記帳が必須ですが、会計ソフトを使えば、簿記の知識がなくても簡単に帳簿づけができます。この章では会計ソフトの選び方から設定、会計ソフトを使った経理の流れについて解説します。

会計ソフトの初期設定

経理はパソコンでやるのが常識

青色申告がとっても簡単!

いよいよこの章から、実際に会計ソフトを使っていきます。繰り返しになりますが会計ソフトの活用は、結果として青色申告への近道となります。日々の取引を入力していくだけで、青色申告に必要な帳簿や決算書を作成してくれる会計ソフトは、経理初心者の強い味方なのです。

一方で、せっかく会計ソフトを購入したのに活用できないまま終わってしまう人の話もよく聞きます。なぜ会計ソフトが使いこなせないか。その理由は２つあります。

パソコン会計をあきらめてしまう最初の要因。それは初期設定にあります。会計ソフトをインストール後、最初に立ち上げた時に要求される初期設定。このハードルをクリアできないまま、会計ソフトを使えないでいる人が意外に多いのです。

２つ目の要因は、仕訳の入力方法がわからないこと。会計ソフトには複数の帳簿や伝票が用意されていて、どこからでも仕訳の入力が可能です。つまり、仕訳がわからなくても日々の取引を入力していくだけで、仕訳帳も自動で作成できるようになっています。

会計ソフトは決して難しいものではありません。「習うより慣れろ！」です。

皆さんには、ぜひとも会計ソフトを使いこなしてほしい。ですからこの章では、初期設定という最初のハードルをクリアするためのポイントから解説していきます。その次が仕訳の入力です。皆さんにはまず、預金出納帳（すいとうちょう）を使ってもらい、会計ソフトに慣れてもらおうと考えています。

会計ソフトの動作環境とは?

実務サポート

会計ソフトは最新パソコンでなければ動かないわけではありません。ただし、あまりに古いＯＳには対応していない会計ソフトもあります。集計表などのデータをExcelに書き出したい場合は、そのアプリケーションソフトのバージョンに対応しているかも確認しましょう。ちなみに、**ノートパソコンのユーザーはUSB接続のテンキーがあると、入力の効率がグンと上がります。**

Biz-サプリ! 会計ソフトの初期設定……会計ソフトをインストール後、最初に行うさまざまな設定作業。具体的には事業所データの作成、消費税の設定、勘定科目の設定などを行う。最近の会計ソフトには、ソフトからの質問に答えていく形式で、初心者でも比較的簡単に初期設定ができる機能も搭載されている。

仕訳は会計ソフトが自動でやってくれる

自分が入力しやすい帳簿からおカネの出し入れを入力すると、自動的に仕訳日記帳や総勘定元帳に転記される。さらに取引データは自動的に集計され、青色申告に必要な決算書も作成される。

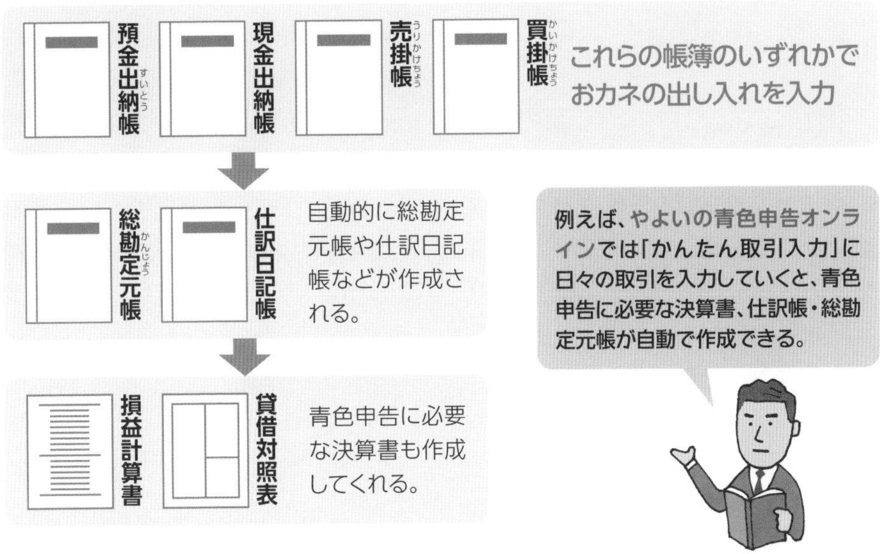

預金出納帳
現金出納帳
売掛帳
買掛帳
これらの帳簿のいずれかでおカネの出し入れを入力
総勘定元帳
仕訳日記帳
自動的に総勘定元帳や仕訳日記帳などが作成される。
損益計算書
貸借対照表
青色申告に必要な決算書も作成してくれる。
例えば、やよいの青色申告オンラインでは「かんたん取引入力」に日々の取引を入力していくと、青色申告に必要な決算書、仕訳帳・総勘定元帳が自動で作成できる。

青色申告に必要な帳簿類がすべて備わっている

会計ソフトには、経理に必要な帳簿や伝票がすべてそろっている。初心者におすすめの簡単経理法は、ここにある帳簿のうち、まずは預金出納帳を使ってみて、会計ソフトの操作に慣れることだ。

預金出納帳	金融機関への預け入れと引き出しについて入力を行う。金融機関の通帳を見ながら、そのまま引出額、預入額を入力していく。
現金出納帳	現金出納帳には、領収書などを参考に現金による入金額と出金額を入力していく。現金売上や現金仕入があった場合もここに入力する。
売掛帳	商品販売やサービス提供により売上を計上したが、入金はまだのもの（売掛金）を管理する帳簿。売掛金の発生と入金を記録する。
買掛帳	商品を仕入れたがまだ代金は支払っていないもの（買掛金）を管理する帳簿。買掛金の発生と支払いを買掛帳に入力していく。
振替伝票	現金出納帳や預金出納帳には入力できない複合仕訳（118ページ参照）は、振替伝票で入力する。
仕訳日記帳	帳簿や伝票で入力された仕訳をすべて時系列で見ることができる帳簿。仕訳日記帳に直接仕訳を入力することもできる。
総勘定元帳	帳簿や伝票で入力されたすべての取引を勘定科目ごとにまとめた帳簿。簿記の知識があれば、ここに直接仕訳を入力することもできる。

事業所データの登録

屋号や科目体系を入力する

取引を保存するファイルになる

最近の会計ソフトには、質問に答えていくだけで簡単に初期設定ができるような機能が搭載されています。それでも初心者にとっては耳慣れない言葉が出てきて、設定に戸惑う場面もあるかもしれませんが、とりあえず入力を進めましょう。会計ソフトは「習うより慣れろ！」です。

初期設定ではまず、事業所データ、または基本データなどと呼ばれるデータを作成します。このデータは、これから入力していく取引の内容を保存するファイルです。どんな会計ソフトでも使い始める時は必ず作成しなければなりません。

科目体系は「個人／一般」を選択

「弥生会計」の場合、事業所データの作成時に屋号や科目体系などの基本的な情報を設定していきます。科目体系を設定するのは、青色申告の決算書が一般用と不動産所得用で異なるためで、不動産所得のみを申告する人以外は「個人／一般」を選びます。続いて、氏名や屋号（事業所名）を入力します。

そして、申告方法について青色申告か白色申告かを選択し、使い始める会計年を入力します。個人事業主の場合、開業時期が年の途中でも会計期間は１月１日から12月31日に固定されています。

兼業で不動産所得がある場合は、勘定科目オプションの設定で「不動産に関する科目を使用する」にチェックを入れます。最後に、設定内容の確認が表示されて、事業所データの作成は完了です。

帳簿は電子データとして保存もできる

実務サポート

個人事業主は紙の形で7年間、帳簿類を保存することが義務づけられていますが、**電子帳簿保存法**によってパソコンのハードディスクなどに保存した電子データも正式な税務書類として認められています。何十年分もの帳簿類となれば保管場所にも困るので、電子化してしまうのも１つの手です。ただし、**電子帳簿を保存するには税務署への申請が必要**です。個人事業を始めたばかりの人はこの申請をしていないでしょうから、会計ソフトの電子帳簿保存の設定は「行わない」でいいでしょう。

Biz-サプリ！ 消費税の免税事業者……基本的には開業から2年間は消費税を納税しなくてもよい。ただし、開業した年の特定期間の課税売上高が1000万円を超える場合や、インボイス発行事業者になる場合は、開業した年から課税事業者になる（190ページ参照）。

会計ソフトの初期設定の流れ(弥生会計の場合)

弥生会計の初期設定は、事業所データの作成、消費税の設定、導入設定(預金口座等の登録)といった手順で進む。他のソフトも手順などは違うが、ほぼ同じ内容の設定をする。

Step 1 事業所データの作成

▶弥生会計では以下の順番で事業所の情報を入力していく。

科目体系を選択する

弥生会計のように法人でも個人でも利用できるソフトの場合は、自分の事業形態を選ぶ必要がある。通常は「個人/一般」を、不動産業を営んでいる場合は「個人/不動産」を選択する。

屋号を入力する

事業所名(屋号)を入力する。開業届や青色申告承認申請書に書いた屋号を入力すればよい。

申告書を選択する

青色申告か白色申告かを選ぶ。本書を手に取っているなら迷わず「青色申告」を選ぼう。

使いはじめる会計年度を設定する

会計年度を選ぶ。会計期間は自動的にその年の1月1日から12月31日に設定される。ソフトによっては西暦か和暦か選べるものがあるが、その場合は和暦にしておいたほうが申告書などと統一性が取れる。

勘定科目オプション

弥生会計の場合、勘定科目のオプションとして「製造原価」「不動産」に関する科目を使用するか否かを設定する。通常は使用しない設定で構わない。

電子帳簿保存の設定

電子帳簿保存の設定は「行わない」でOK。

➡**これで事業所データの作成に必要な設定は完了。**

Step 2 消費税の設定

▶**弥生会計では、事業所の設定が終わると自動的に消費税設定画面が立ち上がり、消費税関連の設定ができる。**

消費税申告の有無

消費税申告を行うか行わないか設定する。消費税の免税事業者は「消費税の申告を行わない」をチェックする。インボイス発行事業者になる場合は「消費税の申告を行う」にチェックする(190ページ参照)。「消費税申告を行う」をチェックすると、「本則課税」または「簡易課税」から課税方式を選択します。

➡**消費税の設定はこれで完了。**

元入金の記帳

開業する際の元手を入力する

事業用の銀行口座を登録する

弥生会計の場合、消費税の設定に続いて現預金の残高、得意先や仕入先の情報などを入力する「導入設定」に進みます。

まずは現金と預貯金の残高の入力ですが、新たに個人事業を開始する方は、ここで現金や預金の残高を入力する必要はありません。ただし、預貯金情報の設定のところでは、事業用に使用する銀行口座を登録しておきましょう。

また、得意先や仕入先の情報も必要なら後から設定できるので、スキップして構いません。これで初期設定は完了です。

個人事業をスタートする場合、現金や預金の残高を入力する必要はないと説明しましたが、現金も預金もまったくのゼロ円から始めればいいということではありません。開業当初は何かと経費がかかるものです。事務用品を購入したり、商品を仕入れたりすることでしょう。

ところが帳簿上、現金も預金もない状態で何かを購入したら、いきなり帳簿の残高がマイナスになってしまいます。一時的にでも現預金の残高がマイナスになってしまうことは理論上ありえません。

このため、事業に必要なものを購入するためのお金はあらかじめ帳簿上、記帳しておく必要があります。これが**元入金**（もといれきん）です。元入金は企業の資本金に当たります。会計ソフトの預金出納帳、現金出納帳を開いて、ある程度事業が軌道に乗るまでに必要と思われる金額を入力しておきましょう。

ココに注意 元入金が多すぎるのも不自然

元入金はいくら用意すればいいのか悩みどころですが、事業用の銀行口座の期首残高を、そのまま元入金として預金出納帳に入力すればいいでしょう。

現金は少なすぎると現金出納帳がすぐにマイナスになってしまうので、当座をしのぐ資金として1～2ヵ月分ぐらいのおカネを入力しておきましょう。

ただし､元入金が多すぎるのも問題です。最初に元入金を入れすぎて、期末の現金残高が帳簿上で何百万円にもなってしまうと、税務署から不審に思われることも。

Biz-サプリ! 元入金……個人事業主特有の勘定科目で、会社の資本金に相当する。事業を始める際に元手として用意したお金のこと。年末においてはその年の事業主借と事業主貸の差額と利益（青色申告特別控除前所得金額）を元入金に統合して、翌期に繰り越すが、会計ソフトなら自動的に繰越処理をしてくれる。

【続き】会計ソフトの初期設定の流れ（弥生会計の場合）

Step 3

現預金などの設定

▶弥生会計では、消費税の設定が終わると自動的に導入設定ウィザードが始まり、現預金の残高や得意先、仕入先の設定ができるが、後からでも設定可能なのでスキップしても構わない。

現金情報の設定

現金の開始残高を入力できるが、ここで無理して入力する必要はない。

預貯金情報の設定

弥生会計ですぐに預金出納帳を使いたい場合は、ここで銀行名と口座の種類（当座・普通・定期）を入力しておこう。開始残高は後から入力できる。

得意先と仕入先

特に入力する必要はない。

➡これで初期設定はすべて完了！

いよいよ
会計ソフトで作業
を開始できるぞ!

初期設定が終わればいよいよ帳簿づけスタート！

初期設定が終わったら、いよいよパソコン会計のスタートだ。まずは現金出納帳と預金出納帳を開き、個人事業の資本金にあたる「元入金」を入力しておこう。

●現金出納帳に元入金を入力

現金出納帳					
日付	相手勘定科目	摘要	収入金額	支出金額	残高
01/01	元入金		500,000		500,000

開業日の日付で、相手勘定科目に「元入金」と入力、収入金額に当面の事業のために必要となりそうな現金の金額を入力する。

●預金出納帳に元入金を入力

預金出納帳					
日付	相手勘定科目	摘要	預入金額	引出金額	残高
01/01	元入金		500,000		500,000

開業日の日付で、相手勘定科目に「元入金」と入力、預入金額に開業日の預金残高を入力する。

預金出納帳の記帳

通帳を見ながらそのまま入力

まずは預金出納帳から記帳開始!

経理にあまり詳しくない、しかも会計ソフトを使うのも初めてという人はまず、**預金出納帳**から入力しましょう。

理由は、金融機関の通帳に記された内容をそのまま入力していけば、誰でも間違いなく入力でき、一番確実で間違える心配の少ない帳簿だからです。

借方・貸方を意識せず入力できるのも、仕訳の苦手な初心者にはありがたいところ。

預金出納帳は、1行に1つの取引を入力していきます。入力する項目は日付、相手勘定科目、摘要、預入金額または引出金額です。

相手勘定科目は何のための預け入れ、引き出しなのかで選択します。摘要には、その取引の相手先や購入した品物の名称などを記入します。

残高を見比べて入力チェック

もう1つ、預金出納帳をすすめる理由があります。それは、通帳の預金残高と預金出納帳の残高を見比べて、入力が合っているのかどうか照合できることです。

預金出納帳に入力したら、必ず残高を通帳と見比べること。残高が一致していたらOK。残高が一致していなかったら、どこかに入力ミスがあるので、もう一度見直してみましょう。

これを繰り返すことで会計ソフトに慣れていくことができます。月末の残高が通帳と一致することで、会計ソフトを使いこなしているという自信が徐々についてくるはずです。

複数の帳簿への二重入力

実務サポート

会計ソフトは一度取引を入力してしまえば、関連する帳簿すべてに自動的に転記してくれます。ですから**同じ取引を複数の帳簿に入力してしまうと残高が合わなくなってしまいます**。例えば、銀行口座から現金を引き出した場合、預金出納帳に入力すれば、再び同じ取引を現金出納帳に入力する必要はありません。取引データが増えてくると、後から入力ミスを探すのも大変なので、自動的に転記されることをよく覚えておきましょう。

Biz-サプリ! 帳簿や伝票の「摘要」という欄がある。ここには、その取引の相手先の名称や購入した品物、売り上げた品物などの名称など、誰が見てもわかるように、取引の具体的な内容を記入する。

通帳の「お引出し」「お預入れ」をそのまま入力

会計ソフトの入力は預金出納帳から始めよう。通帳を参考にして預け入れた金額または引き出した金額を記録していけばいい。入力後は預金出納帳と通帳の残高が合っているか確認しておこう。

●通帳を見ながら預金出納帳に入力してみよう

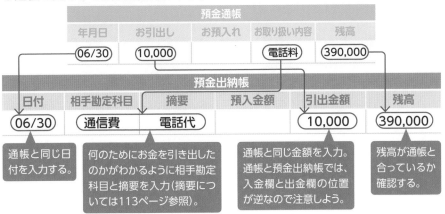

預金通帳				
年月日	お引出し	お預入れ	お取り扱い内容	残高
06/30	10,000		電話料	390,000

預金出納帳					
日付	相手勘定科目	摘要	預入金額	引出金額	残高
06/30	通信費	電話代		10,000	390,000

通帳と同じ日付を入力する。

何のためにお金を引き出したのかがわかるように相手勘定科目と摘要を入力（摘要については113ページ参照）。

通帳と同じ金額を入力。通帳と預金出納帳では、入金欄と出金欄の位置が逆なので注意しよう。

残高が通帳と合っているか確認する。

「事業主貸」と「事業主借」は紛らわしいので注意！

「事業主貸」と「事業主借」は預金出納帳に入力する機会が多い。科目名が似ていて紛らわしいので間違えて入力しないように注意しよう（事業主貸と事業主借については239ページ参照）。

●預金から生活費を引き出した場合（事業主貸）

預金出納帳					
日付	相手勘定科目	摘要	預入金額	引出金額	残高
07/25	事業主貸			100,000	200,000

事業用の口座から生活費として10万円を引き出した場合は、相手勘定科目に「事業主貸」として引き出した金額を入力する。

●生活費から事業資金を補てんした場合（事業主借）

預金出納帳					
日付	相手勘定科目	摘要	預入金額	引出金額	残高
07/25	事業主借		100,000		300,000

ポケットマネーから事業用の口座へ10万円を入金した場合は、相手勘定科目に「事業主借」、預入金額に振り込んだ金額を入力する。

現金出納帳の記帳

領収書を漏れなく入力!

領収書から現金の支出を入力

現金出納帳はその名前の通り、現金の出し入れを記録する帳簿です。

入力の仕方は預金出納帳と同じです。おこづかい帳の感覚で収入金額または支出金額を記録していきます。

現金の支出は、領収書の日付と支払金額をそのまま入力します。摘要には購入した品物や支払先を入力します。また、交通費や慶弔費など領収書がもらえない支出は記録しておかないと忘れてしまうので注意が必要です。

現金出納帳は、あまり間隔を置かず定期的に入力するように心掛けてください。預金出納帳なら通帳に記録が残っているので、かなり前の取引でもさかのぼってチェックできますが、現金出納帳はそうはいきません。それに入力をさぼっていると領収書はどんどんたまってしまいます。

預金から現金を引き出したり、現金を金融機関に預け入れたりといったようなケースは、現金出納帳と預金出納帳のどちらでも入力できますが、通帳で照合できる預金出納帳に入力することをおすすめします。

開業する前の準備費も経費にできる

実務サポート

開業するまでに必要な物品を購入したり、チラシを作成したり、市場調査をしたりと、いろいろおカネがかかった事業主も多いはずです。

こうした開業準備のための支出は、たとえ開業の前年以前であっても開業時点での**開業費**として計上することができます。ですから、開業前に使ったおカネでも、経費になりそうな支出については領収書を残しておくべきです。

会計ソフトへの入力は、**現金出納帳に開業した日付で開業費の勘定科目で支出金額を入力します**。何に使ったおカネかわかるように摘要も記載しましょう。

開業費は**繰延資産**として計上されます。繰延資産は5年間で均等償却するか、任意の年度で自由に経費に計上することができます。ある程度利益が出た年度に経費とすると、その分を相殺できるので節税になります。

なお、開業前に購入したパソコンや自動車などは減価償却資産（144ページ参照）になるので、開業費に含めることはできません。

Biz-サプリ! 繰延資産……そのおカネを支出したことによって得られる効果が複数年に及ぶもの。支出した年度に一括して費用にするのではなく、その効果の及ぶ期間に分けて費用計上する。

おカネは「お足」。領収書はすぐたまるのでマメに入力

現金出納帳には現金の出し入れを記録する。入力する際に欠かせないのが領収書。数ヵ月も前のことになると領収書を見ても何に使ったか思い出せないこともあるので、あまり間隔を置かずに入力しよう。

●現金の支出を現金出納帳に入力する

現金出納帳

日付	相手勘定科目	摘要	収入金額	支出金額	残高
07/25	旅費交通費	タクシー代		710	49,370
07/25	打合会議費	打合せ喫茶代		1,500	47,870

領収書をもとに日付、支出金額、相手勘定科目、摘要を入力していく。

●現金売上を現金出納帳に入力する

現金出納帳

日付	相手勘定科目	摘要	収入金額	支出金額	残高
07/26	売上高	現金売上	21,000		68,870

現金売上は相手勘定科目に「売上高」、収入金額に売上金額を入力する。

摘要を入力する時のポイント

会計ソフトの摘要欄には、取引の相手先や購入した品物の名称など、取引の内容が具体的にわかるような語句を入力する。摘要の入力にあたり、以下の点に注意しよう。

その1 取引の内容と相手先が後からわかるように入力する

- 備品・消耗品を購入した時は、それが何かわかるように品物の名称を摘要欄に記入する（例えば「デジタルカメラ」「文房具」など）
- 売上や仕入は相手が誰かわかるように、会社名を摘要欄に記入する
- 会議費や交際費の摘要欄には、相手先の名前や人数などを記入する

その2 会計ソフトで検索しやすいように表記を統一しておく

- 同じ摘要については表記を統一させておくと、会計ソフトで特定の取引を検索しやすくなる
- 特に全角文字と半角文字の混在は注意。例えば「タクシー代」と「ﾀｸｼｰ代」を混在させず、どちらかに統一しておく

売上の入力

請求書を発行したら売掛帳に記帳

日々の売上を入力する

個人事業の経理で何より嬉しいのは、売上を計上する時ではないでしょうか。自分自身が提供した商品・サービスの対価として収入を得ることは、会社員が給料をもらうのとはひと味違う喜びがあります。

その売上を入力する方法には、現金主義と発生主義があります。現金主義は入金時点で売上を計上する方法。商品代金の現金払い、振込のあった時点で、現金・預金出納帳に売上高を入力します。多くの小売店や飲食店などの現金商売ではこの方法になります。現金売上をレジで管理しているので、閉店後にレジを締めて集計された売上を日々、記帳していきます。

売掛金の回収状況もわかる

発生主義は、請求書発行時に売上を計上する方法です。「月末締め翌月末払い」といった支払条件で仕事を請け負うことの多い、ライターやデザイナーなどサービス業の個人事業主が、こちらの方法です。

この方法の場合、得意先に請求書を発行した時点で、**売掛金**（うりかけきん）として売上を計上します。売掛金とは、商品やサービスを納品して売上は計上したけれども、入金されていない代金のことです。**売掛帳**はこの売掛金を管理する帳簿なのです。

売掛帳には、請求書を発行した時に売上を計上します。そして、その売上に対する入金があった時点で、また売掛金の回収を記録します。売掛帳を見て売掛金の残高が多いということは、それだけ未回収の代金を残していることになります。

実務サポート

現金商売でも決算期には売掛帳を使う

ふだんは入金時に売上を計上している**小売店などでも、決算時だけは売掛帳を利用**します。12月末までに商品の引き渡しは完了しているものの、代金の回収は翌年1月以降になるものがいくらあるかを計算し、売掛金として売上に追加するのです。これは、**決算でその年の収入金額を確定するためです。期中は現金主義で入金時に売上を計上し、期末のみ発生主義で未回収の売上を計上する**わけです。

Biz-サプリ！ 売掛金とは、商品の販売やサービスの提供は終えたものの、得意先からまだ支払われていない未回収の代金のこと。債権。一方、買掛金とは、商品を仕入れたり、外注に作業を依頼したものの、まだ仕入・外注先に支払っていない代金のこと。債務。

現金主義と発生主義では売上の記帳は変わる

飲食店などの現金商売では代金の支払いがあった時点で日々現金出納帳などに記帳していきます。一方、請求書を発行する場合はその時点で売掛帳に記帳します。

入金時に現金・預金出納帳に入力する

商品代金の支払い、振込のあった時点で売上を計上する方法。現金出納帳、預金出納帳の相手勘定科目は「売上高」とし、売上金額を入力する。小売店や飲食店などを営む個人事業者の多くがこの方法を使っている。

請求書発行時に売掛帳に入力する

商品、サービス、成果物を取引先に納品し、請求書を発行した時点で売上を計上する方法。入力は売掛帳で行う（下段参照）。ライターやデザイナーなど、サービス業の個人事業主が、おもにこの方法で売上を入力している。

売掛帳は請求書の発行時と実際の入金時に記帳する

売掛帳は、請求書を発行する時に売上を記録する。また、その売上に対する入金があった時点で、売掛金が回収されたことを記録する。

●請求書を発行した時の入力

売掛帳

日付	相手勘定科目	摘要	売上金額	回収金額	残高
06/30	売上高	ABC 出版	75,000		75,000

日付は請求書を発行した日付、相手勘定科目は「売上高」を入力、売上金額のところに請求金額を入力する。摘要欄には取引先名を入力しよう。

売上を計上すると、売掛帳の残高が増え、入金で残高が減る。この残高を見れば未入金がいくら残っているか把握できる。

●銀行口座に振込入金があった時の入力

売掛帳

日付	相手勘定科目	摘要	売上金額	回収金額	残高
06/30	売上高	ABC 出版	75,000		75,000
07/31	普通預金○○銀行	ABC 出版		75,000	0

日付は振込日、相手勘定科目は振込のあった銀行口座を入力、回収金額のところに入金額を入力する（請求額から源泉徴収や振込手数料が差し引かれて入金された時は、売掛帳ではなく振替伝票で入力する→118ページ参照）。

仕入の入力

請求書が届いたら買掛帳に入力

現金決済ならば毎日入力

商品の仕入を会計ソフトに入力する方法も、売上の場合と同様に2通りあります。小売店や飲食店を経営する個人事業主の多くは現金主義で、仕入代金を払った時点で仕入を記録していきます。

毎日のように数百円単位からの仕入を頻繁に行うお店の場合、仕入も日々管理しておかないと、仕入に使ったお金がいくらなのか正しく把握できません。そうなると、儲けが出ているのかどうかもわからなくなってしまいます。

レジを使っていれば売上の計上漏れはありませんが、仕入はそうはいきません。現金出納帳で毎日仕入を入力し、領収書もきちんと管理しておきましょう。

未払いの代金は買掛帳につける

一方、商品の仕入が先で、代金支払いが後になるような取引が中心の場合は、仕入先から請求書を受け取った時点で、**買掛金**（かいかけきん）として仕入を計上します。買掛金とは売掛金の逆で、商品を仕入れたものの、仕入先に支払っていない代金のことです。

買掛金を記録していき、未払いの代金を管理するための帳簿が買掛帳です。買掛帳は、請求書を受け取った時に仕入金額を入力し、代金を支払った時点で支払金額を入力します。未払いの代金は残高で確認できます。

なお、通常は現金出納帳で仕入を記録している場合でも、決算時は買掛帳を利用し、代金支払いを翌期以降に持ち越している買掛金を記録しておく必要があります。

同じ後払いでも水道光熱費は未払費用

実務サポート

買掛金として処理できるのはあくまでも仕入代金や外注費だけです。その他の後払い金、例えば仕入とは関係のない事務用品などをツケで購入したような場合は、買掛金ではなく**未払金**として経費に計上します。**水道光熱費**などの未払い分は**未払費用**という相手勘定科目で処理します。期末で未払金や未払費用がある場合は決算時にきちんと計上しましょう。

Biz-サプリ! 未払費用とは逆に前払費用というものもある。前払費用とは、一定の契約に従い継続的にサービスや物品の提供を受けている場合の前払金のこと。例えば、翌月分の代金を当月に前払いしている家賃、駐車場代、リース料など。

買掛金の記帳は請求書を受領した時が基本

会計ソフトに仕入を入力する方法も、売上の入力と同様に2通りある。基本的に代金支払い時に現金・預金出納帳に入力する方法でOKだが、請求書を受け取った仕入については買掛帳で管理するほうがベターだ。

仕入代金を支払った時点で現金・預金出納帳に入力する

現金出納帳

日付	相手勘定科目	摘要	収入金額	支出金額	残高
05/16	仕入高	山田商店・A商品		5,000	105,000

日付は支払った日付、相手勘定科目は「仕入高」を入力、支出金額のところに支払金額を入力する。摘要欄には取引先名や商品名を入力しよう。

請求書を受け取った時点で買掛帳に入力する

●請求書を受け取った時の入力

買掛帳

日付	相手勘定科目	摘要	仕入金額	支払金額	残高
06/30	仕入高	田中商店	100,000		100,000

日付は請求書を受け取った日付、相手勘定科目には「仕入高」を入力、仕入金額のところに請求された金額を入力する。

買掛帳の残高を見れば、未払いの仕入代金がひと目でわかる。支払い忘れや過払いなども防ぐことができる。

●銀行口座から仕入代金を振り込んだ時の入力

買掛帳

日付	相手勘定科目	摘要	仕入金額	支払金額	残高
06/30	仕入高	田中商店	100,000		100,000
07/31	普通預金○○銀行	田中商店		100,000	0

日付は振込日を入力、相手勘定科目は「銀行口座」を入力、支払金額のところに振り込んだ金額を入力する。

もらった請求書は買掛帳でしっかり管理

振替伝票の入力❶

複数科目にわたる取引は複合仕訳

帳簿では管理しきれない仕訳

ここまで預金出納帳、現金出納帳、売掛帳、買掛帳という4つの帳簿を使ってきましたが、これらの帳簿には制約があります。それは借方・貸方の勘定科目が1対1で対応している仕訳しか入力できないことです。

ところが仕訳の中には、借方あるいは貸方に複数の勘定科目を書き込まなければならないものもあります。これを**複合仕訳**といいます。

実は個人事業主が日常的に入力する取引のなかにも、複合仕訳が必要なものがあります。そうした複合仕訳は**振替伝票**を使って入力します。

手数料や源泉税を振込伝票に入力

例えば、売上代金が自分の口座に振り込まれてくる時、代金全額ではなく、代金から振込手数料や源泉所得税が差し引かれて入金されていることがあります。

その際、振り込まれた金額をそのまま回収金額として売掛帳に入力すると、手数料などが差し引かれた分、売掛金の残高が残ってしまいます。このような場合には振替伝票を使って複合仕訳を行います。

「売掛金は全額回収したけれど、その中から源泉所得税と振込手数料が差し引かれた金額が銀行に振り込まれた」という取引の内容を振替伝票1枚で入力したものです。

なお、源泉所得税は仮払いの税金なので**仮払税金**という勘定科目で計上します。振込手数料は**支払手数料**という勘定科目を使い、自分で支払った経費として計上します。

レクチャー

振込手数料は誰が負担するのか

振込手数料は本来は代金を振り込む側が負担すべきものです。しかし現実には振込手数料を差し引いて振り込む会社が少なくありません。振込金額が請求額より少なくて、疑問に感じた経験のある人も多いことでしょう。

だからといって不足分を再請求したところで、それに応じてくれることは稀です。むしろ取引先との関係が悪化する懸念もあります。解決策にはなりませんが、初めて取引をする会社とは手数料の扱いも含め支払条件を事前に確認しましょう。

Biz-サプリ! 振込手数料の負担について請求書を発行する際に「振込手数料はご負担ください」と一文を入れておくと有効な場合もある。

振替伝票で複合仕訳を入力

複合仕訳は振替伝票を使って入力する。売上金額から所得税の源泉徴収分と振込手数料が差し引かれて振込入金された時を例に、振替伝票の入力方法を覚えよう。

請求書を発行した時点で売掛帳に入力

売掛帳

日付	相手勘定科目	摘要	売上金額	回収金額	残高
06/30	売上高	ABC 出版	100,000		100,000

原稿料10万円の請求書を作成し、取引先の出版社に送付した。

1ヵ月後に普通預金口座への入金を確認

請求通り10万円が振り込まれていれば売掛帳に簡単に入力できるが、実際は源泉所得税1万210円と振込手数料648円が差し引かれ、8万9,142円が振り込まれていた。

振替伝票で複合仕訳を行う

振替伝票

日付　07/31

借方勘定科目	借方金額	貸方勘定科目	貸方金額	摘要
普通預金○○銀行	89,142	売掛金	100,000	ABC 出版
仮払税金	10,210			源泉所得税
支払手数料	648			振込手数料
借方合計	100,000	貸方合計	100,000	

振替伝票は借方と貸方の合計額が必ず一致する!

振替伝票ならこのように3対1の複合仕訳が入力できる。「売掛金10万円を回収し、その中から源泉所得税と振込手数料を自分で支払った」という内容の仕訳となる。源泉徴収される所得税は、確定申告で納付する所得税の仮払いなので、「仮払税金」という勘定科目で計上する。

最初は難しく感じても、覚えちゃえば簡単!

振替伝票の入力❷

源泉徴収するなら複合仕訳が必要

源泉徴収には2つの意味

自分が給与や外注費などを支払った場合の経理でも複合仕訳が必要になることがあります。例えば、青色事業専従者の妻に給与を支払う場合、その給与額によっては所得税を源泉徴収する必要があります。

具体的には給与が月額8万8000円以上の場合、源泉徴収が必要になります。徴収すべき所得税の金額は国税庁が公表している**源泉徴収税額表**（65ページ参照）で確認できます。

所得税を源泉徴収する場合、青色事業専従者に対しては給与額面から源泉所得税を天引きした金額を支払います。一方で天引きした源泉所得税は、事業主のふところに入るわけではありません。

源泉徴収は給与を支給された人が本来は自分で支払うべき税金を事業主がいったん預かって、代わりに税務署に納めているものです。

つまり、源泉徴収にかかる経理処理は、「給与を支給した」という処理、「所得税を預かった」という処理の2つを行わなければなりません。

会計ソフトでは振替伝票を使って複合仕訳を行い、天引きした所得税については「預り金」として入力します。

なお、給与から天引きした源泉所得税は**源泉所得税の納期の特例の承認に関する申請書**（65ページ参照）を提出しておけば、7月と1月の年2回にまとめて納付することができます。ただし、外注費などの支払い時に徴収した源泉所得税については支払った月の翌月10日までに納める必要がありますので注意しましょう。

レクチャー

家族以外にもスタッフを雇うようになったら

個人事業でもビジネスが拡大し、家族以外に従業員やスタッフを雇うようになると、給与の支給に伴う経理処理がかなり負担になります。**雇用する人数によっては所得税以外に社会保険料などの計算や天引きが必要になるかもしれません。そのレベルになると、給与計算ソフトの導入を検討してもいい時期です。**仕訳データを出力してくれるなど、会計ソフトとの連動も可能なソフトも増えています。

Biz-サプリ! 事業の規模が拡大してくると、取引数が多くなったり、雇用関係が発生したり、経理作業が量・質ともにだんだん自分では処理できないことも考えられる。経理作業のために本業に費やす時間が削られてしまうようでは意味がない。税理士のサポートを受けることも大いに有効だ。

振替伝票を使って給与を2つの科目に分類する

青色事業専従者に対して、額面給与から所得税の源泉徴収分を差し引いて給与を支払う場合は、振替伝票を使って複合仕訳を行う。

給与支払時に振替伝票に入力

振替伝票

日付　01/25

借方勘定科目	借方金額	貸方勘定科目	貸方金額	摘要
専従者給与	100,000	現金	99,280	1月分給与
		預り金	720	源泉所得税
借方合計	100,000	貸方合計	100,000	

専従者給与の額面支給額10万円から源泉所得税720円を天引きして、現金で支払った場合の仕訳。青色事業専従者に対する給与は「専従者給与」、預かった源泉所得税は「預り金」の勘定科目で処理する。

源泉徴収額は「源泉徴収税額表」から求める。

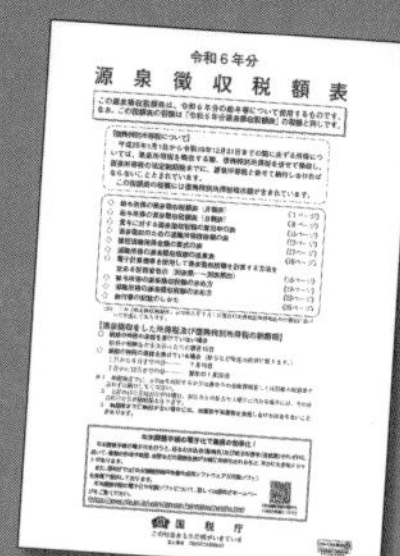
令和6年分
源泉徴収税額表
国税庁

↓

毎月給料日に上記の仕訳を入力

↓

年に2回、預かった源泉所得税をまとめて納める

現金出納帳

日付	相手勘定科目	摘要	収入金額	支出金額	残高
07/10	預り金	源泉所得税(1-6月分)		4,320	55,000

預かった源泉所得税6ヵ月分(720円×6=4,320円)を現金で納めた場合は、このように現金出納帳に入力すればOK。
「源泉所得税の納期の特例の承認に関する申請書」を提出しておけば、このように6ヵ月分をまとめて納付することができる。提出していないと、1ヵ月分ごとに翌月10日までに納めなければならない。

『預り金』という勘定科目は、よく出てくるので覚えておこう

column

平常心

独立したばかりのころは、ついついオーバーワークになりがちです。

最初は不安しかありませんので、ひたすら目の前の仕事に没頭してしまいます。ある程度、余裕が出てきたとしても、一定の資金の目途、事業の安定性が確保できるまでは、人を雇うことはできませんし、頼れる人材もなかなか集まりません。人の２倍も３倍も働いてしまうというのが、現実ではないでしょうか。

■□■□■

この本を監修する大沢税理士も、「独立当初は働き詰めに働き、周りから心配されるほどだった」といいます。大沢税理士には当時、休みはありませんでしたが､寝る時間や食事の時間はしっかり確保して､体調面には気を配っていたそうです。

そんな大沢税理士が何よりも気をつけていたのは「ストレス」です。フィジカル的な疲れよりも、メンタル面への負担のほうが問題だと考えていたのです。

過度に負担のある仕事、リスクの大きい仕事、波長の合わない依頼、そして、業績に見合わない背伸びをした事業は、経営者に強いストレスをかけます。

■□■□■

事業経営は成長している場合でもずっと右肩上がり――ということは、まれです。良い時もあれば悪い時もあります。上り坂と下り坂、そして〝まさか〟。この３つの坂を繰り返しながら、事業は成長していきます。

大沢税理士は、思ったように事業が進んでいかずに落ち込んだ時、あるいは浮かれてしまうようないいことがあった時、「だからどうした？」と自分に言い聞かせるようにしているといいます。

禍福(かふく)は糾(あざな)える縄(なわ)の如(ごと)し――。「だからどうした？」と常に平常心を大切に仕事に向き合っていたいものです。

第 8 章

安定経営への
第一歩!

業種別 経理の注意点

業種によって特有の経理処理が必要になるケースがあります。例えば、飲食業などではお酒や食品をプライベートで消費したり、小売業では商品の返品、あるいは無料サービスを行ったりすることもあります。この章では業種別に〝よくある取引〟の経理処理を取り上げます。

小売業の経理❶

おカネの動きに合わせて毎日記帳

取引があればその都度入力

毎日、個人のお客さんを相手に取引する小売業では、日々の商品の動きを把握しておくことがとても重要です。

売れ筋商品の在庫が切れてせっかくの販売機会を逸したり、売れない在庫をたくさん抱えたりしていては事業の成長は望めません。商品の仕入や販売にかかる仕訳は、その都度会計ソフトに入力していきましょう。

また、販売した商品が不良品だったなどの理由で返品されることも日常的に発生します。こうしたイレギュラーな商品とおカネの動きも会計ソフトに随時記録します。このように返品の際は、売上を計上した時の逆の仕訳を行います。

仕入商品を取引先に返品した場合も同様に、仕入した時点とは逆の仕訳を行います。

例えば5,000円の商品を仕入れ、その後返品した場合は、仕入時点の仕訳は「(借方) 仕入高 5,000 ／ (貸方) 現金 5,000」、返品時は「(借方) 現金 5,000 ／ (貸方) 仕入高 5,000」となります。

商品を売り物としてではなく、宣伝用などに使用した場合も、その分は**広告宣伝費**に計上し、仕入商品から外す必要があります。

ココに注意 ⚠ 経理データが消えてしまった!

パソコンを使って会計する上でパソコンのトラブルや故障はそのまま経理作業のストップにつながります。**パソコン会計で一番怖いのはそれまでの経理データが消えてしまうこと。**

パソコンでは大切な経理データを扱います。**パソコンが壊れるなど「もしも」の場合に備えて、データのバックアップは不可欠です。**できれば新しく取引を入力するたびにバックアップを行い、常に最新のデータを保管しておきましょう。

最近の会計ソフトにはバックアップ用のファイルを自動的に作成してくれる機能がありますが、それだけに頼っていては不十分です。**バックアップデータは会計ソフトがインストールされたパソコンの中ではなく、必ず外部の記憶装置にコピーして保存してください。**具体的には、外付ハードディスク、他のパソコン、あるいは記憶媒体(USBメモリー、CD-R/RW等)です。

また、**アナログではありますが、経理データを定期的に紙に印刷し、保管しておくこともデータのバックアップとして有効な方法です。**

Biz-サプリ! 広告宣伝費とは、売上アップを目的に不特定多数の人を対象に行われる広告宣伝のための支出のこと。小売店の場合、商品の試供品や見本品などにかかる費用も広告宣伝費となる。

返品された時の仕訳

商品の不良で販売した商品が返品された時は、商品を販売した時と逆の仕訳をする。

●5,000円の商品が売れた

振替伝票				
借方勘定科目	借方金額	貸方勘定科目	貸方金額	摘要
現金	5,000	売上高	5,000	現金売上

●この商品に傷があり返品され、5,000円を返金した

振替伝票				
借方勘定科目	借方金額	貸方勘定科目	貸方金額	摘要
売上高	5,000	現金	5,000	返品

販売した時に行った仕訳の逆を入力することで商品5,000円が返品されたことになる。

逆の仕訳をして
取引を
相殺するんだ

宣伝のために見本品を配った時の仕訳

集客を増やすため、お客様の中から抽選で販売商品の一部を無料でプレゼントするキャンペーンを展開した。

●5,000円の商品20個を現金仕入した

振替伝票				
借方勘定科目	借方金額	貸方勘定科目	貸方金額	摘要
仕入高	100,000	現金	100,000	現金仕入

●このうち2個をプレゼントの賞品に使用した

振替伝票				
借方勘定科目	借方金額	貸方勘定科目	貸方金額	摘要
広告宣伝費	10,000	仕入高	10,000	プレゼント品

不特定多数の顧客へのプレゼントは「広告宣伝費」として処理できる。

小売業の経理❷

売れ筋を把握して在庫チェック

割引ポイントはお客の使用時に仕訳

お客様の抱え込みなどを目的に、おトクな特典があるポイントカードを発行する個人事業主もいます。

例えば、割引ポイントを使わずに貯めたままの状態は、お客がお店にポイント残高分のおカネを無利子で貸し付けているのと同じ状態です。大企業の場合、このポイント残高を「ポイント引当金」などの名目で流動負債に計上する経理処理をする場合もあります。

ただし、個人事業などの小規模なお店ではそこまでの処理は必要なく、ポイント発行時に帳簿上の処理を行わなくて構いません。お客がポイントを使用した時のみ、**販売促進費**または**売上値引き**としてポイント還元額を計上します。

月末の棚卸高を記録し在庫チェック

さまざまな商品をそろえる小売業では、期末時に実地棚卸を行って期末日の在庫数量と金額を把握する必要があります。期末時点で在庫になっている商品は、決算で**棚卸資産**に計上します(140、142ページ参照)。

棚卸資産はその仕入に要したお金を費用化することができません。その期の売上に貢献していないからです。つまり期末に在庫がたくさん残っていると、その分の売上原価が圧縮されて、結果として税金の負担を増加させる要因となります。

レクチャー

棚卸資産は節税面でマイナス効果も

期末の商品在庫は、決算整理で棚卸資産に計上され、売上原価から除外されます。どんなに多くのおカネをかけて仕入を行っても、その商品が在庫として残ってしまうと費用化できないのです。

一方で棚卸資産は紛れもない〝資産〟ですから、決算の上では、「資産が増えた→利益が増えた」ように見えます。業績の面ではよく見える効果があります。

しかし、**節税という面では、実態を伴わないよい業績は決してプラスの効果はもたらしません。**節税の観点でも在庫管理を徹底したいところです。

Biz-サプリ! 実地棚卸とは、原材料や商品、製品などの棚卸資産を保有している事業者が、期末日の在庫の数を実際にカウントして在庫数量と金額を把握すること。棚卸資産の決算整理を行うために必要となる。

ポイントカードの仕訳

ポイントがたまると3,000円を割引するポイントカードを発行している。顧客がポイントカードを使って商品を購入した時の仕訳は以下のようになる。

●3,000円のポイント還元で5,000円の商品を2,000円で販売した

振替伝票				
借方勘定科目	借方金額	貸方勘定科目	貸方金額	摘要
現金	2,000	売上高	5,000	現金売上
販売促進費	3,000			ポイント還元

「販売促進費」ではなく「売上値引き」として処理することもできる。

棚卸資産は経費にできない! 大量在庫は税負担に…

小売店の場合は、常に商品在庫を抱えているはず。期末時点で在庫になっている商品については、棚卸資産に計上する必要がある(142ページ参照)。商品の動きはできるだけこまめにチェックして、月ごとに月末の在庫を把握しておこう。

●1月

振替伝票			
借方勘定科目	借方金額	貸方勘定科目	貸方金額
商品	500,000	月末棚卸高	500,000

事業を開始! まず商品を50万円仕入れた。

●2月

振替伝票			
借方勘定科目	借方金額	貸方勘定科目	貸方金額
月初棚卸高	500,000	商品	500,000
商品	800,000	月末棚卸高	800,000

2月になって商品が動き始めた。仕入も増え、月末は80万円に。

●期末

振替伝票			
借方勘定科目	借方金額	貸方勘定科目	貸方金額
商品	1,000,000	期末棚卸高	1,000,000

期末の在庫は100万円に。

サービス業の経理❶

取引先ごとに売掛金を管理する

発生主義で請求漏れをなくす

サービス業にはさまざまありますが、例えば、ライターやデザイナー、専門的なコンサルティングなどを手掛ける個人事業主の場合、日々の仕事に対する報酬についてその都度、取引先から支払いが行われることは通常ないでしょう。

1ヵ月分あるいは1つのまとまった単位の仕事やプロジェクトの完了時に請求書を発行して、取引先は翌月あるいは翌々月の○○日に支払うといった条件となっているケースが多いはずです。

このような報酬の後払いの場合、経理は発生主義で帳簿をつけていくことになります。納品した時点で直ちに請求書を発行し、請求額は**売掛金**として忘れずに**売掛帳**に記帳して管理することが肝要です（114ページ参照）。

ちなみに、会計ソフトの売掛帳は取引先ごとに売掛金を管理することが簡単にできます。具体的には、取引先名を売掛金の補助科目に登録しておけば、取引先ごとに売掛金の推移や残高がひと目でわかるようになります。

取引先ごとに売掛金を管理することで、入金の遅れなどもいち早く察知できます。また、取引先から送られてくる支払調書との金額照合にも役立ちます。それぞれの取引先からの売上を毎月、または年間で集計することもできます。会計ソフトによっては取引先別に回収条件を設定でき、回収予定表を作成できる機能を備えているものもあります。

取引先が多くて売掛金の回収確認が大変という個人事業主は、取引先ごとに売掛金を管理しましょう。

補助科目で勘定科目をさらに細分化する

実務サポート

補助科目は勘定科目の内訳を細かく分類したものです。売掛金と同様に、**買掛金の補助科目として仕入先の名前を登録することもできます**。それによって、仕入代金の支払い忘れなどを防ぐのにも役立ちます。

ただし、必ずしも補助科目を利用する必要はありません。売掛帳や買掛帳の摘要に取引先名を入力しておけば、会計ソフトの検索機能を活用して特定の取引先の仕訳だけピックアップすることも可能です。それでは不便と感じた時に補助科目を活用してください。

Biz-サプリ！ 発生主義とは、実際に現金が移動した時点ではなく、商品の引き渡しやサービスの提供時点、あるいはそれらの報酬を請求した時点で取引を記録する経理ルール。これに対して、おカネの移動した時点で売上や仕入を計上するのが現金主義。

「カネ払いの悪い取引先」がすぐにわかる!

会計ソフトを使えば、取引先ごとに売掛金を管理することも簡単だ。取引先が多く、請求書の管理や売掛金の回収確認が面倒という個人事業主は、取引先ごとに売掛金を管理することをおすすめする。

●売掛金の補助科目に取引先名を登録する

会計ソフトの場合、取引先名を売掛金の補助科目に登録しておくと、取引先ごとに売掛金を管理できるようになる。

弥生会計の補助科目設定手順

1. 「科目設定」を選択する。
2. 勘定科目のリストから「売上債権」の中の「売掛金」を選択する。
3. 「補助作成」ボタンをクリック。
4. 補助科目名に取引先の名前を入力して登録。
5. 1～4までの作業を繰り返し、複数の取引先を補助科目に登録していく。

補助科目とは?

勘定科目の内訳を細かく分類したもの。例えば「普通預金」という勘定科目の内訳として「●●銀行」「▲▲信用金庫」というように補助科目を登録すると、預金を口座別に管理できる。
同様に「売掛金」の補助科目として得意先の名前を、「買掛金」の補助科目として仕入先の名前を登録すれば、取引相手ごとに売掛金や買掛金の残高がどれくらいあるか、売掛帳や買掛帳ですぐに把握することができる。

●取引先ごとに売掛帳をチェックする

取引先名を売掛金の補助科目に登録すると、取引先ごとの売掛金残高が売掛帳で簡単に確認できる。

売掛帳

補助科目：ABC出版

日付	相手勘定科目	摘要	売上金額	回収金額	残高
06/30	売上高	売掛金請求	75,000		75,000
07/31	普通預金○○銀行	代金回収		75,000	0
08/31	売上高	売掛金請求	100,000		100,000
09/30	売上高	売掛金請求	50,000		150,000

ずいぶん売掛金が
たまっているから、
以前の仕事の分は一度、
支払ってもらおう

入金遅れは取引先にすぐ連絡を

請求内容と入金時期を確認する

売掛金が回収できず、苦労した仕事の対価が得られないのは絶対に避けたいところです。入金遅れには早めのアクションが大切です。売掛金が支払予定日になっても入金されなかったら、まずは取引先に連絡を取って状況を確認します。請求の内容と入金時期をお互いに確認しあいましょう。

電話やメールの状況確認で入金の見通しが立てばひと安心ですが、もし解決が難しい場合は、善後策を講じる必要があります。

まず、取引先の担当者の怠慢、不誠実な対応などで入金されない場合は、内容証明郵便で再度請求書を送付します。内容証明郵便により、担当者のみならず取引先の上層部にも売掛金の存在を認識させることができます。内容証明郵便を送りつけられることは受け取る側にとってもプレッシャーですから、話し合いが再開できる可能性もあります。

取引先の経営状態が厳しく、どうしても全額回収が望めそうもない状況と判断した場合は、売掛金の一部回収やリスケジュールなどのソフトランディングも検討する必要があります。

取引先が倒産してしまうと、残念ながら売掛金の回収はもはや不可能です。**貸倒金**(かしだおれきん)として経費損金処理することになります。売掛金の残高分を損金処理することによって多少なりとも節税効果が期待できます。取引先にはせめて新たな取引先を紹介してもらうといった交渉も行いたいところです。

ココに注意 ⚠ 請求書には消費税を必ず明記する!

消費税の免税事業者は消費税について納税する義務はありませんが、**免税事業者は取引先に消費税分を請求できないというわけでは決してありません。なぜならば免税事業者でも消費税を必ず支払っているからです。**仕入はもちろん、仕事での旅費・宿泊にかかる費用、仕事で使う諸々の備品の購入費など、基本的にすべて消費税を支払っています。

請求書には消費税をきちんと明記しましょう。消費税を記載しないと、取引先はあなたが消費税分を請求していないのではなく、「消費税込で請求してきた」と考えているだけかもしれません(188ページ参照)。

Biz-サプリ! 貸倒金とは、売掛金などの債権が回収不能になった際に計上される費用勘定。取引先が会社更生法、民事再生法などにより倒産した場合、債務者の状態から債権の全額が回収できないことが明らかになった場合には税務上、全額を損金処理できる。

売掛金の回収が遅れた時はどうするか?

支払日になっても入金がなかったらどうするか。放っておいたら売掛金の残高は増えるばかり。回収の遅れに気づいたらできるだけ早めに行動に移そう。

回収漏れを見逃さない
取引先ごとの売掛帳のチェック、回収予定表の作成などを通じて、回収漏れを早期確認できる体制を整えておく。

▼

まずは話し合い
入金のなかった取引先に連絡を取り、担当者の話を聞き、入金時期などを確認する。

▼

内容証明郵便で請求
それでも入金されない場合は、内容証明郵便で再度請求書を送付する。その結果、話し合いを再開できる可能性も。

▼

全額回収が難しければ
取引先の経営状態が厳しく、全額回収が望めそうもない場合は、売掛金の一部回収、または、新たな取引先を紹介してもらうなどの方策も模索する必要がある。

貸倒れはビジネス上、起こり得るリスク。日頃から取引先の経営状況にも関心を持っておきたい。

それでも売掛金を回収できなかったら…

話し合いや交渉の甲斐もなく、取引先が倒産・破産してしまい、売掛金が回収不能になった場合は「貸倒金」として費用に計上する。

●取引先が倒産し売掛金20万円が全額回収不能になった

振替伝票				
借方勘定科目	借方金額	貸方勘定科目	貸方金額	摘要
貸倒金	200,000	売掛金	200,000	A社倒産により貸倒処理

未回収の20万円を費用に計上することで、その年の所得が圧縮されるので、節税効果が期待できる。

飲食店の経理

煩雑な現金仕入をきっちり管理

自家消費に税務署の鋭い目

飲食店の経理では小売店と同様、仕入の管理が大変です。売上はレジを使っていれば、少なくとも記録漏れの心配はありません。ところが、仕入は細かいものでは100円単位のものからあります。

仕入のほとんどは現金仕入でしょうから、領収書の管理は必須。会計ソフトへの入力を何日も放っておくと、どんどん取引の数が増えて入力が面倒になってしまいます。できるだけこまめに、できれば毎日、現金出納帳に仕入を記帳するよう心掛けましょう。

飲食店特有の問題に**自家消費**の取り扱いがあります。自家消費とは、個人事業主が販売するために仕入れた商品や食材を、自分や家族のために消費することです。家事消費とも言います。飲食店が商品として仕入れたお酒や飲料、お客さんに出す商品などを自分や家族で食べたり飲んだりすること、食材として仕入れた野菜を家族の食事用に使うことなどは、すべて自家消費です。

自家消費は売上として計上します。なぜならば、売上に計上しないと事業に関係のない生活用に使ったものまで仕入に含めていることになるからです。自家消費をきちんと売上に計上しないと、経費の積み増し、所得を不適切に圧縮して税金を減らそうとしている――。そう税務署に見られても仕方ありません。

通常、売上高の借方は現金・預金や売掛金ですが、自家消費は**事業主貸**として処理します。事業主が自分や家族の代わりに飲食代金を支払ったということになります。

自家消費の売上額は？

実務サポート

自家消費も、原則としては通常販売する価格で計上することとなっていますが、実際には、**仕入価格、または販売価格の70%のどちらか多いほうの金額で売上に計上することが認められています。**

仕入れた食材を日常的に家族の食事にも利用している場合、家族構成から見て適正と思われる食材費を見積もった上で月間または年間でまとめて売上に計上すればいいでしょう。

Biz-サプリ！ まかない料理……家族ではなく、従業員にまかない食や弁当を提供している場合は福利厚生費として処理できるが、従業員の給与所得として課税される場合がある。課税されないためには①従業員が半額以上を負担している、②事業主の負担金額が月額3500円(税抜)以下――、このいずれの条件も満たす必要がある。

自分の店の商品を飲食した場合の処理

店のビールを自分で飲んだ場合や、ラーメン店で自分または家族がまかない食としてラーメンを食べた場合など、自家消費した時は売上として計上するのが基本。

●300円で仕入れ500円で販売しているビールを自分で飲んだ

振替伝票

借方勘定科目	借方金額	貸方勘定科目	貸方金額	摘要
事業主貸	350	売上高	350	商品の自家消費

売上高の仕訳の借方勘定科目は、通常は現金・預金だが、自家消費の場合には事業主が代金を支払うわけではないので「事業主貸」とする。

自家消費の場合、仕入価格か、販売価格の70%のどちらか多いほうの金額で売上に計上する。
この例だと
(仕入価格) 300円 < (販売価格の70%) 350円
なので350円で計上する。

仕入れたビールは自分で飲んでも
売上に計上するのが基本!

仕入れた食材を日常的に家族の食事にも利用している

飲食店では、商売のために仕入れた野菜などの食材の一部を自分たちの食事用に使うことも多い。そうした場合は、1日当たりの食材費を見積もった上で、月ごとあるいは年間でまとめて売上計上する。

●家庭で使う食材が1日当たり500円なら

振替伝票

借方勘定科目	借方金額	貸方勘定科目	貸方金額	摘要
事業主貸	182,500	売上高	182,500	商品の自家消費

「1日の食材費×365日」を年末に自家消費分として売上計上する。こうした金額は概算になるが、合理的な算定根拠があれば認められることが多い。

プライベートの生活費を事業用に
付け替えることはNGですよ!

不動産業の経理

お手盛りの経費計上はNG

経費内訳をシビアに見る税務署

不動産賃貸業の人に注意してもらいたいのが、**接待交際費**や**打合会議費**などが多額に計上されていることです。業種柄、他の業種に比べて飲食代を経費として計上できる割合が少ないと考えられるからです。

不動産賃貸業なら賃貸収入を得るためにかかった支出が経費となります。一般的には、**交際費**や**会議費**を認められるのは仲介業者などとの**飲食費**くらいです。このため、不動産賃貸業で飲食にかかった費用が多いと税務署から指摘を受ける可能性があります。適切な経費処理を心掛けましょう。

礼金は売上、敷金は預り金

入居時に家賃だけでなく敷金や礼金も一緒に受け取るのが、不動産賃貸業の特徴です。その際、すべてを合算して収入にしてしまうのは誤りです。家賃と礼金は売上となりますが、敷金は入居者から預かった**預り金**です。

また、退去時の敷金の取り扱いも忘れてはいけません。そのまま預かった金額を返すことはまれで、**修繕費**など原状回復の費用に充てることが多いからです。その際、敷金の一部または全額を修繕費に使ったことを仕訳で明らかにしておきます。

そうしないと、修繕費を全額自分が経費として支払ったことになってしまい、経費を過大計上した形になってしまいます。また敷金も帳簿上は預かったままとなってしまうので、注意してください。

ココに注意

飲食費は会議費?交際費?

会議費は、従業員同士や取引先とのミーティングにかかった費用を処理する勘定科目です。接待交際費は得意先、仕入先など事業に関連のある者への接待、慰安、贈答にかかった支出を処理する勘定科目です。

会議費に分類される飲食代は、会議の開催を目的として支出されていることが前提です。ですから**会議を行ったという事実を確認できる書類やメモを残しておく必要があります。**「何千円までなら会議費、それ以上は交際費」といった決まりがあるわけではなく、あくまで支出の内容で区分すべきものです。

Biz-サプリ! 部屋を貸す側は敷金を「預り金」として処理するが、事務所・店舗用に部屋を借りる側はそのまま「敷金」という勘定科目でお金の支出を入力する。敷金は原則として退去時に返却されるおカネなので、事業用の部屋を借りた場合でも経費にはならない。

家賃と敷金、礼金を受け取った時の処理

入居時には家賃だけでなく敷金や礼金も一緒に受け取ることが多い。この時すべてを合算して収入にしてしまうのではなく、複合仕訳を行う必要がある。

振替伝票				
借方勘定科目	借方金額	貸方勘定科目	貸方金額	摘要
現金	400,000	売上高	100,000	家賃
		売上高	100,000	礼金
		預り金	200,000	敷金
借方合計	400,000	貸方合計	400,000	

家賃と礼金は自分の収入になるが、敷金は賃貸契約が終了すれば賃借人に返還するものなので、勘定科目「預り金」で処理する。

退去時の修繕費40万円を折半した場合の仕訳

賃借人が退去する際、修繕費40万円を折半することにした。このため入居時に預かった敷金20万円を全額その費用に充てることとし、業者に40万円を支払った。その場合の仕訳は……。

✕ 間違った仕訳

振替伝票			
借方勘定科目	借方金額	貸方勘定科目	貸方金額
修繕費	400,000	現金	400,000

これでは全額自分が修繕費を支払ったことになり、経費を過大計上した形になってしまう。また敷金も預かったままだ。

○ 正しい仕訳

振替伝票			
借方勘定科目	借方金額	貸方勘定科目	貸方金額
修繕費	200,000	現金	400,000
預り金	200,000		

経費となる修繕費は20万円。残りの20万円は、預り金を賃借人の了承の上で直接業者に支払ったことになり、敷金は相殺される。

そうか、修繕費用の全額を
自分の経費にはできないのか……

column

そのアイデア、もしかしたら特許、取れるかも？

個人事業主として業績アップに向けて日々、新商品や新サービス、新技術の開発、ビジネス上の工夫などに余念がないわけですが、こうした独自の取り組みの中には、特許を取得したり、商標登録したりすることで「知的財産」として権利化できるものが含まれている場合があります。

いわゆる〝知財〟です。知財には特許権、実用新案権、意匠権（デザイン）、商標権（ロゴマーク）、著作権などのほかに、商号・屋号なども含まれます。知財を持つことは事業主として、商品のブランド化、営業力の強化という面で大きなメリットがあります。

■ ■ ■

ところが、どうしても知的財産というものに一般的に馴染みがないことや、あるいは資金・人材、情報などの不足などから、せっかくのアイデアなのに知財として権利化するアクションを起こせていない事業主も少なくありません。

そこで、特許庁では、個人事業主や中小企業の知財に関するサポートを行う「知財総合支援窓口」を設置しています。窓口では、知財の専門家である弁理士に加えて、弁護士、中小企業診断士、デザイナーなど経験豊富なスペシャリストからアドバイスを受けられます。費用は一切かかりません。もちろん秘密厳守。

■ ■ ■

「この技術って、特許が取れるの？」「このネーミングを商品名に冠して、全国展開を進めたい」といったさまざまなケースに応じて対応してくれるので、ぜひ活用してみてはいかがでしょうか？

■知財総合支援窓口「知財ポータル」
https://chizai-portal.inpit.go.jp
TEL：0570-082100

第 9 章

1年の
総まとめ!

帳簿を締めて決算書を作ろう

1年の経理データを積み重ねた決算書はまさに「事業の成績表」。事業の利益はいくらだったのか、儲けを生み出すためにどのような支出があったのか、決算書には事業の経営状況が如実に表れています。決算では通常とは異なる経理処理を行うものもありますので、ルールに沿った決算処理で適正な決算書を作りましょう。

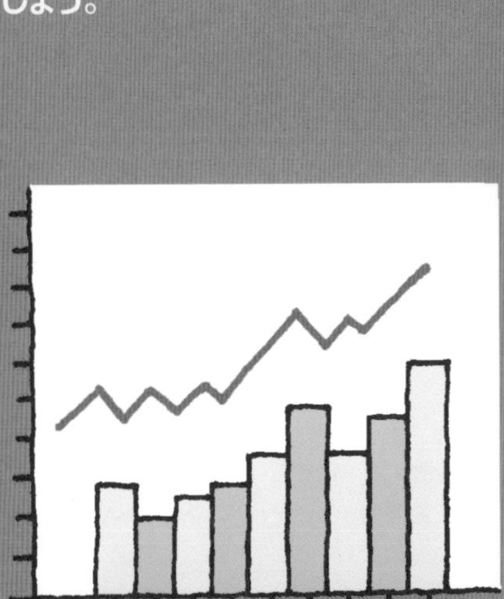

決算

1年の最後に帳簿を締める

1年間の経理データを集計する

毎月つけている帳簿に年に一度、集計して事業成績を出すのが**決算**です。決算書は**損益計算書**と**貸借対照表**の２種類で構成されます。１年間の売上や経費を集計し、利益を計算するのが損益計算書。年度末の現金や固定資産、借金を集計したのが貸借対照表です。

毎月の帳簿からは日々の利益がわかりますが、決算書では年度末の財務状況、１年を振り返って事業が順調であったかどうかが確認できます。

また、確定申告で申告書と一緒に**青色申告決算書**を提出すると55万円の特別控除が受けられます（e-Tax申告の場合は65万円控除）。

12月31日に帳簿を締めて決算整理

決算と聞くと大変な作業を想像して、腰が引けてしまう人も多いのですが、手順を踏んで行えばそれほど複雑なものではありません。12月31日に帳簿を締めて**決算整理**を行います。

決算整理では決算特有の作業がいくつかあり、**棚卸**（たなおろし）や**減価償却費**（げんかしょうきゃくひ）の計算のほか、売上や経費を確定するために**売掛金**（うりかけきん）や**未払金**（みはらいきん）などを計上します。

ココに注意　決算の数字は発生主義！

決算時の経理処理では、毎月の経理とは1つ大きく異なることがあります。**決算は現金ベースではなく発生主義で処理を行う**ところです。

例えば、請求書は出したけれど入金はまだという場合も、決算では年度内の売上として計上します。

50ページでも触れましたが、おカネがもらえること、支払うことが確定した時に取引を計上する考え方を発生主義といいます。一方、お金が実際に入ってきた時、支払った時に取引を計上する考え方を現金主義といいます。

決算は発生主義で処理をしなければならないので、日々の帳簿づけは現金主義で行っていても、決算時には修正しなければなりません。この作業が決算整理です。

発生主義で気をつけなければいけないのは、実際には入金がないのに帳簿上は利益が出ているように見えるケースもあるということ。うっかりしていると、利益は出ているのに現実のおカネが足りない状況に陥ることもあるかもしれません。

Biz-サプリ！ 現金や土地などのほか、売掛金など将来おカネがもらえる権利も紛れもない資産だ。資産には1年以内に現金化できる見込みのある流動資産、1年以上現金化されない固定資産がある。現金や銀行預金、売掛金などは流動資産。事務所や店舗、機械、自動車やパソコンなどは固定資産だ。

決算の進め方

STEP 1

毎月の記帳について再確認

おかしな数字、自信のない記帳、入力ミスはないか？

STEP 2

棚卸作業

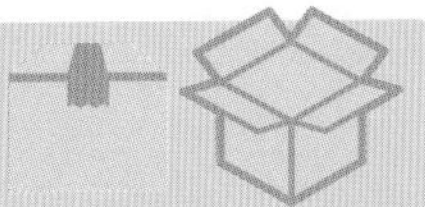

在庫を確認し、期末棚卸高を計上する。

税務上の取り扱いは？ 在庫は「棚卸資産」として資産計上するため、経費として計上できない。

STEP 3

減価償却費、繰延（くりのべ）資産の計算

固定資産台帳に減価償却資産を登録し、償却額を計算する。
開業に伴う準備費用は繰延資産として償却費を計上。

税務上の取り扱いは？ 取得した減価償却資産はその取得額を一度に経費とするのではなく、償却額を経費にする。

STEP 4

売掛金、前払費用、自家消費などの整理

売上と経費を確定する。12月までに請求した売上はすべて利益に計上。

税務上の取り扱いは？ 回収不能の売掛金は経費として処理できる場合がある。

STEP 5

引当金、繰延資産の計上

税務上の取り扱いは？ 売掛金の合計の5.5％（金融業は3.3％）まで経費にできる。

青色申告するために必要な決算書が完成！

損益計算書

最終的にいくら儲かったのかがわかる！
1月1日～12月31日の売上と経費をまとめる。

貸借対照表

資産と負債・資本を対照的に明示するので、財政状況がわかる！
12月31日時点の財産と債務をまとめる。

棚卸❶

年度末の在庫を正しく把握する

帳簿と実際の在庫数をすり合わせ

帳簿の入力ミス、万引きなどの被害で実際の在庫が帳簿上の数字と合わなくなるのは珍しくありません。

そこで、定期的に帳簿上の数字と実際の在庫のすり合わせを行う**実地棚卸**を行います。

棚卸は毎月やっても、やらなくてもよいのですが、年度末には在庫数を正しく把握するため、12月31日には必ず棚卸を行います。年度末は忙しいので、時間が取れない場合は多少前後してもかまいません。

棚卸が必要なものは、おもに販売用の商品ですが、作りかけの製品なども含まれます。棚卸をして在庫を確定した商品は商品ごとに**棚卸表**にまとめましょう。棚卸表は販売管理ソフトにもありますが、Excel（エクセル）などで作ってもよいです。

在庫管理で売上原価を確定する

期中に仕入れた商品については、仕入れた時に払った代金が経費として計上されています。しかし、税務上、今期の経費として認められるのは販売済みの商品のみ。

なぜならば、税務上の利益は「売上(収入)－経費」で計算します。売れ残って在庫になっている商品の仕入分まで経費にしてしまうと、売上（収入）に対応する以上の経費を計上してしまうからです。経費が大きくなれば、その分、利益が少なくなり、負担すべき税金が少なくなります。

そこで、当期の仕入から年末の在庫を引き、残った部分を当期の**売上原価（経費）**として計上する処理をします。年度末に在庫を正しく把握する棚卸が必要なのはこのためです。

売れない商品は破棄しよう

実務サポート

棚卸では単に商品数を数えるだけでなく、売れそうにない商品も合わせてチェックするようにしましょう。

流行遅れの商品、不良品、陳列している間に破損した商品、賞味期限が切れた食料品などがこれにあたります。

このほか、今年のカレンダーや手帳はいくら新品でも来年売ることはできません。このような商品はきちんと廃棄などして処理しましょう。

Biz-サプリ! 棚卸を正確に行わず、在庫の計上漏れがあると、その分売上原価の金額が多くなり、支払うべき税金が少なくなる。このため、税務調査が入った時には、棚卸資産の計上漏れを指摘されるケースも多い。

実際の在庫数が帳簿上とは異なることも

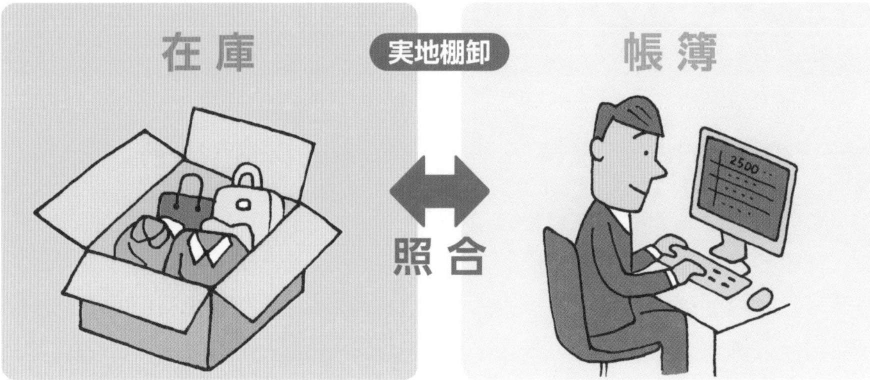

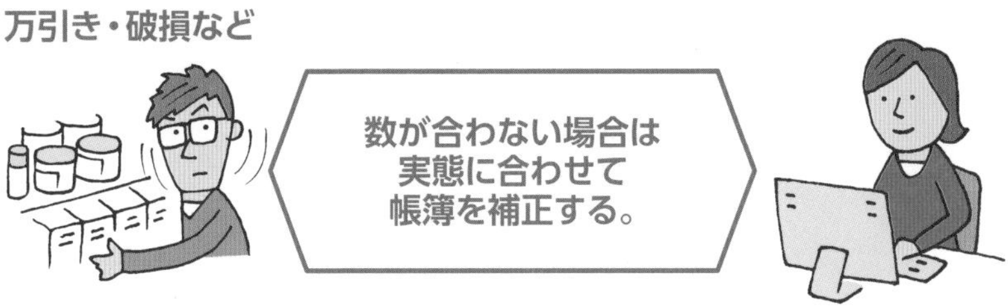

万引き・破損など
数が合わない場合は
実態に合わせて
帳簿を補正する。

期末棚卸高の仕訳

期末に売れ残った在庫が100,000円分あった場合。

●初年度

(借方)		(貸方)	
商品	100,000	期末商品棚卸高	100,000

●次年度以降　前期末の売れ残りが100,000円分、
今期末の売れ残りが80,000円分だった場合。

(借方)		(貸方)	
期首商品棚卸高	100,000	商品	100,000
商品	80,000	期末商品棚卸高	80,000

在庫の評価額を計算する

税務上の評価方法は2種類

１年の売上原価を計算するためには、在庫の商品を税務上の評価額に換算しなければなりません。しかし、商品の仕入値が１年を通じて同じとは限りませんし、野菜や果物を見ても仕入のたびに違うほうが一般的です。在庫をどの時点で仕入れたもので、いくらで評価するかは解釈の仕方でまったく変わってきます。

そこで、棚卸資産の評価方法には**原価法**と**低価法**の２種類があります。原価法にはさらに８種類の考え方があります。

評価方法の選択は事前に届け出る

棚卸資産の評価は事前に税務署に届け出ることで任意に選べます。棚卸資産の評価はできるだけ小さいほうが経費は大きくなるので節税につながります。しかし、評価方法によっては計算が複雑で使いにくいといった難点も。どれを選ぶかはじっくり検討するとよいでしょう。

届出をしなかった場合は、**最終仕入原価法**により計算することになります。実際には、最終仕入原価法で評価しているケースが多いようです。

レクチャー　ムダな在庫を抱えないトヨタのカンバン方式

トヨタ自動車のカンバン方式は、徹底した在庫管理で収益性を飛躍的に改善したとして大変有名です。トヨタ自動車では効率よく生産するために、ムダな在庫を徹底してなくすことを考えました。

トヨタでは「必要なものを、必要な時に、必要なだけ作る」というしくみを作りました。このしくみを実現するツールとして使っているのがカンバンです。部品箱１つ１つにカンバンがついていて、部品を１つ使うとカンバンを外します。

組立工場では外されたカンバンを定期的に回収して部品工場へ。部品工場はカンバンの数だけ部品を作ります。これで部品工場は作り過ぎることはなくなり、組立工場では余分な部品を抱え込まない――というわけです。

この例が示すように、在庫管理は事業を経営する上でとても重要な役割を果たします。

Biz-サプリ! 低価法とは、棚卸資産の評価方法の一種。期末の商品の時価とそれぞれの原価法で計算した金額を比べて、いずれか低いほうの金額を単価として計算する方法。青色申告の人だけが選択できる。なお、原価法は商品の仕入値に基づいて単価を計算する方法で全部で8種類ある。

棚卸資産の評価方法・原価法と低価法

原価法	個別法	個々の商品の取得価額で評価する方法
	先入先出法	先に取得したものから、売れたと仮定して計算する方法
	移動平均法	仕入の都度、その時点の在庫との平均を求める。年度内最後に計算した平均額で評価する方法
	総平均法	前期からの繰越に期中の仕入を合計し、総数で割って計算した平均額で評価する方法
	最終仕入原価法	年度内最後に仕入れた価格で評価する方法。評価方法の届出をしていない場合は、この方法で計算する
	売価還元法	期末商品の売価の総額から評価する方法
低価法	上記の方法で計算した評価額と期末の商品の時価とを比較して、一番安い方法が選択できる。青色申告者にのみ認められている評価方法	

●棚卸資産の評価方法の届出書

棚卸資産の評価方法の届出をする場合の手続きです。提出期限は開業した事業年度の確定申告期限まで。土・日曜日・祝日等に当たる場合はその翌日。

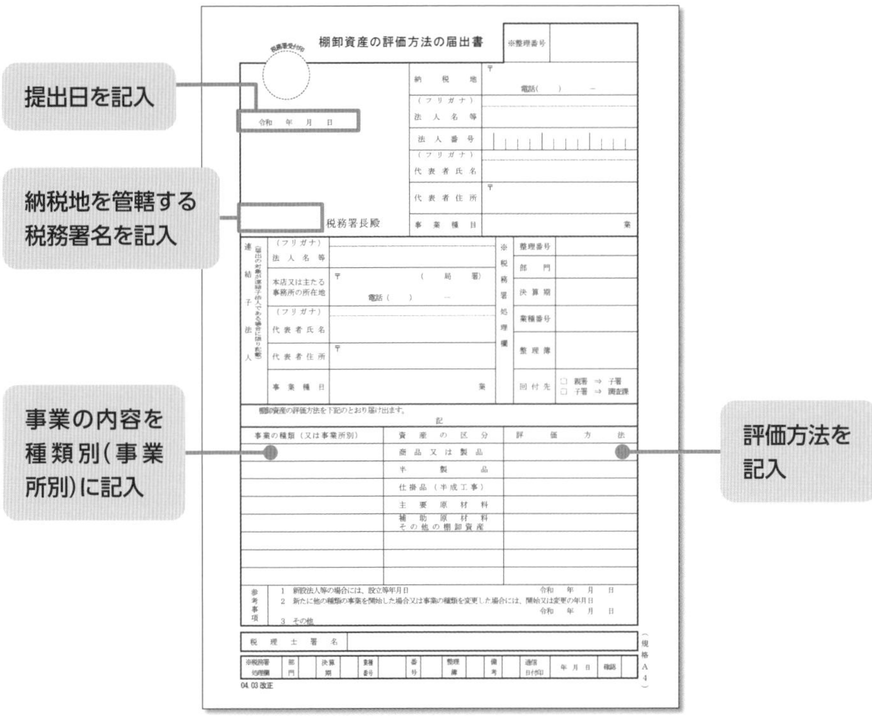

減価償却❶

資産の購入費は少しずつ経費に

〝ショウキャク〟って何のこと？

　事務所の設備や電化製品、自動車などの購入代金は、購入時に一度に経費に計上することはできません。これらの資産の価値は、購入してから時間経過とともに徐々に下がっていくと考えられるので、一定の期間をかけて毎年少しずつ購入代金を経費に計上していきます。

　これを**減価償却**（げんかしょうきゃく）といいます。**減価償却資産**は、1年以上使用でき、1つ（1組）当たりが10万円以上するものと決められています。**特許権**や**商標権**など形のないものも含みます。

　減価償却する資産を経費として計上する期間を**耐用年数**といいます。耐用年数が何年かは、資産によって法律で細かく決められており、電子政府の総合窓口の法令データ提供システムへアクセスして、減価償却資産の耐用年数等に関する省令から調べることができます。

減価償却しない固定資産

　次のような資産は、減価償却の対象にはなりません。

⑴ 土地、借地権など
⑵ 建設中の建物、販売目的で所有する建物や機械など
⑶ 取得価額が10万円未満の「少額な減価償却資産」
⑷ 取得価額が10万円以上20万円未満の「一括償却資産」
⑸ 上記⑷の適用を受けていない取得価額10万円以上30万円未満の**「少額減価償却資産」**

　なお、2026年３月31日までは青色申告をする場合、上記⑸の少額減価償却資産の取得は、年間300万円を上限として購入した年に全額経費に計上できる特例があります。

仕事専用にした自宅パソコンも経費にできる

実務サポート

　減価償却できる資産は開業後に購入したものばかりとは限りません。**開業時に自宅で使っていたパソコンを事業用に転用した場合、このパソコンの購入費用も減価償却して経費に計上できます。**その場合、耐用年数を1.5倍した年数をもとととして、累積額を差し引いた残額から償却費を計上します。

Biz-サプリ！ 減価償却する資産がある場合は、資産を取得した日付や価格、償却方法の記録を固定資産台帳に残す必要がある。固定資産台帳を見れば、帳簿の上での資産の価値や、償却期間があと何年残っているかがわかる。

取得価額30万円未満ならば一括で経費計上も

	取得価額	償却方法	
中小企業者のみ	30万円未満	全額損金算入（即時償却）	合計300万円まで（2026年3月31日まで）
すべての企業	20万円未満	3年間で均等償却（※）（残存価額なし）	本則
	10万円未満	全額損金算入（即時償却）	

※20万円未満の減価償却資産であれば、3年間で毎年3分の1ずつ損金算入することが可能。

●少額の減価償却資産（本則：即時償却）

取得価額が10万円未満の減価償却資産については、減価償却をしないで、そのまま経費になる。

●一括償却資産（本則：3年間で均等償却）

取得価額10万円以上20万円未満の減価償却資産については、一括した減価償却資産の取得価額の合計額の3分の1の金額を経費にすることができる。

●少額減価償却資産（特例：即時償却）

青色申告者が、取得価額10万円以上30万円未満の減価償却資産については、減価償却をしないで、そのまま経費にすることができる。

※この特例を受ける場合には、決算書3ページ「摘要」欄に「措法28の2」と記載する。

青色申告決算書の記載例

○減価償却費の計算

減価償却資産の名称等（繰延資産を含む）	面積又は数量	取得年月	㋑取得価額（償却保証額）	㋺償却の基礎になる金額	償却方法	耐用年数	㋩償却率又は改定償却率	㊁本年中の償却期間	㋭本年分の普通償却費（㋺×㋩×㊁）	㋬割増（特別）償却費	㋣本年分の償却費合計（㋭＋㋬）	㋠事業専用割合	㋷本年分の必要経費算入額（㋣×㋠）	㋦未償却残高（期末残高）	摘要
軽自動車 車両運搬具	1台	20・1	880,000円（　）	880,000円	定額	4年	0.25	12/12月	220,000円	—円	220,000円	100%	220,000円	660,000円	
一括償却資産	—	21・	180,000（　）	180,000	—	—	1/3	—/12	60,000	—	60,000	100	60,000	120,000	
パソコン他	—	21・	合計680,000（　）	（明細は別途保管）	—	—	—	—/12	—	—	—	—	680,000	—	措法28の2
		・	（　）					/12							
		・	（　）					/12							
		・	（　）					/12							
		・	（　）					/12							
		・	（　）					/12							
		・	（　）					/12							
		・	（　）					/12							
		・	（　）					/12							
計									280,000	—	280,000		960,000	780,000	

（注）平成19年4月1日以後に取得した減価償却資産について定率法を採用する場合にのみ㋑欄のカッコ内に償却保証額を記入します。

減価償却❷

経費にできる減価償却費を計算

定額法と定率法

減価償却費の計算方法には、毎年一定額を減価償却費として計上する**定額法**と毎年一定の割合で償却していく**定率法**の２つがあります。

定額法の計算方法はいたってシンプル。資産の取得価額つまり購入価格を、耐用年数で割って、１年分の減価償却費を求めます。

これに対し、定率法は少々複雑です。初年度は取得価額に償却率を掛け算して減価償却費を求めます。次年度は取得価額から初年度の減価償却費をマイナスした金額に、償却率を掛けて計算します。

以降、同じ計算を繰り返して最終的に耐用年数で償却できるよう調整します。なお、償却率は耐用年数に応じて決まっています。

個人事業主の場合は、減価償却は必ず行わなくてはいけません（強制償却）。

資産ごとに償却方法を選べる

定率法と定額法、どちらの方法を使って計算するかは一部の資産を除いて資産ごとに自由に選べます。

ただし、あらかじめ**所得税の減価償却資産の償却方法の届出書**を税務署に提出する必要があります。この届出がない場合は、法律で決められた資産を除いて定額法で計算することになります。

償却方法は一度選択したら同じ方法を使い続けることが原則です。変更したい場合は変更届を税務署に提出しなければなりません。

個人事業主は定額法がおすすめ

実務サポート

開業初年度から、いかに経費を多く計上して、所得を抑えるかということに頭を悩ませる人はまれでしょう。

減価償却費の計算方法に関して、２つの方法を比較すると**定率法のほうが初年度の減価償却費が大きく計上できます**。経費を多めに計上する必要のない開業初年度は計算も簡単な定額法をそのまま使うとよいでしょう。

Biz-サプリ！ 減価償却中の資産が耐用年数の途中で壊れることもあるだろう。その場合は帳簿上、資産の除却を行わなければならない。除却する時に資産の未償却分が残っていたら、その金額を費用計上できる。減価償却資産が耐用年数に達した時にも行うことがある。

減価償却費の計算方法

定額法

毎年の減価償却費 ＝ 取得価額 × 定額法償却率

定率法

毎年の減価償却費 ＝ 未償却残高 × 定率法償却率

※ただし、償却保証額に満たなくなった年分以後は、改定取得価額×改定償却率

※※改定取得価額＝(取得価額−前年までの償却費の合計額)

計算例

取得価額：200,000円　耐用年数：4年

定額法償却率：0.25　**定率法償却率：0.5**

改定償却率：1.000　保証率：0.12499の場合

定額法による減価償却費(毎年同額)

200,000円 × 0.25 ＝ 50,000円

2年目 200,000円 × 0.25 ＝ 50,000円

定率法による初年度の減価償却費(次年度以降再計算)

200,000円 × 0.5 ＝ 100,000円

※200,000円 × 0.12499 ＝ 24,998円(＝償却保証額)

2年目 (200,000円−100,000円) × 0.5 ＝50,000円

※ただし償却費の額が償却保証額に満たなくなった年分以降は
改定取得価額×改定償却率によって求める。

●期末の仕訳(上記定額法の場合)

(借方)		(貸方)	
減価償却費	50,000	固定資産	50,000

決算整理❶

売上はいくらなのかを確定する

売掛金は今期の売上に

決算では普段の経理とは異なる特有の方法で処理を行うものがいくつかあります。その１つが**決算整理**での**発生主義**による売上の計上です。

商品やサービスを提供する時に、必ず現金で決済するとは限りません。むしろ、掛け取引として代金は商品を渡した後で請求するほうが一般的かもしれません。この時に発生する未回収の代金のことを**売掛金**といいます。

飲食店や小売店のような現金商売の場合、毎日の売上を**現金主義**で計上していますが、決算については売掛金がある場合、発生主義に基づいて売上を計上します。12月末までに請求書を発行したものについては入金が年明けであっても、すべて今期の売上として処理します。

売掛金の仕訳は「借方に売掛金」「貸方に売上」となります。

前受金は売上ではなく負債

一方で、売掛金とは反対に事前におカネを受け取る場合があります。**前受金**です。

例えば、クリーニング店で衣類などを預かった時に代金も一緒に受け取った時などが、まさに前受金です。

前受金は今期の負債として仕訳をし、翌期に納品した時にあらためて売上に計上します。

実務サポート

今期の売上を確定するルール

その1

今期に取引が確定した売上

▼

翌期に入金されるものでも
今期の売上に計上する
（売掛金）

その2

翌期に取引が確定する売上

▼

今期に入金していても
翌期の売上に計上する
（前受金）

Biz-サプリ！ 取引の内容を帳簿に記す際に行うのが仕訳。仕訳は1つの取引を貸方と借方の2つに分けて表すが、その際に用いるのが勘定科目だ。例えば、電話代を支払った場合、勘定科目は「貸方は現金」、「借方は通信費」として仕訳をする。

決算期の売掛金の経理処理

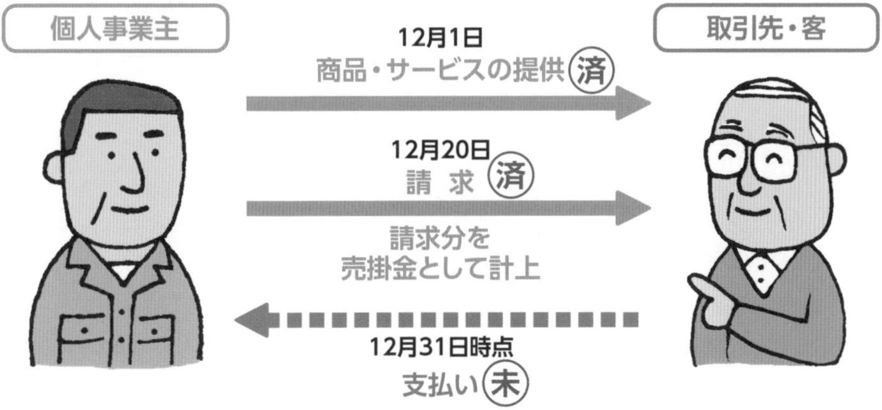

●期末の仕訳（決算整理時に再度仕訳をするわけではない）

（借方）		（貸方）	
売掛金	500,000	売上	500,000

決算期の前受金の経理処理

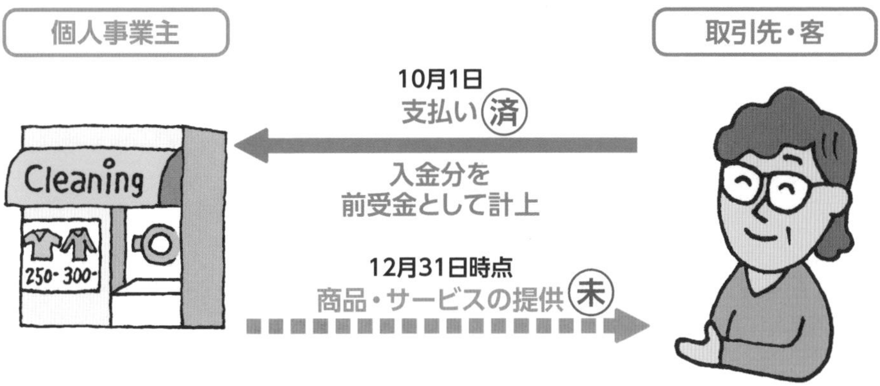

●期末の仕訳

（借方）		（貸方）	
現預金	50,000	前受金	50,000

決算整理❷

経費はいくらなのかを確定する

前払費用は翌期の経費にずらす

売掛金や前受金の計上が1年間の売上を計上するための決算整理ならば、支出についても特有の決算整理の方法があります。

その1つが**前払費用**です。前払費用とは今期に払ったお金のうち、本来は翌年以降にかかる費用のことです。前払費用は今期では資産となり、翌期にずらして費用とします。

例えば、ライセンス料を2年分まとめて払った場合、借入金の保証料を借入時に5年分まとめて払った場合などがあります。保証料などの前払費用にかかる仕訳の方法は、おカネを払ったタイミングでいったん全額を「借方に保証料、貸方には現預金」とします。その後、決算整理の際に翌期以降の保証料について「借方に前払費用、貸方には保証料」とします。なお、年末に支払う翌年度の年会費については必ずしも前払費用にしなければならないとは限りません。毎年継続的に発生する会費の場合、「前払いしている」とは考えないからです。

前払費用とは反対に、当期で取引は確定する費用なのにまだ払っていないものを計上する時に使うのが**未払金**です。未払金は今期の経費として計上します。

わかりやすい例としては「12月の電気代」です。12月の電気代は翌年の1月になってから支払う未払金です。翌年以降、電力会社から送られてきた電気料金を見て、未払金を計上します。

今期の経費を確定するルール

実務サポート

その1	その2	その3
今期の取引で確定した経費	今期の取引と確定していない経費	翌期分の取引にかかる経費
▼	▼	▼
未払いでも今期の経費に計上する（買掛金・未払金）	翌期の費用にずらす	今期に支払ったものでも翌期の経費

Biz-サプリ! クレジットカードでの支払いについて経費に計上するタイミングは「カードで買い物をした時」になる。したがって、12月にカードを使って買い物をして代金の引き落としがまだのものは、決算で未払金として計上する。

決算期の前払費用の経理処理

1年分のライセンス料120,000円を一括で支払い

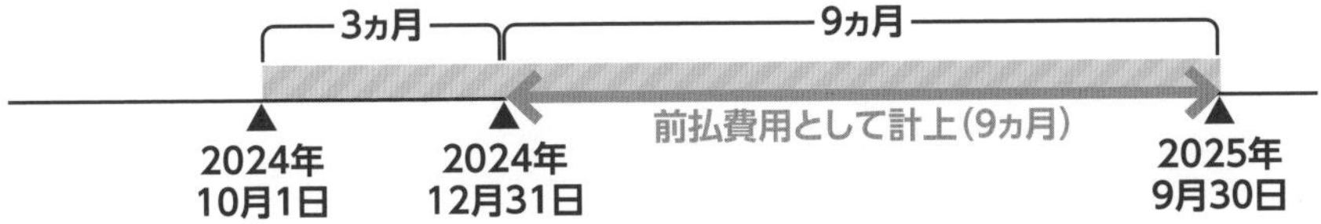

●期中の仕訳

(借方)		(貸方)	
ライセンス料	120,000	現預金	120,000

●期末の仕訳

1月1日から9月30日までの9ヵ月を前払いと考える。

$$120{,}000 \times \frac{9ヵ月}{12ヵ月} = 90{,}000$$

(借方)		(貸方)	
前払費用	90,000	ライセンス料	90,000

決算期の未払金の経理処理

12月分の携帯電話料金を翌月支払い

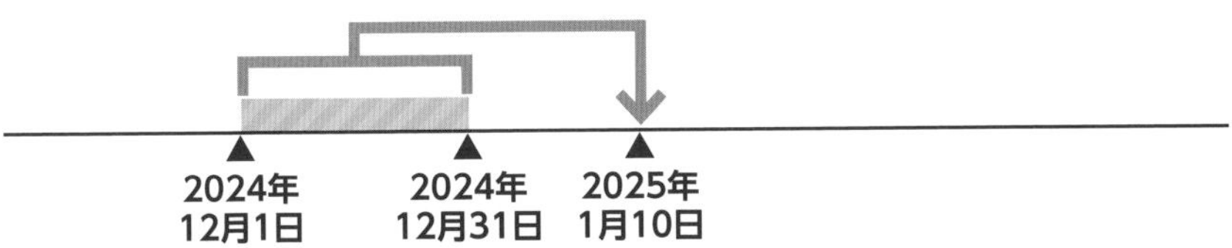

●期末の仕訳

(借方)		(貸方)	
通信費	15,000	未払金	15,000

決算整理❸

貸倒れを見越して経費を計上する

売掛金は回収できないことも……

売掛金は絶対に回収できるとは限りません。もし、取引先が倒産して売掛金が回収できなければ、全額が回収できなくなるリスクもあります。

取引先の倒産などによって代金が回収できないことを**貸倒れ**といいますが､この貸倒れのリスクに備えて、売掛金の一定割合を決算時にあらかじめ損失として見込んでおこうというのが、**貸倒引当金**の考え方です。

貸倒引当金を計上する仕訳は､「借方に貸倒引当金繰入額、貸方に貸倒引当金」となります。

一定の引当金は経費に計上できる

貸倒引当金をどの程度見込むかは、取引先の経営状態に応じて考えるのが妥当です。とはいえ、取引先ごとのリスクを１件ずつ判断することは実際には無理でしょう。

そこで、売掛金の一般的な貸倒引当金の計算方法として、売掛金の総額の5.5％を上限としています。これを**一括評価**といいます。ちなみに一括評価を選べるのは青色申告者に限ります。

ただし、取引先によってはかなり高い確率で売掛金の回収が見込めないケースも出てくるはず。

このような時は、リスクの度合いに応じて売掛金の50～100％を貸倒引当金として見込んでよいことになっています。これを**個別評価**といいます。

取引先が突然倒産することも…

今期の売上を確定するルール

実務サポート

売上になる	売上にならない
○	×
●売掛金	●敷金
●受取手形	●保証金
●未収入金	●前払金
●貸付金	●仮払金

Biz-サプリ! 債権者とは、債務者に対して一定の給付を請求する権利を持つ者のことである。一定の給付とはこの場合、売掛金相当額の代金のことを指す。債務者とは、債権者に対して、一定の給付義務を負う者のことである。

貸倒引当金の処理方法

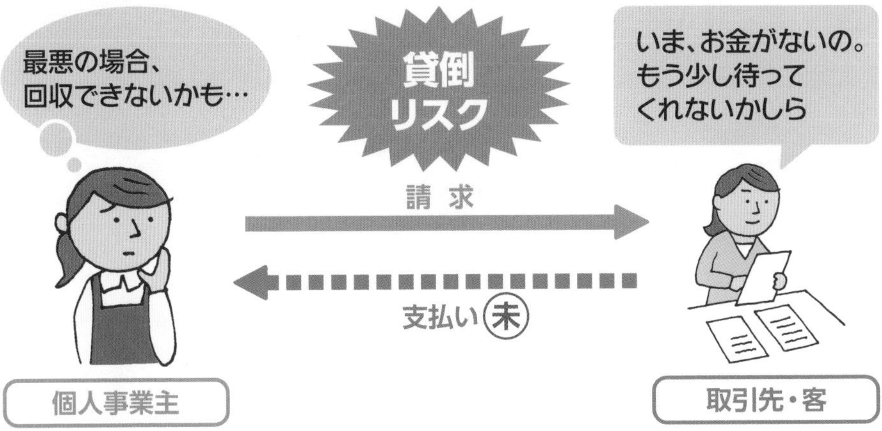
最悪の場合、
回収できないかも…
貸倒
リスク
いま、お金がないの。
もう少し待って
くれないかしら
請求
支払い㊟
個人事業主
取引先・客

一括評価　一般的な売掛金の場合

売掛金の合計 × 5.5% ＝貸倒引当金

※金融業は3.3%。

個別評価　特別な事情のある売掛金の場合（取引先が倒産したなど）

個々の売掛金 × 50〜100% ＝貸倒引当金

●期末の仕訳

（借方）		（貸方）	
貸倒引当金繰入額	126,000	貸倒引当金	126,000

ココに注意　取引先が倒産した……

倒産には、**法的整理**と**私的整理**の２つの種類があります。法的整理は、倒産した相手と個人事業主などの債権者との間に裁判所などが入って、処理を進める方法です。一方、私的整理とは、債権者同士が話し合いの上、処理を進める方法です。どちらになるかで、自分の取るべき対応が違ってきます。

決算書❶

損益計算書と貸借対照表

決算書は個人事業主の通信簿

決算整理のための仕訳をしたら、いよいよ決算書が作成できます。決算書には**損益計算書**と**貸借対照表**があることは138ページで解説しました。

損益計算書は１月１日から12月31日までの間にどれだけ収入があり、どれだけ経費がかかり、その結果、利益または損失がいくらになったのかを表す書類です。

上から、収益、費用の順に縦に項目が並び、一番下に利益（損失）が表示されます。

これを見れば、今期の事業が順調だったのか、そうではなかったのかがわかる、個人事業主にとって、いわば「通信簿」のような存在です。

資金繰りの状況もすぐにわかる

貸借対照表は12月31日時点の個人事業における財務状況を表す書類です。事業主がどんな事業用の財産を持っているかがわかります。

財産と聞くと、現金や有価証券などをイメージする人が多いかもしれませんが、貸借対照表には、自動車や機械などの固定資産の評価額も記載されます。また、プラスの財産ばかりとは限らず、借入金等マイナスの財産の情報も記載されます。

貸借対照表は、左右２つのパートに分かれており、左側にはプラスの財産、つまり資産の情報が、右側にはマイナスの財産、つまり負債の情報と元入金の情報がまとめられています。貸借対照表の左右の合計は必ず一致します。

レクチャー

決算書の使い方はずばり「比較すること」

見慣れないと、数字の羅列にしか見えないのが決算書です。青色申告をするために、仕方なく作成しているという人もいるかもしれません。しかし、**決算書は本来、事業の経営状態を把握し、来期以降の改善につながる貴重な資料です。**

今後に役立つ決算書の見方のポイントは、ズバリ比較すること。去年と今年を比較したり、同業者と比較したりすることで、自分の強みと弱み、事業の将来性を考えることができます。

Biz-サプリ! 貸借対照表は別名、バランスシートとも呼ばれる。これは、左側の資産の部と右側の負債・資本の部の合計が、必ず一致つまりバランスが取れるところからきている。青色申告決算書では、負債の総額に元入金などの金額を合計すると資産の合計と一致する。

損益計算書のしくみ

収入(収益)	1月1日～12月31日までに稼いだおカネ。 商品の販売額、サービスの報酬など
経費(費用)	1月1日～12月31日までに収入を得るために使ったおカネ。 売上原価、スタッフへの賃金、水道光熱費など
利益または損失	収入から経費を引いたお金

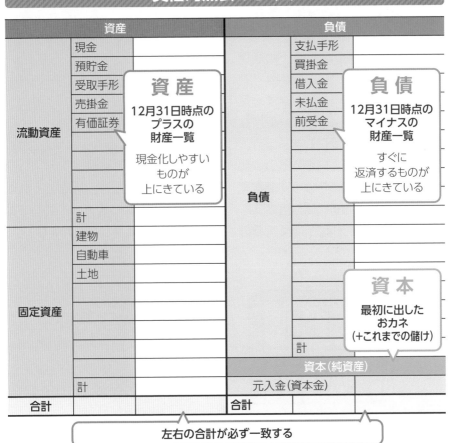

貸借対照表のしくみ

資産			負債		
流動資産	現金		負債	支払手形	
	預貯金			買掛金	
	受取手形			借入金	
	売掛金			未払金	
	有価証券			前受金	
	計				
固定資産	建物				
	自動車				
	土地				
				計	
			資本(純資産)		
	計		元入金(資本金)		
合計			合計		

資産
12月31日時点のプラスの財産一覧
現金化しやすいものが上にきている

負債
12月31日時点のマイナスの財産一覧
すぐに返済するものが上にきている

資本
最初に出したおカネ(+これまでの儲け)

左右の合計が必ず一致する

決算書❷

青色申告決算書

申告書はネットでも入手できる

青色申告をする人は、確定申告の時に申告書と一緒に**青色申告決算書**を提出しなければなりません。青色申告決算書の様式は**国税庁ホームページ（https://www.nta.go.jp）**の「申告手続・用紙」からダウンロードできるほか、**確定申告書等作成コーナー**でも作成できます。

青色申告決算書には、「不動産所得用」「農業所得用」「一般用」「現金主義用」の４種類があります。個人事業主が使うのは、通常一般用なので間違えないようにしましょう。

また、青色申告に対応している会計ソフトを使っていれば、決算整理の仕訳などを入力すれば、自動的に青色申告決算書を作成してくれるので、そのまま税務署に提出できます。

青色申告決算書は4枚構成

青色申告決算書は全部で４枚で構成されています。１ページ目が損益計算書、２ページ目が月別の売上や貸倒引当金繰入額の計算方法など詳細を記入するページ、３ページ目が減価償却費の計算などを記入するページ、４ページ目が貸借対照表になっています。

２ページ目と３ページ目が詳細ページになっているので、帳簿を見ながら、まずここから記入していくとよいでしょう。

次に１ページ目の損益計算書、最後に貸借対照表を記入すると、効率よく作業が進められます。

Biz-サプリ! 申告書と一緒に提出するのは、青色申告決算書のほか、医療費控除や各種保険控除などを受ける場合は、その事実を証明する領収書や支払証明書などが必要になる。詳しくは162ページ以降を参照。

青色申告決算書（1枚目・損益計算書）

- 1年間の収入と各経費の内訳
- 所得金額を記入

会計ソフトで帳簿をつけておけば、それぞれの金額を自動で記入してくれます

初年度は事業開始日を記入する

申告書と同じ日付。提出日を書く

納税者番号

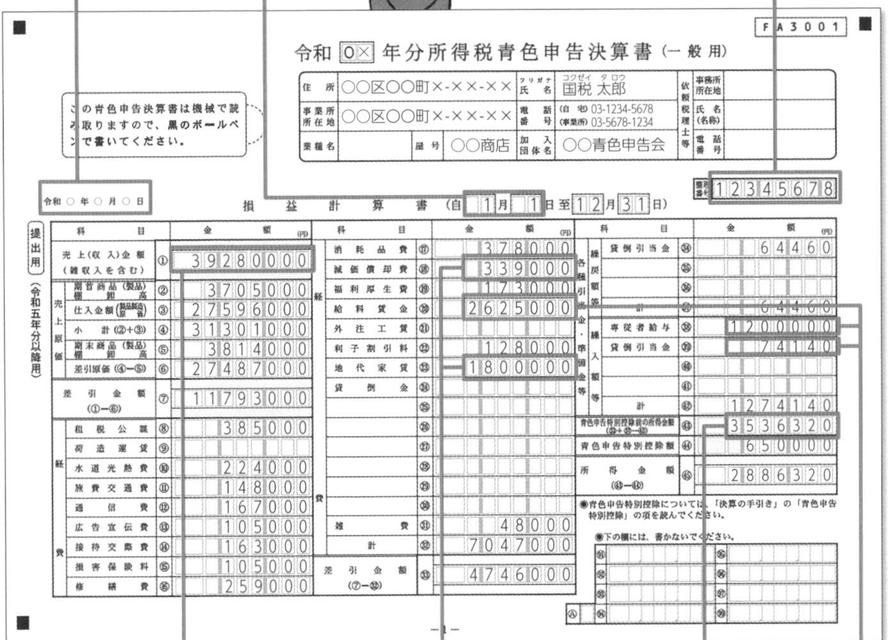

FA3001

令和 〇× 年分所得税青色申告決算書（一般用）

住所	〇〇区〇〇町×-××-××	フリガナ 氏名	コクゼイ タロウ 国税 太郎
事業所所在地	〇〇区〇〇町×-××-××	電話番号	(自宅) 03-1234-5678 (事業所) 03-5678-1234
業種名		屋号	〇〇商店
加入団体名	〇〇青色申告会		

依頼税理士等：事務所所在地／氏名（名称）／電話番号

この青色申告決算書は機械で読み取りますので、黒のボールペンで書いてください。

令和 〇 年 〇 月 〇 日

整理番号 12345678

損益計算書（自 1月 1日 至 12月 31日）

提出用（令和五年分以降用）

科目		金額（円）
売上（収入）金額（雑収入を含む）	①	39280000
売上原価 期首商品（製品）棚卸高	②	3705000
仕入金額（製品製造原価）	③	27596000
小計（②＋③）	④	31301000
期末商品（製品）棚卸高	⑤	3814000
差引原価（④－⑤）	⑥	27487000
差引金額（①－⑥）	⑦	11793000
経費 租税公課	⑧	385000
荷造運賃	⑨	
水道光熱費	⑩	224000
旅費交通費	⑪	148000
通信費	⑫	167000
広告宣伝費	⑬	105000
接待交際費	⑭	163000
損害保険料	⑮	105000
修繕費	⑯	259000

科目		金額（円）
経費 消耗品費	⑰	378000
減価償却費	⑱	339000
福利厚生費	⑲	173000
給料賃金	⑳	2625000
外注工賃	㉑	
利子割引料	㉒	128000
地代家賃	㉓	1800000
貸倒金	㉔	
	㉕	
	㉖	
	㉗	
	㉘	
	㉙	
	㉚	
雑費	㉛	48000
計	㉜	7047000
差引金額（⑦－㉜）	㉝	4746000

科目		金額（円）
各種引当金・準備金等 繰戻額等 貸倒引当金	㉞	64460
	㉟	
	㊱	
計	㊲	64460
繰入額等 専従者給与	㊳	1200000
貸倒引当金	㊴	74140
	㊵	
	㊶	
計	㊷	1274140
青色申告特別控除前の所得金額（㉝＋㊲－㊷）	㊸	3536320
青色申告特別控除額	㊹	650000
所得金額（㊸－㊹）	㊺	2886320

◉青色申告特別控除については、「決算の手引き」の「青色申告特別控除」の項を読んでください。

◉下の欄には、書かないでください。

－1－

青色申告決算書2ページ目「月別売上（収入）金額及び仕入金額」の欄から売上（収入）金額の合計を転記。確定申告書B第一表の「事業収入」へ転記

青色申告決算書2ページ目へ転記

青色申告決算書3ページ目より転記

青色申告決算書2ページ目より転記

青色申告決算書(2枚目)

ここには、帳簿から毎月の売上と仕訳を転記するのね

- ●月別の収入
- ●青色申告特別控除の控除額
- ●給料賃金
- ●専従者給与
- ●貸倒引当金繰入額を記入
- ●地代家賃

令和 0× 年分　　整理番号 12345678　　FA3026

フリガナ コクゼイ タロウ
氏名 国税 太郎

提出用(令和五年分以降用)

○月別売上(収入)金額及び仕入金額

月	売上(収入)金額	仕入金額
1	2,644,000円	1,756,000円
2	2,506,000	2,102,000
3	2,980,000	2,149,000
4	3,044,000	2,195,000
5	3,107,000	2,452,000
6	3,459,000	2,283,000
7	3,228,000	2,014,000
8	2,859,000	2,227,000
9	3,351,000	2,456,000
10	3,602,000	2,629,000
11	3,838,000	2,605,000
12	4,135,000	2,728,000
家事消費等	207000	
雑収入	320000	
計	39280000	27596000
うち軽減税率対象	うち　円	うち　円

○給料賃金の内訳

氏名	年齢	従事月数	支給額 給料賃金	支給額 賞与	支給額 合計	所得税及び復興特別所得税の源泉徴収税額
○○ ○○	歳	月	1,200,000円	300,000円	1,500,000円	18,800円
○○ ○○			900,000	225,000	1,125,000	2,200
その他(　人分)						
計	延べ従事月数	24	2,100,000	525,000	2,625,000	21000

○専従者給与の内訳

氏名	続柄	年齢	従事月数	支給額 給料	支給額 賞与	支給額 合計	所得税及び復興特別所得税の源泉徴収税額
国税 春子	妻	38歳	12月	960,000円	240,000円	1,200,000円	6,100円
計		延べ従事月数	12	960,000	240,000	1,200,000	6100

○地代家賃の内訳

支払先の住所・氏名	賃借物件	本年中の賃借料・権利金等	左の賃借料のうち必要経費算入額
○○区△△町×ー×× ○○ ○○	店舗	権更 円 賃 ,800,000	1,800,000
		権更 賃	

○貸倒引当金繰入額の計算(この計算に当たっては、「決算の手引き」の「貸倒引当金」の項を読んでください。)

			金額
個別評価による本年分繰入額(「個別評価による貸倒引当金に関する明細書」の⑤欄の金額を書いてください。)		①	円
一括評価による本年分繰入額	年末における一括評価による貸倒引当金の繰入れの対象となる貸金の合計額	②	1,348,000
	本年分繰入限度額(②×5.5%(金融業は3.3%))	③	74,140
	本年分繰入額	④	74,140
本年分の貸倒引当金繰入額(①+④)		⑤	74,140

○青色申告特別控除額の計算(この計算に当たっては、「決算の手引き」の「青色申告特別控除」の項を読んでください。)

			金額
本年分の不動産所得の金額(青色申告特別控除額を差し引く前の金額)		⑥	(赤字のときは0)　円
青色申告特別控除前の所得金額(1ページの「損益計算書」の㊸欄の金額を書いてください。)		⑦	(赤字のときは0) 3,536,320
65万円又は55万円の青色申告特別控除を受ける場合	65万円又は55万円と⑥のいずれか少ない方の金額(不動産所得から差し引かれる青色申告特別控除額です。)	⑧	
	青色申告特別控除額(「65万円又は55万円−⑧」と⑦のいずれか少ない方の金額)	⑨	650,000
上記以外の場合	10万円と⑥のいずれか少ない方の金額(不動産所得から差し引かれる青色申告特別控除額です。)	⑧	
	青色申告特別控除額(「10万円−⑧」と⑦のいずれか少ない方の金額)	⑨	

(注) 貸倒引当金、専従者給与や3ページの割増(特別)償却以外の特典を利用する人は、適宜の用紙にその明細を記載し、この決算書に添付してください。

−2−

青色申告決算書1ページ目⑳へ転記

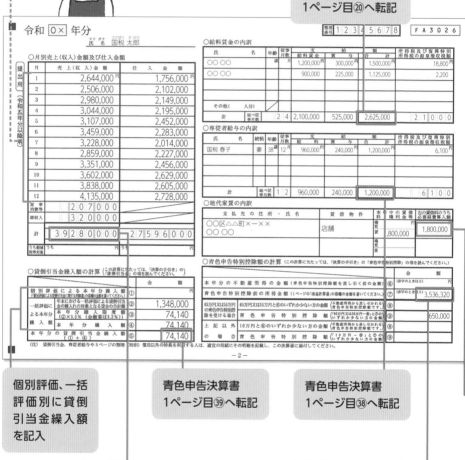

個別評価、一括評価別に貸倒引当金繰入額を記入

青色申告決算書1ページ目㊴へ転記

青色申告決算書1ページ目㊳へ転記

毎月の合計を記入、1ページ目①へ転記

青色申告決算書1ページ目㊸より転記もしくは0

青色申告決算書(3枚目)

- 減価償却費
- 利子割引料
- 税理士・弁護士等の報酬・料金
- 特殊事情を記入

プライベートでも使っている時には、事業で使う割合を記入

青色申告決算書4ページ目へ転記

(令和五年分以降用)

FA3051

整理番号 12345678

○売上(収入)金額の明細 ※登録番号を記載する場合には、先頭に「T」を付けた上で13桁の数字を記入してください。

売上先名	所在地	登録番号(法人番号)(※)	売上(収入)金額
○○(株)	○○○○	T×××××××××××××	8,537,000円
○○商店	○○○○	T×××××××××××××	7,319,000
○○(有)	○○○○	T×××××××××××××	6,637,000
○○商事	○○○○	T×××××××××××××	5,227,000
上記以外の売上先の計(雑収入を含む)			11,560,000
		計	39,280,000

○本年中における特殊事情

○仕入金額の明細

仕入先名	所在地	登録番号(法人番号)(※)	仕入金額
○○(株)	○○○○	T×××××××××××××	8,006,000円
○○(有)	○○○○	T×××××××××××××	7,437,000
△△商会	○○○○	T×××××××××××××	5,569,000
△△商店	○○○○	T×××××××××××××	5,233,000
上記以外の仕入先の計			1,351,000
		計	27,596,000

○減価償却費の計算

減価償却資産の名称等(繰延資産を含む)	面積又は数量	取得年月	㋑取得価額(償却保証額)	㋺償却の基礎になる金額	償却方法	耐用年数	㋩償却率又は改定償却率	㊁本年中の償却期間	㋭本年分の普通償却費(㋺×㋩×㊁)	㋬割増(特別)償却費	㋣本年分の償却費合計(㋭+㋬)	㋠事業専用割合	㋷本年分の必要経費算入額(㋣×㋠)	㋦未償却残高(期末残高)	摘要
ライトバン	1	○年.○月	600,000円 ( )	600,000円	定率	2年	1.000	12/12月	300,000円	円	300,000円	100.00%	300,000円	300,000円	
レジスター	1	○.○	390,000 (42,120)	390,000	定率	5	0.400	/12	39,000		39,000	100.00	39,000	351,000	
		.	( )					/12							
		.	( )					/12							
		.	( )					/12							
		.	( )					/12							
		.	( )					/12							
計									339,000		339,000		339,000	651,000	

(注) 平成19年4月1日以後に取得した減価償却資産について定率法を採用する場合にのみ㋑欄のカッコ内に償却保証額を記入します。

○利子割引料の内訳(金融機関を除く)

支払先の住所・氏名	期末現在の借入金等の金額	本年中の利子割引料	左のうち必要経費算入額
	円	円	円

○税理士・弁護士等の報酬・料金の内訳

支払先の住所・氏名	本年中の報酬等の金額	左のうち必要経費算入額	所得税及び復興特別所得税の源泉徴収税額
	円	円	円

－3－

青色申告決算書1ページ目㉓へ転記

青色申告決算書1ページ目⑱へ転記

特記すべき事柄を書くのだね。病気で休業した時、売上が急増した時などは、税務署に事情を説明する一文を添えておこう

青色申告決算書（4枚目・貸借対照表）

青色申告決算書
3ページ目より転記

●1月1日および12月31日の
財産内容を記入

初年度は事業開始
日を記入

青色申告決算書
2ページ目より転記

整理番号 1 2 3 4 5 6 7 8　FA307

貸　借　対　照　表　（資産負債調）

（令和○年○月○日現在）

（令和五年分以降用）

◉65万円又は55万円の青色申告特別控除を受ける人は必ず記入してください。それ以外の人でも分かる箇所はできるだけ記入してください。

資産の部 科目	1月1日(期首)	12月31日(期末)	負債・資本の部 科目	1月1日(期首)	12月31日(期末)
現金	292,300円	372,772円	支払手形	円	円
当座預金			買掛金	1,672,000	2,034,000
定期預金			借入金	2,300,000	1,508,000
その他の預金	1,562,439	2,812,539	未払金	238,000	246,000
受取手形			前受金	0	19,000
売掛金	1,172,000	1,348,000	預り金	3,080	24,202
有価証券					
棚卸資産	3,705,000	3,814,000			
前払金					
貸付金					
建物					
建物附属設備					
機械装置					
車両運搬具	0	300,000	貸倒引当金	64,460	74,140
工具 器具 備品	0	351,000			
土地					
			事業主借		
			元入金	2,454,199	2,454,199
事業主貸		897,550	青色申告特別控除前の所得金額		3,536,320
合計	6,731,739	9,895,861	合計	6,731,739	9,895,861

（注）「元入金」は、「期首の資産の総額」から「期首の負債の総額」を差し引いて計算します。

－4－

製造原価の計算

（原価計算を行っていない人は、記入する必要はありません。）

科目			金額
原材料費	期首原材料棚卸高	①	円
	原材料仕入高	②	
	小計（①+②）	③	
	期末原材料棚卸高	④	
	差引原材料費（③−④）	⑤	
労務費		⑥	
その他の製造経費	外注工賃	⑦	
	電力費	⑧	
	水道光熱費	⑨	
	修繕費	⑩	
	減価償却費	⑪	
		⑫	
		⑬	
		⑭	
		⑮	
		⑯	
		⑰	
		⑱	
		⑲	
	雑費	⑳	
	計	㉑	
総製造費（⑤+⑥+㉑）		㉒	
期首半製品・仕掛品棚卸高		㉓	
小計（㉒+㉓）		㉔	
期末半製品・仕掛品棚卸高		㉕	
製品製造原価（㉔−㉕）		㉖	

（注）㉖欄の金額は、1ページの「損益計算書」の③欄に移記してくださ

必ず同じ金額に
なります

青色申告決算書1ページ目
㊸より転記

目的別ターゲット▼
基本知識を身につける
経理の上達
青色申告をめざす
会計ソフトを活用する
はじめての確定申告
節税のコツを知りたい

第10章

いよいよ!

はじめての確定申告

決算書を作成したならば、いよいよ所得税の確定申告です。はじめての申告ですから緊張して当たり前。しかし、毎日の取引にかかる経理をきちんとしてきた個人事業主の皆さんならば、心配いりません。申告に必要な書類をそろえて、申告書の各欄を1つずつ書き入れていきましょう。

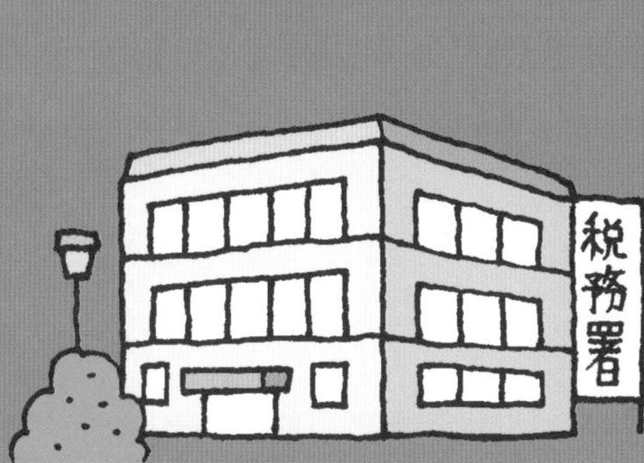

Create a KAKUTEI-SHINKOKUSHO

所得税の確定申告

申告に必要な書類をそろえる

個人事業主は申告書Bを使う

所得税の確定申告は毎年２月16日から３月15日の間に行います。ただし、所得税の**還付**（かんぷ）を申告する場合は１月１日から提出可能です。

申告書は、第一表から第五表までありますが、すべての人が提出しなければならないのは、まずは、第一表と第二表。申告書にはＡとＢの２種類があり、個人事業主は**申告書Ｂ**を使います。

申告書の用紙は、開業届を出していれば確定申告の時期に送られてきますし、国税庁のホームページからもダウンロードできます。**確定申告書等作成コーナー**を利用するのも便利です。

納付書などは日頃から整理整頓

申告書を記入するためには、さまざまな書類が必要になります。すべてそろえるのは結構骨が折れる作業ですが、これさえ準備できれば確定申告の作業は半分以上終わったといっても過言ではありません。

支払調書や**国民年金保険料**の納付書、**生命保険料控除**の証明書など、例年同じような時期に郵送で届きます。申告する時に探しても見つからないというようなことがないように、きちんと保管しておきましょう。

実務サポート

領収書は税務署に提出しないが、きちんと保管しておく

確定申告の時期になると、領収書の束と格闘する人も多いことでしょう。「経費の入力に使った領収書は、申告書に添付して提出しなければならないのですか？」と質問されることがあるのですが、**領収書は申告書に添付しなくてＯＫです。**

では、入力さえ終われば捨ててしまってもよいかというと決してそうではありません。

領収書は7年間保管の義務があります。また、申告後に税務調査が入った場合、領収書は申告内容を証明する証拠になるからです。月別にクリップで留め、紙袋に何年度の申告に使ったものか書いて、まとめておきましょう。

一方、**医療費控除の適用を受けるために使った医療費の領収書は、所定の封筒に入れて申告書とともに提出する必要がありましたが、今は提出を省略できるようになりました。**

Biz-サプリ！ 会社員は源泉徴収と年末調整で納税が完了する人がほとんどだ。しかし、医療費控除、寄附金控除、雑損控除を受けたい場合や扶養を変更したい場合、住宅ローン減税適用の初年度などは、確定申告が必要。この時に使われる用紙が確定申告書Aだ。

各種控除制度を適用するための添付書類

No.	必要な書類	チェック欄	備考
1	生命（介護医療、個人年金）保険料控除証明書	☑	生命保険料控除
2	地震（旧長期損害）保険料控除証明書	☑	地震保険料控除
3	国民健康保険料（or健保組合or任意継続）の支払額	☑	社会保険料控除
4	国民年金支払証明書	☑	同上
5	国民年金基金支払証明書	☑	同上
6	小規模企業共済等掛金支払証明書	☑	小規模企業共済等掛金控除
7	医療費控除の明細書（医療費のお知らせ）	☑	医療費控除
8	特定寄附先からの受領書・証明書（ふるさと納税など）	☑	寄附金控除
9	損害を受けたことの証明書	☑	雑損控除
10	利益配当金の領収書など	☑	配当控除
11	外国税額控除に関する明細書など	☑	外国税額控除
12	（特定増改築等）住宅借入金等特別控除額の計算明細書	☑	住宅借入金等特別控除

国税庁・確定申告書等作成コーナー（印刷での提出）

手順1 **国税庁の所得税（確定申告等作成コーナー）へアクセス**

https://www.keisan.nta.go.jp/ 「確定申告書等作成コーナー」をクリック

手順2

クリック

手順3

「印刷して提出」を選択

次からの画面で、申告書等印刷を行う際の確認、住所等の入力を行う。

手順4

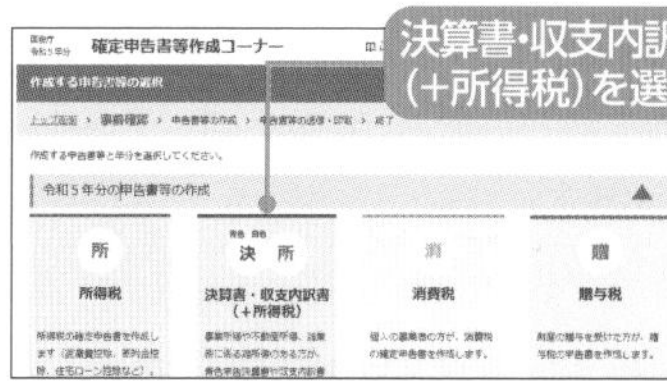

決算書・収支内訳書（+所得税）を選択

次の画面で「作成開始」をクリック。
提出方法等を選択して、手順5に進む。

手順5

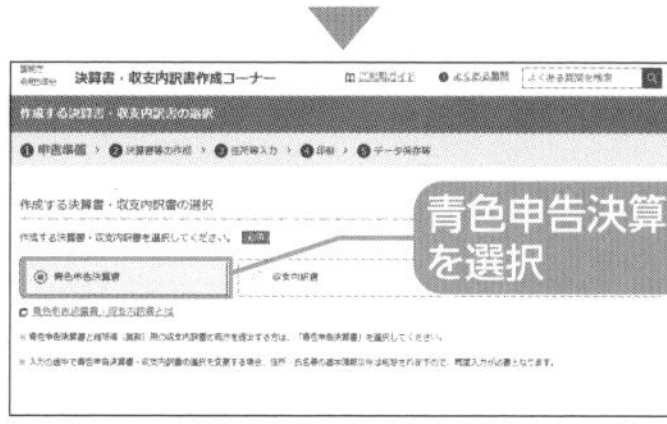

青色申告決算書を選択

所得控除❶

所得から引くことができる金額

所得控除は全部で14種類ある

収入から経費を引いた金額が所得になるのですが、この金額にまるまる税金がかかるわけではありません。

「養っている家族がいる」「災害にあった」など個人の納税事情に応じて税負担できるよう、所得から一定の金額がマイナスされるしくみになっています。これを**所得控除**といいます。

所得控除は全部で14種類あり、人的控除と物的控除の２つに分けられます。人的控除は**基礎控除**や**扶養控除**など納税者の生活事情にかかわる控除、物的控除には**生命保険料控除**や**医療費控除**、**寄附金控除**のように納税者の支出や損害を考慮したものがあてはまります。

まず、誰でも必ず受けられるのが38万円の**基礎控除**です。納税者に16歳以上の養っている親族がいると、さらに**扶養控除**が受けられます。扶養控除の金額は、養っている人が親なのか子どもなのか、障害があるのかなどによって変わってきます。実態として生計が１つであれば扶養にできます。

また、納税者本人の給与収入が1220万円（合計所得金額1000万円）以下の場合で一定の所得の範囲の配偶者がいると、13万円～38万円の**配偶者控除**が受けられます。配偶者控除が受けられない場合、納税者本人の所得が1220万円（合計所得金額1000万円）以下で、配偶者の所得が123万円未満の範囲なら**配偶者特別控除**が受けられます。

そのほか、離婚した人が家族を養っている場合などは27万円の**寡婦（夫）控除**があります。離婚以外に死別や生存不明なども適用できます。ちなみに、寡婦ならば、扶養すべき家族がいるだけで27万円の控除が受けられますが、寡夫の場合は、扶養しているのが家族なら誰でもよいわけではなく子どもに限定されます。寡夫控除に対しては、要件が厳しくなっているのが特徴です。

障害者控除は納税者が所得税法で決められた障害者に当てはまる場合に受けられ、控除額は障害の内容によって異なります。

Biz-サプリ! 夫婦で働いている場合で、妻の所得が夫の所得より多いような時は、子どもを妻の扶養にするとよい。扶養は世帯主が誰かとは関係なく夫婦どちらにしてもよく、毎年変更することもできる。妻が会社員の場合、年末までに扶養に関する届出をしておけば年末調整してもらえる。

所得税の基本的な求め方

Step1 **所得金額を求める**
収入金額 ― 必要経費

Step2 **所得控除額を計算する**
社会保険料控除など各種所得控除を集計する

Step3 **課税所得金額を求める**
所得金額 ― 所得控除額 ＝ 課税所得金額

Step4 **所得税率を乗じて速算表にある控除額を差し引く**
課税所得金額 × 税率 ― 控除額 ＝ 所得税額

●所得税の速算表

課税される所得金額	税率	控除額
195万円以下	5%	0円
195万円を超え　330万円以下	10%	97,500円
330万円を超え　695万円以下	20%	427,500円
695万円を超え　900万円以下	23%	636,000円
900万円を超え　1,800万円以下	33%	1,536,000円
1,800万円超を超え　4,000万円以下	40%	2,796,000円
4,000万円超	45%	4,796,000円

Step5 **最後に、税額控除を計算して実際の所得税額が決定**
所得税額 ― 税額控除収入金額 ＝ 実際に支払う所得税額

14種類の所得控除

人的控除	物的控除
基礎控除	寄附金控除
扶養控除	地震保険料控除
配偶者控除	生命保険料控除
配偶者特別控除	小規模企業共済等掛金控除
勤労学生控除	社会保険料控除
寡婦（かふ）・寡夫（かふ）控除	医療費控除
障害者控除	雑損控除

所得控除❷

健康保険や年金の保険料も引ける

生命保険、地震保険は上限5万円

国民健康保険や国民年金など１年間に支払った保険料は、全額**社会保険料控除**として所得から控除できます。ただし、未納分は控除されません。

一方、民間の保険会社などで加入する生命保険や地震保険の保険料も**生命保険料控除**や**地震保険料控除**として所得控除の対象になります。ただし、こちらは、支払っている保険料に応じて控除額が計算され、上限もそれぞれ５万円まで。

納税者が寄附をした時に使えるのが**寄附金控除**です。控除対象となる寄附は、国や地方公共団体、学校・福祉・公益法人や認定NPOなどへの寄附と決められています。控除額は寄附金から2,000円を引いた金額で、所得に応じた上限があります。

医療費10万円超で所得控除

１年間の医療費が、10万円を超えたら使えるのが**医療費控除**です。総所得金額が200万円以下の人なら、10万円を超えなくても、医療費が総所得金額の5%以上で利用できます。

医療費控除の対象となる医療費は意外と広く、病院に支払った医療費以外にもドラッグストアで買った頭痛薬なども含まれるほか、通院のための電車賃・バス代なども対象になります。本人だけでなく家族の分を合計して計算できます。

盗難・横領の被害にあったり、台風・地震などの災害にあったりして、財産に損失を被ったときに利用できるのが**雑損控除**。盗難などの場合は申告に使いたい旨を警察にいえば、被害届や調書のコピーがもらえます。

レクチャー

国民健康保険料はなぜ経費ではないのか？

国民健康保険料や国民年金の支払いは所得から差し引くことができ、その分税金の負担は少なくなりますが、国民健康保険料などが経費になるわけではありません。経費と所得控除、どちらも収入から差し引いて納税額を計算しますが、実は結構違います。収入が100万円、経費が80万円、国民健康保険料が40万円だった場合は、「100万円－(80万円＋40万円)＝－20万円」となり、赤字の20万円は、翌年に繰り越されてしまいます。正しい計算式は、「100万円－80万円－40万円＝0円」。所得から引き切れなかった所得控除は切り捨てられるので「0」、翌年に繰り越せる赤字はありません。

Biz-サプリ! 雑損控除は、災害や盗難、横領などに限られる。詐欺・脅迫・紛失は認められない。なぜならば、これらは本人にも過失があるとみられるから。つまり、自己責任というわけだ。被害そのものに気をつけよう。

生命保険料控除と地震保険料控除の求め方

生命保険料控除は契約時期によって控除額が違う

●**平成23年12月31日以前**の保険契約は、次により計算した金額が控除額となります。

年間の支払保険料の合計	控除額
2万5,000円以下	支払金額
2万5,000円を超え5万円以下	支払金額÷2+1万2,500円
5万円を超え10万円以下	支払金額÷4+2万5,000円
10万円超	5万円

※旧生命保険料控除の控除額は、生命保険料と個人年金保険料についてそれぞれ別に計算できます。合わせて上限10万円です。

●**平成24年1月1日以降**の保険契約は、次により計算した金額が控除額となります。

年間の支払保険料の合計	控除額
2万円以下	支払金額
2万円を超え4万円以下	支払金額÷2+1万円
4万円を超え8万円以下	支払金額÷4+2万円
8万円超	4万円

※生命保険料、介護医療保険料および個人年金保険料についてそれぞれ別に計算できます。合わせて上限12万円です。

地震保険料控除の控除額の計算方法

●その年に支払った保険料の金額に応じて、次により計算した金額が控除額となります。

区分	年間の支払保険料の合計	控除額
(1)地震保険料	5万円以下	支払金額
	5万円超	5万円
(2)旧長期損害保険料	1万円以下	支払金額
	1万円超2万円以下	支払金額÷2+5,000円
	2万円超	1万5,000円
(1)・(2)両方がある場合		(1)、(2)それぞれの方法で計算した金額の合計額(最高5万円)

※一の損害保険契約等または一の長期損害保険契約等に基づき、地震保険料および旧長期損害保険料の両方を支払っている場合には、納税者の選択により地震保険料または旧長期損害保険料のいずれか一方の控除を受けることとなります。

タクシー代もOK! 医療費控除のしくみ

(実際に支払った医療費の合計額 − 保険金などで補てんされる金額) −10万円※

ただし、最高200万円

※その年の総所得金額等が200万円未満の人は、総所得金額等×5%の金額

●医療費控除の対象になるもの・ならないもの

医療費控除の対象になる費用	●市販の風邪薬代 ●包帯代 ●通院のバス・電車賃 ●レーシック手術(角膜屈折矯正手術) ●子どもの歯の矯正にかかる費用
場合によっては認められるもの	●マッサージ・整体 ●子ども用のメガネ ●人間ドックの費用 ●通院のタクシー代 ●大人用紙おむつ代
対象にならない費用	●栄養ドリンク ●サプリメント ●シミ取りなど美容のための医療費 ●ペットの治療代 ●通院のための車のガソリン代

税額控除

効果絶大! 税額から直接引ける

景気対策にも使われる税額控除

所得税の納付額は、「{(収入－経費)－所得控除} × 税率」でいったん所得税の金額を計算し、そこからさらに**税額控除**を差し引いて求めます。

計算式からもわかるように、税率をかける前の所得控除より、直接所得税から差し引く税額控除のほうが、納税額にインパクトがあります。

税額控除には**配当控除**、**外国税額控除**などのように税金の二重取りを防ぐ目的で使われるものと、**住宅借入金等特別控除**のように景気対策や制度の普及を促すために用いられる、いわゆる政策的減税を目的とするものがあります。

住宅ローンの残高に応じて減税

税額控除の中でも一般に馴染み深いのが**住宅借入金等特別控除**(住宅ローン控除)です。住宅ローン控除は年度末の住宅ローンの借入残高の0.7%が所得税から差し引けるものです。

たとえば、住宅ローンの残額が2000万円ならば、所得税額から14万円を引けるというわけです。

また、2009年度からは所得税から引ききれなかった分について一定額を**住民税**から差し引けるようになりました。この例で、本来納めるべき所得税を10万円とすれば、控除しきれなかった4万円については翌年の住民税から差し引かれます。

耐震性や環境に配慮した長期優良住宅の場合は、借入限度額(最大控除額)がアップし、さらに手厚い控除が受けられます。なお、入居年度によって利用できる金額の上限が違います。

住宅ローン減税の適用を受けるためには借入期間が10年以上であること、購入から6ヵ月以内に住むことなど、満たさなければいけない条件がいくつかあります(214ページ参照)。

Biz-サプリ! 中古住宅の購入、リフォームの場合も住宅ローン減税の対象になる。リフォームの場合の要件は「増改築の工事費用が100万円を超えるもの」など。バリアフリーのリフォーム、省エネリフォーム工事も対象となる。

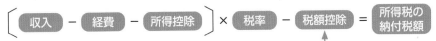

所得税額から直接引ける税額控除はインパクトが大きい

●所得税の納付税額の求め方

（収入 − 経費 − 所得控除）× 税率 − 税額控除 ＝ 所得税の納付税額

↑ 所得税の金額を出してからさらに引かれる税額控除

●所得控除と税額控除の違い（イメージ）

【例えば100万円の**所得控除**があったら……】

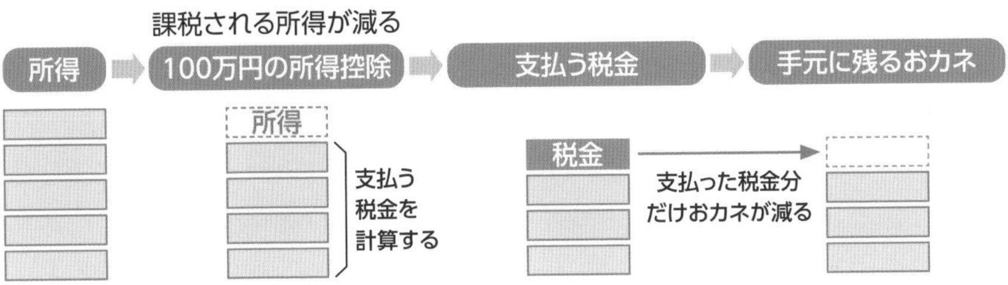

【例えば100万円の**税額控除**があったら……】

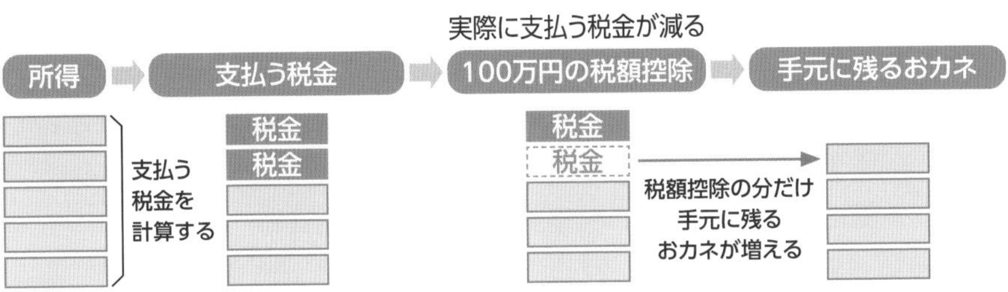

おもな税額控除

住宅ローン控除（住宅借入金等特別控除）

住宅ローンにかかる借入残高の0.7%を税額控除できます（214ページ）。

配当控除

剰余金の配当などの配当所得があるときには、一定の方法で計算した金額の税額控除を受けることができます（214ページ）。

寄付金特別控除

政党、政治資金団体、認定NPO法人等、公益社団法人等に対する寄附金について税額控除できるケースがあります。

外国税額控除

二重課税を防ぐ観点から、一定の金額を限度として外国で支払った所得税の額を差し引くことができます。

所得税の申告書作成❶

申告書は第二表から作る

控除額がわからないと始まらない!

申告書B第二表は、第一表の明細の役割を果たします。したがって、第二表から書き始めて、第一表に転記すると、作成がスムーズです。

第二表は、まず左側「所得の内訳（源泉徴収税額）」からとりかかるとよいでしょう。この欄には、源泉徴収税額とそのもととなる収入金額を支払者ごとに記入します。

記入欄が足りなければ、「別紙参照」として付表を添付します。付表は規定のものを利用してもよいのですが、Excel（エクセル）などの表計算ソフトでオリジナルのものを作成するのがおすすめです。確定申告は毎年必要なので一度データを作っておくと、翌年度以降、一から記入する手間が省けます。

支払調書で源泉徴収税額を確認

1月に入ると、源泉徴収された収入に関しては取引先から**支払調書**が送られてきます。所得の内訳を記入する際には、この支払調書を参考にするとよいでしょう。

支払調書は、源泉徴収税に関するおカネの流れを明確にするための書類です。個人事業主が受け取るものには、どこから報酬をもらって、そのなかから先に引かれた所得税の金額、つまり源泉徴収税額の1年間の合計額がいくらなのかが記載されています。支払調書は、必ず発行されるわけではありません。なかには源泉徴収されていても送られてこないことも。所得の内訳を記入するときは、帳簿も参照しながら記載漏れがないようにしましょう。

ココに注意 ⚠ 立替金は源泉徴収されない

フリーカメラマンやライターが取材時に交通費や資料代等を立て替え払いした際、たいていは撮影費や原稿料等と一緒に振り込まれます。この時に覚えておきたいのは、**立替金は売上とは異なり、源泉徴収の対象外ということ。**

送られてきた源泉徴収票の額と自分が管理していた売上の額が異なる場合は、再度請求書をチェックしましょう。ただし、交通費や資料代もギャランティに含まれている場合は別です。それぞれの取引先によって異なりますので、仕事を受ける際に確認を。

Biz-サプリ! 支払調書は、個人事業主の源泉徴収票ともいえる存在。申告書を作成する際に必ず必要なわけではないが、あると便利なので、確定申告シーズンが近づいた2月に入っても届かない場合は、取引先に確認するとよい。なお、支払調書は申告書に添付して提出する義務はない。

確定申告書　B第二表を作成する際のポイント

支払調書などを参考に源泉徴収された収入について、取引先ごとに記入する

チェックリストなどを活用しながら、漏れがないよう記入していく

●所得の内訳(源泉徴収税額)

所得の種類	種目	給与などの支払者の「名称」及び「法人番号又は所在地」等	収入金額	源泉徴収税額
事業		(株)○○商事	200,000円	20,420円
事業		△△商会(株)	100,000円	10,210円
			㊽源泉所得税額の合計額	30,630円

- 記入欄が足りないときは〝その他〟としてまとめて記入も可
- エクセルなどの表計算ソフトを使って別紙を添付してもよい

青色申告決算書1ページ目
損益計算書㊳専従者給与の金額を記入する

自分で納付にチェック

所得税の申告書作成❷

青色申告ならば赤字は繰り越せる

第二表の次は第一表に着手する

申告書B第二表が記入できたら、いよいよ第一表を作成します。

第一表は、「収入金額等」「所得金額等」「所得から差し引かれる金額」「税金の計算」「その他」の5つのパートと、住所などの個人情報を記入する部分に分かれています。

「収入金額等」や「所得金額等」は、決算書から数字を拾い記入します。「所得から差し引かれる金額」の欄は、第二表から転記するとよいでしょう。「税金の計算」では、これらの数字を使って、計算します。数字の記入欄に番号が振ってあるので、これに沿って式にあてはめれば、順に計算できるようになっています。

住宅借入金等特別控除などの税額控除については、この枠の該当欄に直接記入するようになっています。

計算の結果がプラスになったら納付、マイナスになったら**還付**になります。「その他」の欄には、追加情報を記入します。決算書などから必要な数字を転記しましょう。

赤字は翌年以降の大事な資産!

青色申告の人が赤字を出してしまった場合、翌年以降3年間、赤字を繰り越すことができます。これを**(純損失の)繰越控除**といいます。このときに、申告書B第一表、第二表、青色申告決算書とあわせて提出するのが、第四表(一)(二)です。この用紙を提出しておけば、翌年以降黒字になった時に、過去の赤字と相殺して所得が計算できるので、税金を低く抑えることができます。

国税庁の確定申告書等作成コーナーが便利!

実務サポート

確定申告書の作成は手書きのほかに、国税庁ホームページの**確定申告書等作成コーナー**を利用してパソコン上で入力を済ませることも便利です(163ページ参照)。

パソコンで作成するメリットは細かい計算はすべて自動でしてくれるので、計算ミスを防ぐことができること。そして**電子証明書**を取得していれば、そのままできあがった確定申告書を送信することができます(**電子申告・e-Tax**)。

ただ、e-Taxの場合、マイナンバーカードの取得や、ICカードリーダライタの購入などの事前準備が必要となります。

Biz-サプリ! 申告書は原本、住民税用、控えが3枚セットになっており、複写で作成し、3枚とも提出する。住民税用は、税務署から地方自治体にまわされ、これをもとに住民税が計算される。控えは、内容に間違いがないか確認後、受領印を押して返してもらえる。

確定申告書　B第一表を作成する際のポイント

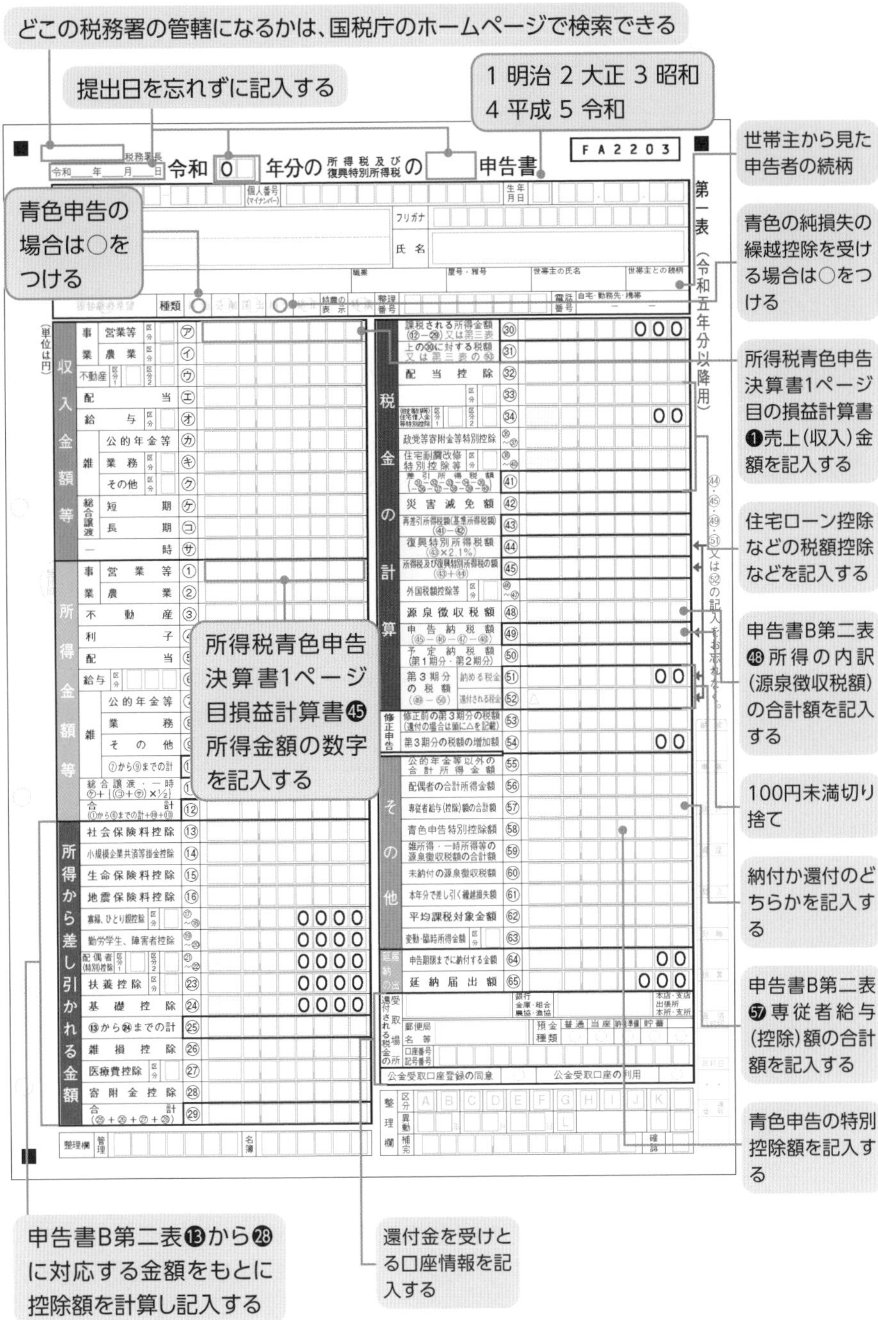
どこの税務署の管轄になるかは、国税庁のホームページで検索できる
提出日を忘れずに記入する
1 明治 2 大正 3 昭和 4 平成 5 令和
令和 0 年分の所得税及び復興特別所得税の申告書
FA2203
世帯主から見た申告者の続柄
青色申告の場合は○をつける
青色の純損失の繰越控除を受ける場合は○をつける
所得税青色申告決算書1ページ目の損益計算書❶売上(収入)金額を記入する
住宅ローン控除などの税額控除などを記入する
申告書B第二表㊽所得の内訳(源泉徴収税額)の合計額を記入する
所得税青色申告決算書1ページ目損益計算書㊺所得金額の数字を記入する
100円未満切り捨て
納付か還付のどちらかを記入する
申告書B第二表㊼専従者給与(控除)額の合計額を記入する
青色申告の特別控除額を記入する
申告書B第二表⑬から㉘に対応する金額をもとに控除額を計算し記入する
還付金を受けとる口座情報を記入する

確定申告書B　第四表(一)を作成する際のポイント

赤字の場合には、以下の第四表(一)(二)を第一表、第二表とともに提出します。

所得内での通算、損益通算をしている場合は、通算後の金額を上段に、通算前の金額をかっこ書きにして下段に書く

数字の前に△をつける

令和 0 年分の 所得税及び復興特別所得税 の 申告書(損失申告用)　F A 0 0 5 4

第四表(一)（令和四年分以降用）

現在の住所又は居所事業所等		フリガナ 氏名	

整理番号 | 一連番号

1 損失額又は所得金額

所得の種類				区分等	所得の生ずる場所等	Ⓐ 収入金額	Ⓑ 必要経費等	Ⓒ 差引金額(Ⓐ－Ⓑ)	Ⓓ 特別控除額		Ⓔ 損失額又は所得金額
A	経常所得（申告書第一表の①から⑥までの計＋⑩の合計額）									(66)	円
B	譲渡	短期	分離譲渡			円	円	円		(67)	円
			総合譲渡						円	(68)	
		長期	分離譲渡			円	円			(69)	
			総合譲渡						円	(70)	
	一時									(71)	
C	山林					円				(72)	
D	退職	一般					円	円		(73)	
		短期									
		特定役員									
E	一般株式等の譲渡									(74)	
	上場株式等の譲渡									(75)	
	上場株式等の配当等						円	円		(76)	
F	先物取引									(77)	

(78) 分離課税の譲渡所得の特別控除額の合計額　円　(79) 上場株式等の譲渡所得等の源泉徴収税額の合計額　円　特例適用条文

すべて同じ数字を記入

2 損益の通算

所得の種類					Ⓐ 通算前		Ⓑ 第1次通算後		Ⓒ 第2次通算後		Ⓓ 第3次通算後	Ⓔ 損失額又は所得金額
A	経常所得			(66)	円	第1次通算	円	第2次通算	円	第3次通算	円	円
B	譲渡	短期	総合譲渡	(68)								
		長期	分離譲渡(特定損失額)	(69)	△							
			総合譲渡	(70)								
	一時			(71)								
C	山林				‥‥→	(72)						
D	退職				‥‥‥‥→			(73)				
損失額又は所得金額の合計額												(80)

資産 | 整理欄

「1損失額又は所得金額」の(66)から(73)の金額(2段書きされている場合には上段の金額)を転記する。ただし、(69)欄は、「1損失額又は所得金額」の同じ欄が黒字(0を含む)の場合には転記しない

譲渡所得、山林所得および株式等に係る譲渡所得等について課税の特例を受ける場合には、その適用を受ける条文を記入する

確定申告書B　第四表(二)を作成する際のポイント

青色申告をしている人で⑳の赤字のうちに、⑲の特定損失額に係る純損失がある場合には、一定の計算式による金額を頭部に△を付して記入する。それ以外の青色申告をしている人は、⑳の赤字を転記する

令和 0□ 年分の所得税及び復興特別所得税の 申告書（損失申告用） FA0059

第四表(二)（令和四年分以降用）

整理番号　一連番号

3 翌年以後に繰り越す損失額

青色申告者の損失の金額							㉛	円
居住用財産に係る通算後譲渡損失の金額							㉜	
変動所得の損失額							㉝	
被災事業用資産の損失額	所得の種類		被災事業用資産の種類など	損害の原因	損害年月日	Ⓐ損害金額	Ⓑ保険金などで補填される金額	Ⓒ差引損失額（Ⓐ－Ⓑ）
	山林以外	営業等・農業			. .	円	円 ㉞	円
		不動産			. .		㉟	
	山林				. .		㊱	
山林所得に係る被災事業用資産の損失額							㊲	円
山林以外の所得に係る被災事業用資産の損失額							㊳	

4 繰越損失を差し引く計算

年分	損失の種類				Ⓐ前年分までに引ききれなかった損失額	Ⓑ本年分で差し引く損失額	Ⓒ翌年分以後に繰り越して差し引かれる損失額(Ⓐ－Ⓑ)
A ＿年（3年前）	純損失	＿年が青色の場合	山林以外の所得の損失		円	円	
			山林所得の損失				
		＿年が白色の場合	変動所得の損失				
			被災事業用資産の損失	山林以外			
				山林			
		居住用財産に係る通算後譲渡損失の金額					
	雑損失						
B ＿年（2年前）	純損失	＿年が青色の場合	山林以外の所得の損失				円
			山林所得の損失				
		＿年が白色の場合	変動所得の損失				
			被災事業用資産の損失	山林以外			
				山林			
		居住用財産に係る通算後譲渡損失の金額					
	雑損失						
C ＿年（前年）	純損失	＿年が青色の場合	山林以外の所得の損失				
			山林所得の損失				
		＿年が白色の場合	変動所得の損失				
			被災事業用資産の損失	山林以外			
				山林			
		居住用財産に係る通算後譲渡損失の金額					
	雑損失						

本年分の一般株式等及び上場株式等に係る譲渡所得等から差し引く損失額	㊴	円
本年分の上場株式等に係る配当所得等から差し引く損失額	㊵	円
本年分の先物取引に係る雑所得等から差し引く損失額	㊶	円
雑損控除、医療費控除及び寄附金控除の計算で使用する所得金額の合計額	㊷	円
5 翌年以後に繰り越される本年分の雑損失の金額	㊸	円
6 翌年以後に繰り越される株式等に係る譲渡損失の金額	㊹	円
7 翌年以後に繰り越される先物取引に係る損失の金額	㊺	円

○第四表は、申告書の第一表・第二表と一緒に提出してください。

資産　整理欄

繰越損失の控除は、最も古い年分の損失から順次差し引いていくのが原則だ。この繰越損失の各項目の数字の計算は、なかなか複雑なので、税務署や税理士に相談しながら記入するほうがよい

所得税の申告書提出

期限は3月15日。忘れずに

ネットからの提出もできる

青色申告の人が提出すべき申告書は、第一表、第二表、青色申告決算書の３種類です。赤字が出た場合は、これに第四表(一)(二)を合わせて提出します。

申告書の提出といえば、税務署の窓口に足を運ぶものと思っている人は多いでしょう。しかし持ち込み以外にも、当日消印有効で郵送での提出ができますし、パソコン上で作成・送信する電子申告もできます。

持ち込むにしても、確定申告の時期になると、大きな駅の周辺や役所などに、出張所が設置されるので、そこでも受け付けてもらえます。また、税務署の入口には、専用のポストが設置されているので、ここに投かんすれば時間外の受付も可能です。

還付の場合、書類に不備がなければ、数週間で還付が受けられます。還付金は申告書に記入した銀行口座などに振り込まれます。

一方、納付が必要な場合は、所定の納付書を使って必ず３月15日の期限までに納税額を納めます。

納付書は税務署でももらえますが、時期になると銀行の窓口などにも備え付けられています。2019年１月以降は、国税庁ホームページの確定申告書等作成コーナーやコンビニ納付用ＱＲコード作成専用画面から納付に必要な情報をＱＲコードとして作成（印刷）し、コンビニエンスストアで納付することができるようになりました。

また、届け出ていれば、**振替納税**が利用できます。振替納税で税金が引き落とされるのは、申告期日の約１ヵ月後。その間、納税資金の準備に余裕も生まれますので便利です。

レクチャー

初めての確定申告は税務署で!

確定申告で書類の添付漏れがあった場合、後日税務署から連絡があります。提出後すぐに連絡があればよいのですが、場合によっては1ヵ月以上経ってからということも。直接窓口に持参すると、その場で書類がそろっているかチェックしてもらえるので、**初年度は持ち込みのほうが安心です。**

Biz-サプリ! 提出期限の3月15日（土日にあたっている場合は週明けの月曜日）を過ぎてから申告書を提出した場合は「期限後申告」となり、無申告加算税や延滞税が課せられる。また、青色申告特別控除額の55万円（e-Tax申告の場合は65万円）が適用されず、10万円の控除になってしまう。

申告書の提出方法

税務署に持参

メリット　書類の不備がないかその場でチェックしてもらえる。

デメリット　時期によっては混み合う。

郵送

メリット　提出期限内の消印であれば受け付けてもらえる。

デメリット　書類に不備があった場合、連絡があるまで時間がかかる。

電子申告

メリット　還付が早い。

ネット上で完結するので便利。

デメリット　電子証明書の取得に手間とコストがかかる。

column

節税が必要な理由

毎月決まったお給料がもらえるサラリーマンとは異なり、個人事業主にとって毎月必要なおカネをどのように確保していくかは、常に頭から消えない問題です。

いざという時に生活に困らないように、サラリーマン時代と比べて貯蓄や節約への意識を強く持つ人も多いでしょう。半年先、１年先の暮らしが保証されているわけではありませんから、少しぐらい儲かっても、なかなか贅沢する気にはなれません。

一方で、個人事業主の場合、出ていくおカネが多いことに改めて思い知らされます。健康保険料や年金保険料はサラリーマンならば会社が折半してくれますが、個人事業主の場合は全額が自己負担。

毎月のやり繰りを考える節約生活をしているのに、「やれ健康保険だ、やれ国民年金だ」と、数万円単位の保険料があっさりと家計から出ていき、そうするうちに、自宅の郵便受けには「住民税」の納付額を決定する通知が届きます。「う～ん、自分が稼いだ所得の１割は自治体が持っていくのか」と、思わずうなってしまいます。

そんなことを考えているうちに、また郵便受けには「５枚つづりになった固定資産税の納付書」が届いている……。

■□■□■

しかし、人が生きていれば、おカネは必ず出ていくもの。出ていくものは仕方がありません。おカネのことを「お足」とも揶揄（やゆ）するように、おカネをゲットするのは大変なのに、自分の財布から消えていくときはすごいスピードで、さっさと逃げていってしまいます。

個人事業主にとってムダなおカネは１円だってないはずです。頑張って稼いだおカネを守ることも経営を維持していくための務めです。

事業の収益を守る手段の１つが「節税」です。節税に対する正しい知識を身に付けて、大切な収益を守る取り組みを進める必要があります。節税への意識を高めることで、同時に事業を維持していくための強い経営、経営改善を進めるきっかけにもなります。

第11章

インボイス制度
スタートで
ますます重要！

消費税の実務ポイント

2023年10月から導入されるインボイス制度に伴い、消費税の課税事業者を選択する個人事業主は、消費税の確定申告が必要になります。インボイスの発行、適用税率ごとの区分経理などの作業が増える半面、「仕入税額控除が適用できる事業者」、より税メリットのある取引相手として、顧客にアピールできる機会にもなります。将来のビジネスチャンスを広げるためにも、消費税に強い個人事業主をめざしましょう。

Practical points of SHOHI-ZEI

消費税のキホン

消費税ってどんな税金?

消費税は最終消費者が負担する

消費税は文字通り、「消費」に対して広く課税される税金です。国内で行われるほぼすべての取引、商品の販売やサービスの提供などが消費税の課税対象になります。生産や流通などの各取引段階ごとに税率10%（軽減税率８％）が消費税として価格に上乗せされます。

消費税の大きな特徴は、税金の負担者と納付者が異なる**間接税**ということです。消費税は事業者が販売する商品やサービスの価格に上乗せされて、最終的に商品を購入したり、サービスの提供を受けたりする消費者が負担します。一方で、消費税の申告・納付は事業者が行います。

国内取引と輸入取引に課税される

消費税の課税対象は基本的に「国内取引」と「輸入取引」に限られます。国外取引は消費税の課税対象になりません。

国内取引については①国内において行うもの、②事業者が事業として行うもの、③対価を得て行うもの、④資産の譲渡、資産の貸付け、役務の提供――をすべて満たす取引です。

資産には棚卸資産、機械装置、建物などの有形資産のほか、商標権、特許権などの無形資産も含まれます。役務の提供とは、例えば請負、宿泊、飲食、出演、広告、運送、委任などのサービス、または税理士、公認会計士、作家、スポーツ選手などによる専門的知識や技能も該当します。

国内と国外にわたって取引を行っている取引については、その取引内容に応じて判定する必要があります。例えば、役務の提供が行われた場所が国内であれば国内取引、国外であれば課税対象にはなりません。

個人事業者の場合、事業者と消費者の立場を兼ねているので、課税対象となるのは事業者としての立場で行う取引に限られます。自宅のテレビを誰かに売った場合は消費税はかかりません。また、寄附金、補助金のようなものは対価を得て行うものではないので消費税は課税されません。無償の取引（みなし譲渡に該当するものは除く）、利益の配当、宝くじの当せん金なども課税対象外です。

Biz-サプリ! 個人事業主が自宅と店舗を売却する場合、消費者としての立場で自宅を売却する場合は課税対象にはならない。しかし、店舗の売却は事業者が事業として行う取引なので、課税の対象になる。

消費税の負担と納付の流れ

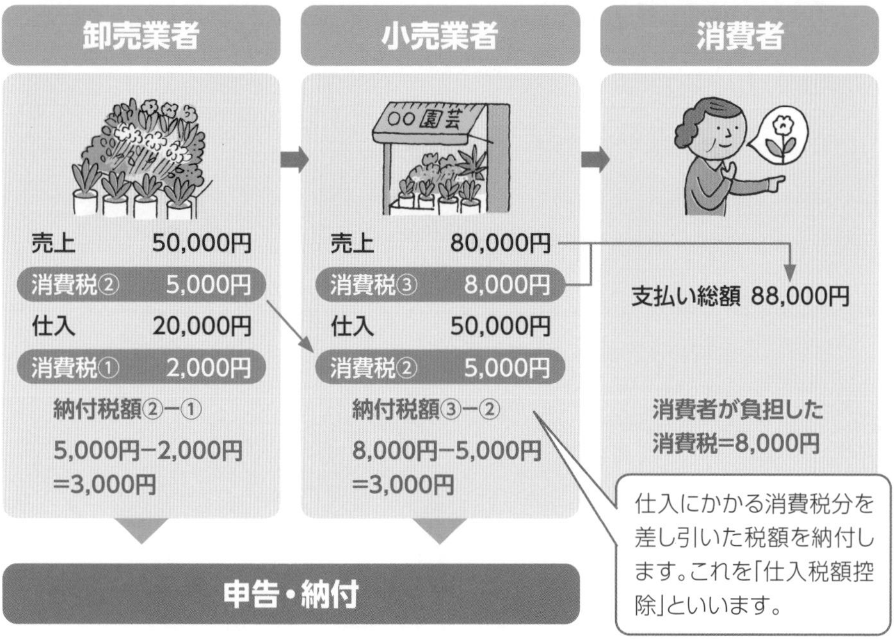

卸売業者
売上 50,000円
消費税② 5,000円
仕入 20,000円
消費税① 2,000円
納付税額②−①
5,000円−2,000円
=3,000円
小売業者
○○園芸
売上 80,000円
消費税③ 8,000円
仕入 50,000円
消費税② 5,000円
納付税額③−②
8,000円−5,000円
=3,000円
消費者
支払い総額 88,000円
消費者が負担した
消費税=8,000円
申告・納付
仕入にかかる消費税分を差し引いた税額を納付します。これを「仕入税額控除」といいます。

消費税の課税対象

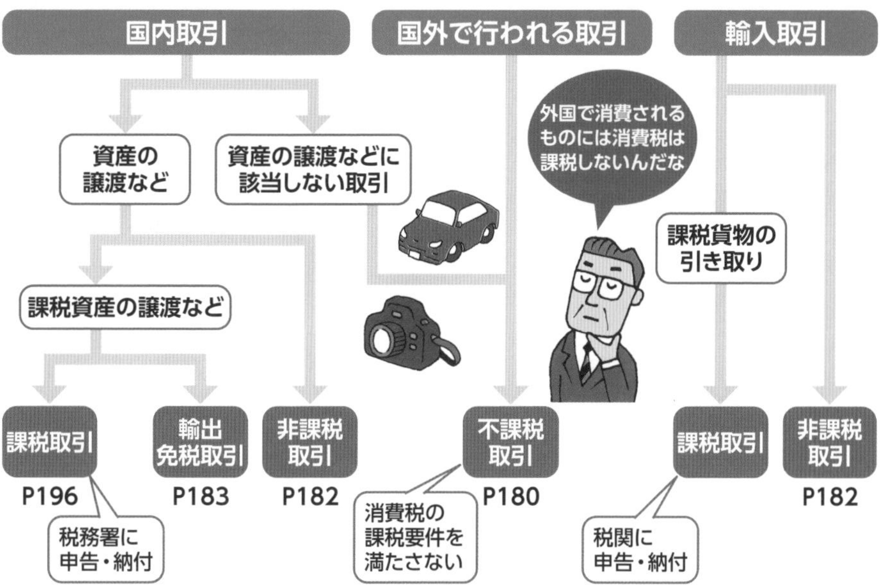

国内取引
国外で行われる取引
輸入取引
資産の譲渡など
資産の譲渡などに該当しない取引
外国で消費されるものには消費税は課税しないんだな
課税貨物の引き取り
課税資産の譲渡など
課税取引
P196
輸出免税取引
P183
非課税取引
P182
不課税取引
P180
課税取引
非課税取引
P182
税務署に申告・納付
消費税の課税要件を満たさない
税関に申告・納付

非課税とされるおもな取引

「すべての消費者に等しく負担を求める」という消費税の性格上、課税対象として馴染まないもの、社会政策的に課税が適当でないものが存在する。下記のような取引は、非課税となり課税されない。

課税対象として馴染まないもの

- **土地の譲渡および貸付**
  （テニスコートや野球場などを一時的に使用させる場合は課税対象になる）
- **有価証券などの譲渡**
  （国債証券、投資信託、コマーシャルペーパー、貸付金・預金などの金銭債権）
- **支払手段の譲渡**（銀行券、小切手、約束手形、信用状など）
- **預貯金の利子および保険料を対価とする役務の提供など**
  （国債・地方債・社債・貸付金の利子、共済掛金・手形の割引料など）
- **郵便切手類、印紙および証紙の譲渡**
  （郵便局や印紙売り渡し場所など、一定の場所で行われるものに限る。コレクションとしての譲渡は課税対象になる）
- **物品切手などの譲渡**
  （商品券、ビール券、プリペイドカードなど）
- **国や自治体が行う一定の事務にかかる役務の提供**
- **外国為替業務における役務の提供**

社会政策的な配慮に基づくもの

- **社会保険医療の給付など**
- **介護保険サービスの提供**
- **社会福祉事業などによるサービスの提供**
- **助産**
- **火葬料や埋葬料を対価とする役務の提供**
- **一定の身体障害者用物品の譲渡・貸付**
- **学校教育**（授業料、入学金、施設設備費など）
- **教育用図書の譲渡**
- **住宅の貸付**（一戸建て住宅、マンション、アパート、社宅、寮など）

ポイント 国内における非課税取引とのバランスを取るために、輸入取引のなかでも「有価証券など」「郵便切手類・印紙・証紙・物品切手など」「身体障害者用物品」「教育用図書」については非課税とされている。

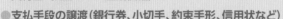

輸出には消費税がかからない（輸出免税）

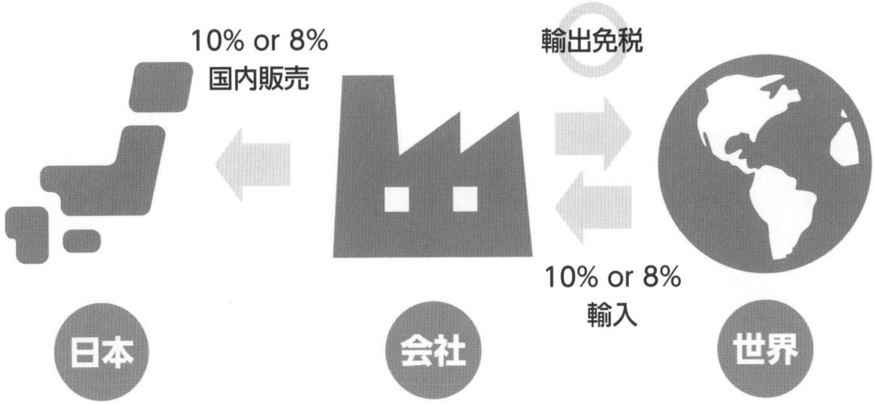

ポイント
- 消費税はあくまで国内における取引に課税されるため、輸出取引は課税が免除される。
- 外国から輸入した際は、「輸入消費税」として、日本の消費税が課税される。

輸出免税の適用に必要な証明

事業者が輸出免税の適用を受けるには、その取引が輸出取引であることを証明する書類を用意し、かつ納税地などに7年間保存する必要がある。

通常の輸出の場合

輸出許可書、積込承認書または税関の輸出証明書（携帯または託送による場合は、輸出託送品許可書）

郵便により輸出する場合

- **20万円を超える場合……**
輸出許可書または税関の輸出証明書
- **20万円以下の場合……**
その事実を記載した帳簿、または郵便物受領証など

免税ショップのしくみ

輸出物品販売場（免税ショップ）を開設しようとする事業者は、ショップごとに納税地を所轄する税務署長の許可が必要。外国人旅行者などの非居住者に販売する商品（合計額が1万円を超えるもの）は、購入記録票の作成・購入者誓約書の保存など、一定の販売方法を取ることで消費税が免除される。

課税事業者と免税事業者

売上高1000万円超で納税義務

消費税は最終消費者が負担する

個人事業主は１年間の取引に係る消費税について翌年の３月31日まで納税地の税務署に申告しなければなりません。ただし、事業者の納税事務の負担を軽減するために、事業者免税点制度が設けられています。

この制度は、基準期間の課税売上高が1000万円以下の事業者については、免税事業者として消費税の納税義務を免除するというものです。基準期間は、個人事業主の場合は前々年（２年前）、前年の１月１日から６月30日です。そのため、個人事業主の場合、新規開業した年とその翌年は原則として免税事業者となります。

この基準期間の課税売上高が1000万円を超えた場合は、自動的に課税事業者となります。例えば、2024年の課税売上高が1050万円の事業者は2026年の課税売上高が500万円であっても、その年の消費税については課税事業者として消費税の申告と納付が必要になります。

基準期間の課税売上高が1000万円を超えた場合は**消費税課税事業者届出書（基準期間用）**を税務署に提出する必要があります。

消費税還付は課税事業者のみ可能

新規開業の年に設備投資などの多額の出費があって、消費税の還付を受けたい場合は、**消費税課税事業者選択届出書**を提出することで消費税の還付を受けられます。

届出書を提出した日の翌期から課税事業者となれるのが原則ですが、新規開業の場合は、その年から課税事業者となることができます。

また、届出書を提出して課税事業者となった場合は原則として３年間は免税事業者になることはできません。課税事業者が免税事業者に戻りたい場合は、消費税課税事業者選択不適用届出書を提出する必要があります。

なお、インボイス制度の導入により、**適格請求書発行事業者の登録申請書**を提出すれば、消費税の課税事業者になります。

Biz-サプリ! 税金には納め方によって直接税と間接税に分類される。直接税は税を納める人と負担する人が同じで、所得税や法人税、相続税などがある。間接税は税を納める人と負担する人が異なり、消費税、酒税、たばこ税などがある。間接税は所得や資産の大小にかかわらず、国民が平等に税金を負担することが特徴だが、所得が低い人ほど負担感が大きいというデメリットもある。

消費税の基準期間と課税期間

	新規開業 2024年1月1日 〜同12月31日 （基準期間）	2025年1月1日 〜同12月31日	2026年1月1日 〜同12月31日 （課税期間）
	課税売上高		
事業主A	1000万円超 免税事業者	1000万円超 免税事業者	1000万円以下 課税事業者
事業主B	1000万円超 （1月1日〜6月30日の期間） 免税事業者	1000万円超 課税事業者	1000万円超 課税事業者
事業主C	1000万円以下 免税事業者	1000万円超 免税事業者	1000万円超 免税事業者 →2027年から課税事業者に

課税事業者の選択

基準期間の課税売上高が1000万円以下の個人事業主

課税事業者を選択する		課税事業者を選択しない
・消費税課税事業者選択届出書を提出 ・適格請求書発行事業者の登録申請書を提出		
課税事業者		免税事業者
課税される	課税対象の売上	課税されない
還付を受けられる	消費税の還付	還付を受けられない
インボイスを発行できる	インボイスの発行	インボイスを発行できない
申告書の提出義務あり	消費税の申告	申告書の提出義務なし

軽減税率制度

飲食料品と新聞は軽減税率8%

軽減税率が適用される品目

消費税の税率は標準税率10%と軽減税率８%の複数税率です。軽減税率が適用されるものとしては①酒、外食を除く飲食料品、②週２回以上発行される新聞（定期購読契約に基づくもの）があります。

飲食料品についてテイクアウトや出前のように単に届けるだけのものは軽減税率が適用されますが、レストランやフードコートでの食事の提供、ケータリングなどは対象となりません。

また、注意が必要なのは、例えば、有料老人ホームで施設が入居者に対して提供する飲食料品は軽減税率の対象となります。しかし、調理業務を受託している外部の事業者と施設との業務取引においては標準税率が適用されます。

また、人の飲用や食用になるものに限られるので、医薬品・医薬部外品のほか、工業用として販売される塩などは含まれません。

そのほか、紅茶とティーカップがセットで販売されているような、食品と食品以外のものが一体となっているものについては、税抜価格が１万円以下で、かつ食品が占める割合が２／３以上であれば、全額に軽減税率が適用されます。それ以外の場合は全額に標準税率が適用されます。

新聞についてはスポーツ新聞や業界紙も上記の要件を満たすものは軽減税率が適用されます。駅売りなどの新聞は対象になりません。

適用税率ごとに区分して記帳

消費税の課税事業者は、税率の異なる品目に分けて仕入や売上の経理を行い、帳簿等に記帳して申告・納税しなければなりません。

具体的には、仕入の際には軽減税率対象品目の確認、請求書などに基づいて仕入を税率ごとに区分して帳簿等に記帳する。売上の先は飲食料品の卸売・小売、食品製造、飲食店などの事業者はもちろん、軽減税率の対象品目を取り扱っていない事業者が会議費や交際費、雑費などとして飲食料品や新聞を購入するケース、あるいは課税事業者と取引する免税事業者が相手方から区分経理した請求書などを求められるケースもあります。

Biz-サプリ! 最近はインターネットを通じて配信する電子版の新聞を購読する人も増えているが、電子版は「新聞の譲渡」には該当しないという理由で軽減税率の対象にはならない。なお、紙の新聞と電子版をセット販売している場合は、紙の金額と電子版の金額を区分した上でそれぞれの税率を適用する。

軽減税率の対象となる飲食料品の範囲

記帳から消費税申告書作成まで

記帳(区分経理)

税率の異なるごとに
区分して記帳

レシートのイメージ

カフェ○×
20××/9/20　15:20

菓子*　1点　2,160円
雑貨　1点　1,100円

8%対象　2,160円
10%対象　1,100円
*は軽減税率対象品目

帳簿のイメージ

総勘定元帳(交際費)			
20××年		摘要	借方
月	日		
9	20	菓子*	2,160
9	20	雑貨	1,100

年間取引の集計

勘定科目ごとに集計して、
課税取引金額計算書等を
作成する

総勘定元帳(売上) 20××年		
摘要	借方	貸方
年間計		7,000,000
うち8%対象		5,500,000
うち10%対象		1,500,000
うち免税		0
うち非課税		0
うち不課税		0

○課税取引金額計算書

申告書の作成

集計した内容に基づき、
確定申告書を作成します。

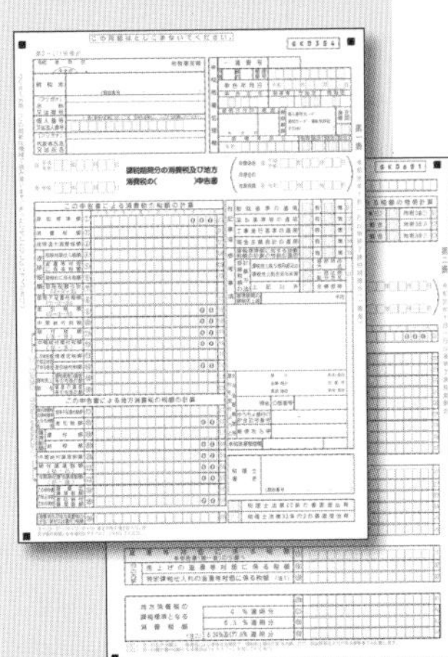

消費税の計算方法

一般課税と簡易課税

「一般」「簡易」の2つの計算方法

消費税の計算方法には**一般課税**と**簡易課税**（197ページ参照）の２種類があります。一般課税は、課税期間における課税売上にかかる消費税から、仕入や経費に支払った消費税を差し引いて、納付する消費税を求める方法です。一般課税で申告する事業者は、課税仕入などの事実を記載した帳簿と請求書の両方の保存が必要になります。この２つがない場合、仕入や経費の支払いの際の消費税分を控除することができません。

一般課税と比べて、その名の通り計算方法が簡単なのが簡易課税です。簡易課税は、課税売上にかかる消費税額に、事業に応じて定められた一定のみなし仕入率を掛けた金額を１年間に払った消費税とみなして、納付する消費税額を計算する方法です。一般課税の計算のように課税仕入等にかかる消費税額を計算する必要はなく、簡易課税は課税売上にかかる消費税額だけで納付する消費税額を算出できます。

一般課税よりも簡易課税のほうが簡単に計算できるのに加え、消費税負担が減るケースが少なくありません。ただし、簡易課税を選択するには一定の要件かつ「２年間の継続適用義務」があり、また、課税売上に占める「仕入・経費」の割合が簡易課税のみなし仕入率よりも大きい場合は、一般課税が有利になることもあります。２つの方法で試算してみて、どちらが得か見極めるのが賢い方法です。

ココに注意 ⚠ **免税事業者も必ず消費税分を請求すること！**

消費税の免税事業者からのよくある質問に、「取引先に消費税を請求してもいいのですか？　納めないのに請求するのは気が引けて……」というものがあります。結論から言えば、**消費税は必ず請求しましょう。**

そもそも消費税は価格の一部。免税事業者の売上にも消費税分が含まれていることになるので、**免税・課税事業者の区別なく消費税を請求できます。**それに、現在は免税事業者だけれど、今年や翌年には売上が1000万円を超える可能性もあります。そして今後、消費税率が15%、20%と上がった場合、自分だけが経費で多大な消費税を負担させられることになってしまいます。そうならないように、いまのうちに取引先に請求しましょう。

Biz-サプリ! 簡易課税制度は原則、課税期間が始まる前に消費税簡易課税制度選択届出書を提出する必要がある。しかし、2029年9月末までの日に属する課税期間中に、インボイス発行事業者となった免税事業者については、届出書を提出すればその課税期間から簡易課税を適用できる。

消費税の納付税額の計算方法（一般課税）

●国税の消費税の計算

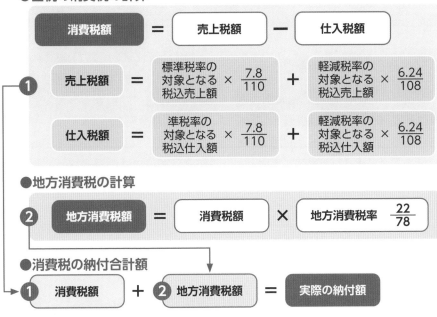

消費税額 ＝ 売上税額 － 仕入税額

① 売上税額 ＝ 標準税率の対象となる税込売上額 × $\frac{7.8}{110}$ ＋ 軽減税率の対象となる税込売上額 × $\frac{6.24}{108}$

仕入税額 ＝ 準税率の対象となる税込仕入額 × $\frac{7.8}{110}$ ＋ 軽減税率の対象となる税込仕入額 × $\frac{6.24}{108}$

●地方消費税の計算

② 地方消費税額 ＝ 消費税額 × 地方消費税率 $\frac{22}{78}$

●消費税の納付合計額

① 消費税額 ＋ ② 地方消費税額 ＝ 実際の納付額

消費税の支払い例

※標準税率対象

●課税期間の課税売上高 ＝ 2200万円（税込）

●課税期間の課税売上高 ＝ 2000万円（税抜）

●課税期間の課税仕入高 ＝ 1760万円（税込）

↓課税売上にかかる消費税額　↓課税仕入などにかかる消費税額

2000万円 × 7.8% ＝ 156万円 － 1760万円 × $\frac{7.8}{110}$ ＝ 124.8万円 ＝ 31.2万円（消費税額）

消費税額 31.2万円 × $\frac{22}{78}$ ＝ 8.8万円（地方消費税額）

消費税額 31.2万円 ＋ 地方消費税額 8.8万円 ＝ 40万円（納付税額）

インボイス発行は事前登録が必要

スマホからも登録申請できる

2023年10月１日から**適格請求書等保存方式（インボイス制度）**が開始されました。インボイス制度では、消費税の仕入税額控除をする際に、**インボイス発行事業者**から交付を受けた適格請求書（インボイス）の保存が要件となります。

インボイスを交付する事業者は事前に、インボイス発行事業者として税務署に登録申請を行う必要があります。登録申請書は、**国税電子申告・納税システム（e-Tax）**を利用して提出することができます。個人事業主はスマートフォンでも手続きが可能です。郵送の場合は全国の国税局のインボイス登録センターに送付します。

インボイス発行事業者として登録されると、書面で登録番号などが記載された登録通知書が送付されます。電子データで登録通知を希望することもできます。

なお、登録申請から登録通知までどのぐらい時間がかかるのかは、国税庁の**インボイス制度特設サイト**で確認できます。国税当局側の処理状況にも左右されますが、e-Taxの場合は提出から約１ヵ月、書面の場合は約１ヵ月半が目安となっています(2024年４月現在)。

ちなみに、2023年10月１日～2029年９月30日までの経過措置として免税事業者が課税期間中にインボイス発行事業者の登録を受ける場合、申請時に登録希望日を記載することで、希望日から課税事業者となることができます。

登録状況は国税庁サイトで公表

自分がインボイス発行事業者として登録されると、**国税庁適格請求書発行事業者公表サイト**（https://www.invoice-kohyo.nta.go.jp/）に事業者の氏名（名称）、登録番号、登録年月日などが公表されるので、取引先も確認することができます。

なお、サイトで公表される個人事業主の氏名について、住民票に併記されている外国人の通称、もしくは旧氏（旧姓）を氏名として公表することを希望する場合は、適格請求書発行事業者の公表事項の公表(変更)届出書を提出します。

Biz-サプリ! インボイス発行事業者の氏名・名称などの公表事項に変更があった場合は、「適格請求書発行事業者登録簿の登載事項変更届出書」を提出する必要がある。この届出をすることで、適格請求書発行事業者登録簿の情報、公表情報が変更される。なお、通知を受けた登録番号を変更することはできない。

e-Taxによる登録申請のフローチャート

事前準備

- インボイス制度特設サイト(国税庁HP)
- マイナンバーカードによるログイン
- 利用者識別番号の取得

登録データの作成・送信

- 提出先税務署・作成帳票の選択
- 氏名・納税地等の入力
- 事業者区分、免税事業者の確認事項等の選択・入力
- e-Taxでの受領希望の選択
- 公表申出事項の入力
- 電子署名の付与・送信
- 即時通知、受信通知の確認

登録データの確認

- お知らせメールの確認
- 登録通知等のデータ確認

インボイスの作り方

登録番号、税率ごとに区分して記載

インボイス発行事業者になることでインボイス（適格請求書）の交付ができるようになりますが、従来の請求書やレシートなどとは別に、新たな帳票を作成して取引先に渡すわけではありません。現在使っている請求書、納品書、領収書、レシートなどに、インボイスの要件を満たすための項目を追加して、インボイスを作成します。インボイスに必要な項目は、①インボイス発行事業者の氏名・名称および登録番号、②取引の日付、③取引内容（軽減税率が適用されるものはその旨も記載）、④標準税率、軽減税率ごとに区分した合計金額、⑤適用税率ごとに区分した消費税額、⑥取引相手の氏名・名称――となります。

インボイスに決められた様式はないので、要件を満たしているものであれば、手書きのものでもかまいません。また、インボイスは１つの書面にすべての事項を記載しなければならないわけではありません。請求書と納品書などが相互に関連して、インボイスの要件を満たしているのであればOKです。

登録番号を紐付けてある取引先コードなどを相手方と共有している場合は、取引先コードを記載して登録番号を省略することもできます。

なお、一般の消費者などを顧客とする小売業や飲食店業、旅行業、タクシー業などの場合は、インボイスに代えて簡易的なインボイス（**適格簡易請求書**）を交付することもできます。

インボイスは電子メール、インターネット上のサイト、受発注にかかるオンラインシステムなどを通じて、電子データで交付してもOKです。

取引先に交付する書類の全部をインボイスにしなければならないわけではありません。どの書類をインボイスにするかは取引先と相談して対応しましょう。

仕入などに関して取引先から受け取ったインボイスについては、仕入税額控除の適用を受けるために保存しておく必要があります。ただし、自分で仕入明細書等を作成している場合、インボイスの要件を満たす記載がされているものであれば、仕入税額控除を適用できます。

Biz-サプリ! 個人事業主が課税年度の途中でインボイス発行事業者の登録申請を行った場合、登録日から効力が生じるので、それ以後の課税資産の譲渡や仕入にかかる消費税の納税義務が発生する。例えば、免税事業者が2024年10月1日にインボイス発行事業者の登録を受けた場合、その日から12月31日までの消費税の申告が必要になる。

インボイスに記載する項目

オレンジ色の番号がインボイスで変更・追加が必要になる記載事項です。

適格請求書

1. 適格請求書発行事業者の氏名または名称および登録番号
2. 取引年月日
3. 取引内容(軽減税率の対象品目である旨)
4. 税率ごとに区分して合計した対価の額(税抜または税込)および適用税率
5. 税率ごとに区分した消費税額等※
6. 書類の交付を受ける事業者の氏名または名称

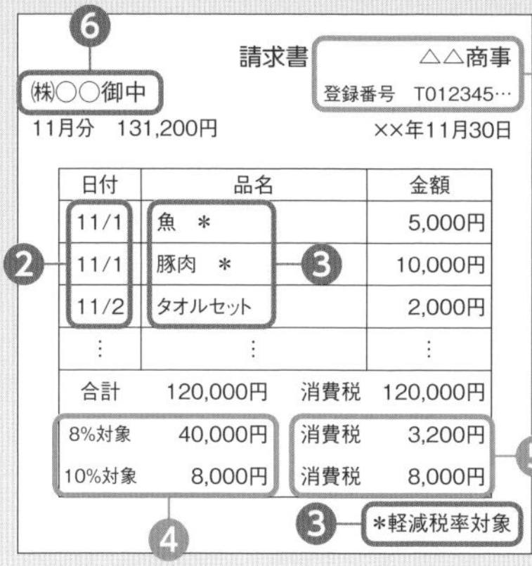

適格簡易請求書

1. 適格請求書発行事業者の氏名または名称および登録番号
2. 取引年月日
3. 取引内容(軽減税率の対象品目である旨)
4. 税率ごとに区分して合計した対価の額(税抜または税込)
5. 税率ごとに区分した消費税額等※または適用税率

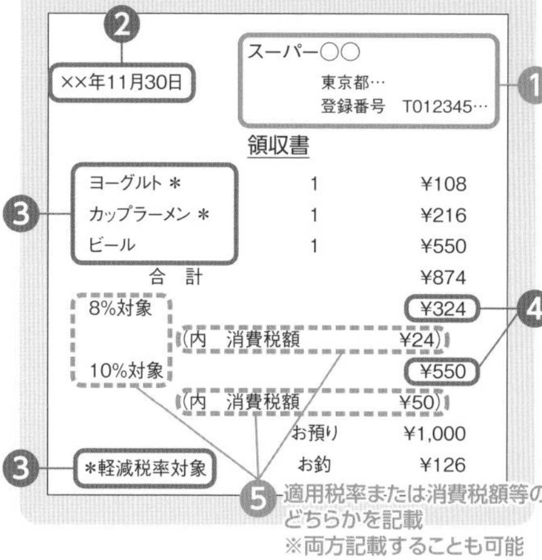

※消費税額等の端数処理は、1つのインボイスにつき税率ごとに1回にまとめて計算します

認められる例

請求書

㈱○○御中　　××年11月30日

㈱△△ (T0123…)

請求金額(税込)60,197円

※は軽減税率対象

取引年月日	品名	数量	単価	税抜金額	消費税額
11/2	トマト ※	83	167	13,861	(注) ー
11/2	ピーマン※	197	67	13,199	ー
11/15	花	57	77	4,389	ー
11/15	肥料	57	417	23,769	ー
8%対象計				27,060	端数処理→2,164
10%対象計				28,158	端数処理→2,815

NG 認められない例

品名	数量	単価	税抜金額	消費税額
トマト ※	83	167	13,861	行ごとに端数処理→1,108
ピーマン ※	197	67	13,199	1,055
花	57	77	4,389	438
肥料	57	417	23,769	2,376
8%対象計			27,060	2,163
10%対象計			28,158	2,814

合算 ×

個々の商品ごとに計算した消費税額を合算することはできません。

インボイス制度の経過措置

納付額を売上税額の2割に軽減

税務負担を緩和する経過措置

インボイス制度に対応していくためにはインボイス発行事業者の登録が必要になります。しかし、インボイス発行事業者になると、自動的に**消費税の課税事業者**になるため、消費税の申告・納付義務が発生します。忙しい個人事業主にとっては、さらに経理作業が増えると思うと、インボイス制度の対応に腰が引けてしまうという人もいるのではないでしょうか。

そこで活用したいのがインボイス制度の導入に伴い実施される特例です。事業者の税務負担や混乱を緩和するために、消費税の煩雑な税額計算などを簡略化する経過措置などが設けられます。

中でも注目したいのは、免税事業者からインボイス発行事業者になる個人事業主などを対象に、消費税の納税額を売上税額から８割差し引くことができる**２割特例**です。仕入税額控除の計算も不要です。簡易課税制度と異なり、業種による違いもなく、一律で売上税額の２割にできます。事前の届出もいりません。

また、2023年10月のインボイス制度導入から６年間は、免税事業者等からの課税仕入について仕入税額相当額の一定割合を仕入税額とみなして控除できる経過措置も設けられます。

少額取引のインボイスを簡略化

税込１万円未満の少額取引については一定の事項を帳簿に記載して保存することを条件に、インボイスの保存がなくても仕入税額控除が可能です。１万円未満の判定は、１回の取引の課税仕入れにかかる税込金額になります。例えば、4000円の商品と8000円の商品を別の日に仕入れた場合は、それぞれが１万円未満の取引なので、インボイスの保存は不要です。この少額取引の特例は、前々年の課税売上高が１億円以下、または前年の１月～６月の課税売上高が5000万円以下の事業者に適用されます。

そのほか、すべてのインボイス発行事業者を対象に、税込１万円未満の返品や値引き、割戻しについて返還インボイスの交付が不要です。

Biz-サプリ！ 免税事業者がインボイス登録を受けると、インボイス発行事業者の登録を取りやめた場合でも登録を受けた日から2年を経過する日の属する課税期間までの間、免税事業者となることはできない（2023年10月1日の属する課税期間中に登録を受けた場合を除く）。

個人事業主のインボイス税務をサポートする「2割特例」

免税事業者からインボイス発行事業者として課税事業者になった場合の計算方法

2割特例

売上にかかる消費税額から**売上税額の8割**を差し引いて納付税額を計算する

課税事業者の通常の計算方法

一般課税

売上にかかる消費税額から**仕入にかかる消費税額**を差し引いて納付税額を計算する

簡易課税

売上にかかる消費税額か売上税額にみなし仕入率を掛けた金額を差し引いて納付税額を計算する

- つまり対象となるのは基準期間（前々年）の課税売上高が1000万円以下のインボイス発行事業者
- 消費税課税事業者選択届出書を提出して、2023年9月30日以前から課税事業者となる場合は適用できません
- 一般課税、簡易課税のどちらを選択していても2割特例を適用できます

【2割特例を適用できる期間のイメージ】

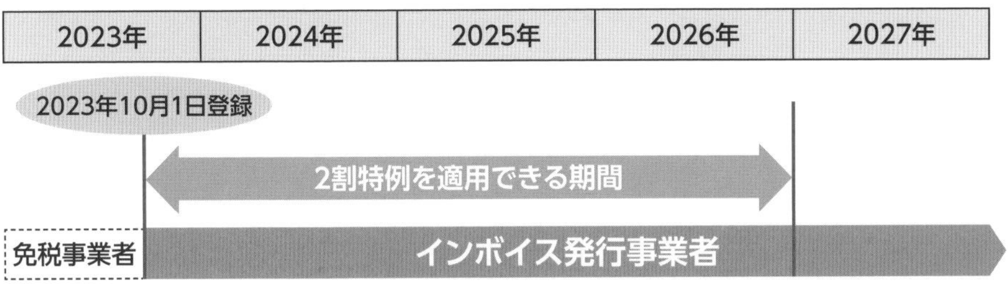

インボイスを発行しない免税事業者からの課税仕入も控除可能

2023年10月～2029年9月までの6年間は、免税事業者等からの課税仕入について仕入税額相当額の一定割合を仕入税額とみなして控除できる経過措置が設けられます。

【免税事業者等からの課税仕入にかかる経過措置】

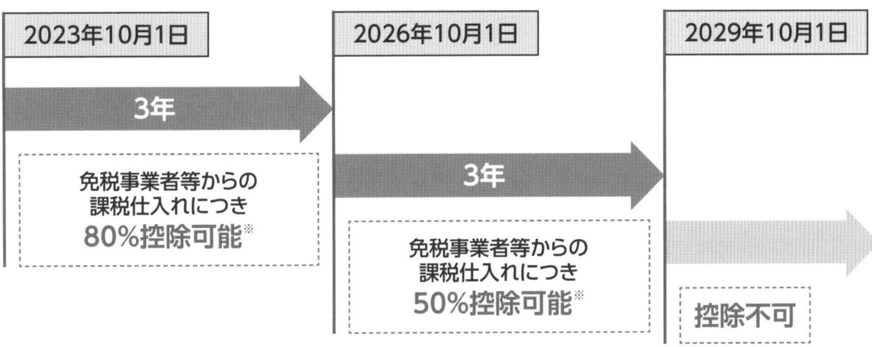

※この経過措置による仕入税額控除の適用については、免税事業者等から受領する区分記載請求書と同様の事項が記載された請求書等の保存と、この経過措置の適用を受ける旨（80%控除・50%控除の特例を受ける課税仕入である旨）を記載した帳簿の保存が必要です。

個人事業主の申告期限は3月31日

簡易課税は事前届出が必須

消費税の計算方法には188ページで解説した通り、一般課税と簡易課税がありますが、経理作業の負担軽減などを考えると、個人事業主としては簡易課税制度をぜひ利用したいところです。

ただし、簡易課税制度を選択するには、「前々年度（課税期間の基準期間）における課税売上高が5000万円以下であること」、かつ「**消費税簡易課税制度選択届出書**を事前に所轄税務署長に提出すること」の２つの条件を満たしていなければいけません（※2023年10月１日のインボイス制度導入に伴い、免税事業者からインボイス発行事業者になる場合は、消費税簡易課税制度選択届出書の提出についてその事業年度から簡易課税制度の適用を認める特例が設けられています。188ページ参照）。

また、２種類以上の事業を営んでいる場合は、事業区分を取引ごとに判定する必要があります。例えば、小売業者がほかから仕入れた商品の小売と合わせて、自分が製造した商品を販売している場合などです（小売業と小売製造業）。１種類の事業にかかる課税売上高が全体の75％以上を占める場合は、その事業のみなし仕入率を全体の課税売上高に対して適用することができます。

個人事業主の申告・納付期限

消費税の課税事業者は、課税期間の終了の日の翌日から２ヵ月以内に、納税地を所轄する税務署に消費税の確定申告書を提出するとともに、その税金を納付しなければならないとされています。ただし、個人事業主の12月31日の属する課税期間の消費税の確定申告と納税の期限は２月末日ではなく、３月31日までに延長されています。

ココに注意 簡易課税の届出は忘れずに！

簡易課税制度を利用するつもりが、**うっかり消費税簡易課税制度選択届出書を期限までに出し忘れてしまい、適用の対象とならなかった個人事業主が後を絶ちません。**期限は適用を受けようとする課税期間の開始日の前日まで。余計な税負担は損です。

Biz-サプリ！ 簡易課税を選択する上で知っておかなければならないのは、簡易課税制度では消費税の還付は受けられないということ。簡易課税では申告・納付する消費税額の実額を計算していないので、当然、還付する税額も計算できないからだ。

簡易課税の計算式と事業区分・みなし仕入率

●簡易課税の計算式

課税売上にかかる消費税額 － 課税売上にかかる消費税額×みなし仕入率 ＝ 消費税の納付税額

事業区分	該当する事業	みなし仕入率
第一種事業	卸売業（おろしうり）	90%
第二種事業	小売業	80%
第三種事業	農業、林業、漁業、鉱業、建設業、製造業(製造小売業を含む)、電気業、ガス業、熱供給業および水道業	70%
第四種事業	飲食店業等	60%
第五種事業	運輸通信業、金融業および保険業、サービス業(飲食店業を除く)	50%
第六種事業	不動産業	40%

●第五種事業(サービス業等) 50% のケース

所得の計算

①(課税)売上			13,200,000 円
経費	不課税 ×	給与等	2,400,000 円
	不課税 ×	減価償却費	1,500,000 円
	課税 ○	課税仕入	2,750,000 円
②経費合計			6,650,000 円
所得 ①－②			6,550,000 円

消費税の計算

本来は189ページの計算式を使うが、一般課税と簡易課税のどちらが得かを考える際は、差引額×$\frac{10}{110}$とすると、だいたいの目安がわかる。

一般課税	
課税売上	13,200,000円
課税仕入	△2,750,000円
差引	10,450,000円
消費税額	950,000円

簡易課税	
課税売上	13,200,000円
みなし仕入率(50%)	△6,600,000円
差引	6,600,000円
消費税額	600,000円

このケースでは、簡易課税を選択したほうが、350,000円有利!

※実際はこの額の通りではありません。目安としてください。

column

免税事業者は消費税を受け取る権利がある

消費税は間接税で、消費税を最終的に負担しているのは消費者です。

例えば、「生産者　→　卸業者　→　小売業者　→　消費者」と、それぞれの段階で取引価格に、自分の消費税を上乗せ（転嫁）していくので、事業者自身が消費税を負担することはないしくみとなっています。

ただし、それぞれの段階の事業者は、消費税を負担者に代わって納付する義務があります。一定期間の課税売上高が1000万円以下の場合は、免税事業者として消費税の納税義務が免除されますが、免税事業者だからといって消費税を自分の懐に入れているわけではありません。

免税事業者も自身の仕入に関する消費税はもちろん、事業を営む上での固定費、設備投資に関するさまざまな支出で、消費税を支払っています。その負担した消費税は、次の取引相手に転嫁しなければなりません。

■□■□■

消費税が日本で導入されたのは1989年。当時の消費税率は３％でした。その後、1997年に税率は５％に引き上げられ、2014年に８％、2019年に軽減税率制度を導入しながら10%になりました。

消費税率の引き上げに伴い、中小事業者が取引先から消費税の転嫁を断られたり、消費税分の値引きを求められたりする懸念があったことから、2013年10月には「消費税転嫁対策特別措置法」が施行され、消費税を取引先に適正に転嫁していくルールを定める法律ができました（2021年３月31日失効）。

■□■□■

2023年10月からインボイス制度がスタートしましたが、取引先が免税事業者に対して「仕入税額控除ができない」などの理由で、消費税転嫁を拒否する行為も想定されます。

しかし、免税事業者は取引先から自ら負担した消費税分をきちんと受け取る権利があります。ビジネスを新しく始めたばかりの個人事業者の場合、免税事業者もきっと多いはず。消費税を適正に転嫁しながら、事業の利益をしっかり守っていきましょう。

第12章

一歩先の
経営へ！

個人事業主のための税金講座

節税編

大切な利益をムダにするのではなく、次の事業へと効果的につなげることは事業の経営者として腕の見せ所です。節税もまた利益を守る重要な取り組みの1つといえます。税務上の優遇措置の動向にも関心を持って、税負担の軽減に努めましょう。

Tax lecture for OWNERS (Advanced)

節税を考える前に

自分が支払う税金は自分で決める

税金の額は〝自分〟が決める

納税は憲法に定められた国民の義務ですが、ここで税金に関して1つ、大きな誤解をしている人が少なくありません。「税金は、自分の給料に応じて税務署が決めている」という誤解です。実は、自分が納める税金の額は税務署ではなく、ほかでもない「自分が決める」のです。これを**申告納税制度**といって、日本の課税制度の大原則なのです。

国民は自分が納める税金について、「今年はこれだけの所得があったから、税金はこの額を納める」と税務署に申告・納付します。税務署が、「あなたが支払う税金はこの金額です」と指定してくるわけではありません。

なぜこのような誤解が生じているのでしょうか。例えば、サラリーマンの場合はどうでしょうか。勤めている会社が毎月の給料について事前に所得税分を差し引いて税務署に納めています。税金に関する手続きを自分では何もしていません。そのため、「税金は役所が勝手に決めている」と思ってしまいがちです。しかし、個人事業主になると、税金の申告・納付を自分で行います。申告書に１つずつ数字を書き入れていきながら、初めて自分が納める税金の額は、自分で確定させていることに気が付くのです。

申告納税制度と賦課課税制度

申告納税制度

納税者が自分で税額を計算し、申告することによって税額が確定する。1947年に採用。所得税、消費税、法人税、相続税など多くの国税に適用される。

賦課課税制度

税務当局（地方自治体など）が納税者の税額を確定して、納めるべき税額を通知する。住民税、固定資産税、自動車税、都市計画税など地方税に多い。

Biz-サプリ! 日本の税制は第二次世界大戦以前までは基本的に賦課課税制度が中心的だった。しかし、1949年にGHQの要請に基づく「シャウプ勧告」により、税制の抜本的な改革が行われた。申告納税制度の採用、青色申告制度の導入といった現在の税制の基礎が整備された。

レクチャー

税金は自分で決めるというなら、なぜ税務署が申告漏れを指摘しているの？

「申告納税制度では税金の額を自分で決めるなんて言うけど、税務署が申告漏れや脱税をした会社を摘発してニュースになっているじゃないか。やっぱり税金の額は税務署が決めているよ」と思われるかもしれません。こうした事件では、確かに税務署が納税者の税額を決めているように見えます。ただし、これは「納税者が納めるべき税金を支払っていない」と税務署に判断されたためです。

つまり、**税金には「払わなければならない税金」と「払わなくともよい税金」があるのです**。税金に関する法律の規定に沿って税額を計算し、申告・納付しなければならないことは言うまでもありません。これは、払わなければならない税金です。

しかし、よく調べてみると、税金が優遇される制度が実施されています。こうした制度を使えば税金が低くなるにもかかわらず、何もしないでそのままの税金を納めていれば、これは本来払わなくともよい税金を納めていることになります。こうした優遇措置を適用していくことが「節税」の基本です。少しでも税負担を軽減できるように最新の優遇措置などに関心を持っておきましょう。

個人事業主の税金が優遇されるおもな制度

少額減価償却資産の特例（145ページ参照）	減価償却資産は、通常、法定耐用年数に応じて損金経理していくが、取得価額が30万円未満である減価償却資産についてはその全額を損金算入することが認められている。
中小企業投資促進税制	1台160万円以上の機械・装置、120万円以上の測定工具および検査工具、一定のソフトウェア、貨物自動車、内航船舶を導入した場合に、税額控除（7％）、または特別償却（30％）が認められる（一部の設備については、さらに上乗せ措置もある）。2025年3月31日まで。

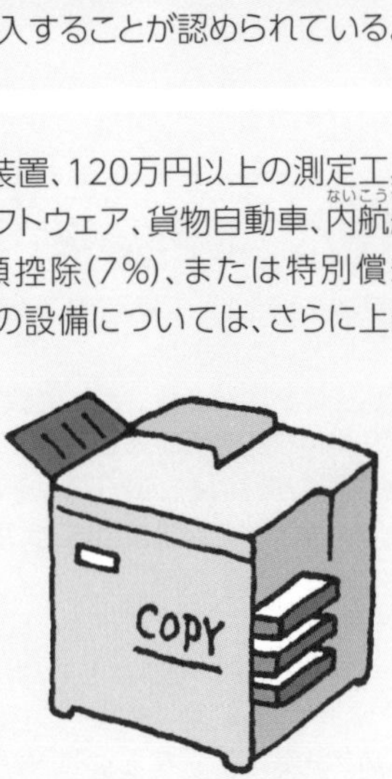

節税の5原則

コレで税金は安くなる!

所得が上がると税金は大きくなる

所得税が法人税などのほかの税金と違うのは、所得が上がるにつれて税率がどんどん上がっていく**累進課税方式**という点です。したがって、所得税の計算式「(収入－経費－所得控除)×税率－税額控除」の総額を小さくすればするほど、その分だけ節税につながります。そこから考えると、節税は５つの原則「収入を変える」「損益通算させる」「経費を増やす」「所得控除を増やす」「税額控除を増やす」に集約することができます。

節税目的のムダな支出は無意味

ただし節税を行う際には、税金以外の面での配慮も考える必要があります。例えば、所得を減らすためにやたらと経費を増やそうとしてもムダな支出になりますし、そうして所得を減らした結果、ローンを組んだり、借入れをしたりする際の足かせになることもあります。目先のことばかりでなく、将来設計なども考えて節税に取り組まなければいけません。この多角的な視点が、節税における重要な要素になります。

ココに注意 ⚠ 節税と脱税の違い

端的に言うと、節税は合法、脱税は違法だという点です。

脱税は領収証を改ざん・偽装するなど不正な申告を故意にやることです。そして脱税の金額がおよそ5000万円以上の悪質な脱税では刑事事件、つまり刑務所に入る可能性も出てきます。

同じくニュースなどでよく耳にする**所得隠し**は、脱税と同じ意図的な不正行為を行っているものの、金額がそれほど大きくないケース。起訴などはまぬかれますが、脱税と同じく**重加算税**が課されます。

申告漏れはそれよりも軽いケースで、わざとではないけれど、プライベートで使っているパソコンや洋服を経費に計上していた、ある日の売上を帳簿に書き忘れて申告し忘れたなど、「ここまでは認められると思った」「ついうっかり」というケース。重加算税は課せられませんが、相応の**罰金(過少申告加算税)**が課せられます。

脱税・所得隠し・申告漏れはいずれも、程度の差こそあれ法律に触れることには違いありません。税法上認められた範囲で正しい節税をしましょう。

Biz-サプリ! 重加算税は、納税者が課税標準や税額計算の基礎となるべき事実の全部、もしくは一部を隠蔽したり偽ったりして納税申告をした場合に課されるペナルティ。計画的な不正行為だとみなされた場合に適用される。追加本税に対して過少申告・不納付の場合は35%、無申告の場合は40%の高い罰金が課される。

所得税の計算式と節税の関係

（収入－経費－所得控除）× 税率 － 税額控除 ＝ 所得税の納付税額

計算式の最終合計金額を少なくする ▶ 節税になる！

- 収入・経費・所得控除・税額控除の各項目について見直してみよう
- 各項目の数字は入れ替えたり、変更できることも多く、合法的に節税ができる

節税5原則のポイント

1 収入を変える
▶204ページ

事業所得・給与所得・雑所得など10種類の所得は、それぞれ控除額や経費、税率が異なる。自分の所得の種類分けが正しいかどうか、いま一度確認を。

2 損益通算させる
▶206ページ

事業所得・不動産所得・山林所得・譲渡所得（不動産譲渡の場合はマイホームの譲渡のみ）が赤字の場合、他の種類の黒字所得と相殺できる。脱サラしたての個人事業主は特に覚えておきたい制度。

3 経費を増やす
▶208ページ
▶210ページ
▶212ページ

水道光熱費、携帯電話代、新聞代、DVDプレーヤー……。「収入を得るために必要なもの」なら、経費として計上することができる。チェックリストで確認しよう。

4 所得控除を増やす
▶164ページ
▶166ページ
▶212ページ

見落としがちな医療費控除をはじめ、災害や盗難・横領の際に配慮される雑損控除など、自身にあてはまるものはないかチェック。

5 税額控除を増やす
▶168ページ
▶214ページ

配当控除、住宅ローン減税など。省エネ改修工事、バリアフリー改修工事を行った場合も控除対象になる。

節税のコツ❶

収入の内訳をチェックする

稼ぎ方によって税金は変わる

　所得は全部で10の区分に分けられています。仮に、年収が1000万円の人が２人いるとして、それぞれの人がどのようにお金を稼いだか（＝どの所得に該当するか）で、税金の計算パターン、税率が変化するので、実際に納める税金の額は変わります。

　中には、個人事業主の得る収入のすべては事業所得だと考えている人がいますが、これは間違い。その得る収入の内容に見合った所得として計上する必要があります。例えば、雇用関係のもとでアルバイトとして週に1回会社に出向いて時給換算でサポート業務をしているなら、これは給与所得になります。

　雑誌の取材を受けたり、執筆をしたりした場合、セミナーや講演で講師を務めた際の収入は、継続性などがなければ雑所得として扱います。

ほかの所得と相殺できることも

　給与所得には**給与所得控除**が適用されますし、雑所得なら**個人事業税**がかからないという特徴があります。「面倒だから」といってすべて事業所得に含めていると、払わなくても済む税金を払うことにもなりかねません。

　ぜひ一度、自分が得ている収入の内訳をチェックしてみましょう。節税のために意図的に所得区分を変更することはもちろんできませんが、実態に合わせた形に所得を整える分には問題ありません。

　また、事業所得が赤字になったとしても給与所得や雑所得があれば相殺して**損益通算**できるケースもあります（206ページ）。

雑所得と事業所得の処理方法

実務サポート

　ある税理士の場合、税理士の本業に関する収入は事業所得になりますが、例えば、本の出版にかかる印税収入は、継続性がなければ基本的に雑所得として計上することになります。もし、「出版に関する業務を毎年必ず手掛けるなど、**継続性があれば事業所得に計上する**」ことになります。

Biz-サプリ！ 印税とは、出版物やレコードなど、著作権の存在する著作物の著作者に対して、その定価・発行部数に応じて出版社やレコード会社などの版元が支払う対価のこと。通常は「定価×発行部数×一定比率（3～10%程度）」となる。印税の支払日や印税比率は、版元と著作者がその案件ごとに協議して決める。

個人事業主が得るおもな所得と計算式

	定義	所得金額の計算式
事業所得	継続性・反復性のある、農業や製造業、小売業、その他事業の所得	総収入ー経費
給与所得	俸給・給料・賃金・歳費などの給与	収入ー給与所得控除
雑所得	公的年金、本業ではない臨時的な原稿料や印税、講演料や放送謝金など	総収入ー経費
		公的年金収入ー公的年金控除

所得の種類に応じて計算構造が異なるので節税になることも!

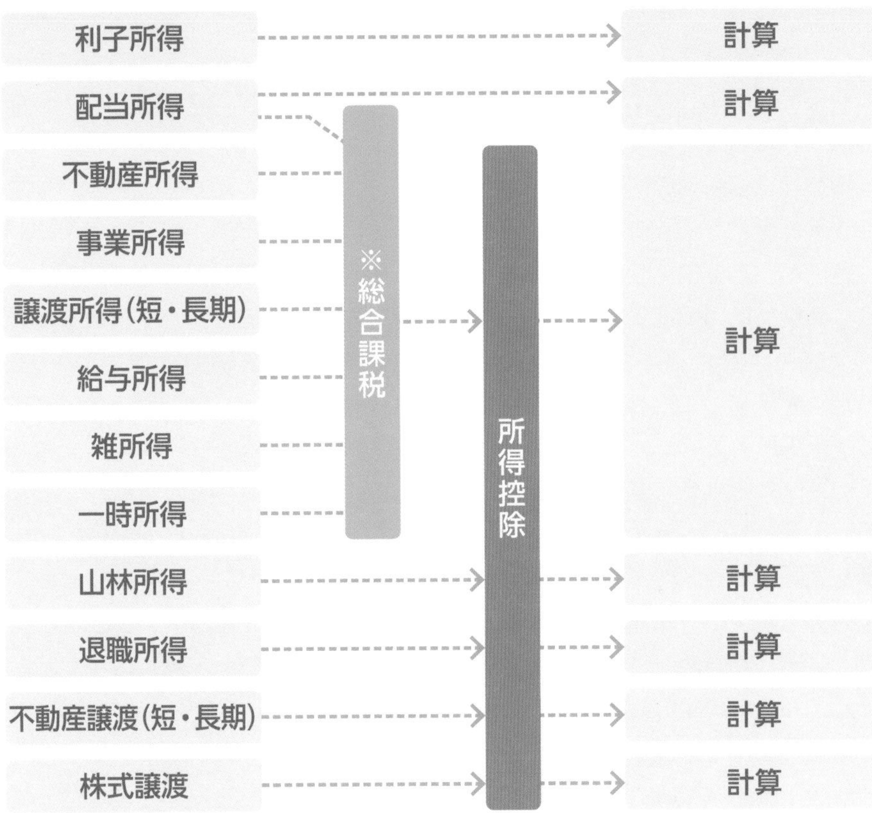

●譲渡所得は「株式譲渡」「不動産譲渡(短・長期)」「譲渡所得(短・長期)」の3種類に分けられる

※総合課税とは、違う種類の所得金額を合算して課税されるものをいいます。

節税のコツ❷

損益通算で所得を減らす!

赤字と黒字を相殺できる

204ページでもふれましたが、所得はその内容によって10種類の区分に分けられています。そのうち、事業所得と不動産所得、山林所得、譲渡所得の４つの所得が赤字だった場合、その他の種類の黒字所得と相殺することが認められています。これを**損益通算**（そんえきつうさん）と呼びます。

損益通算は所得の区分を飛び越えて赤字と黒字を相殺できるため、納税者にとって非常に税金負担が軽くなるありがたいシステムです。

損益通算できる４つの所得のうち、個人事業主にとって最も身近なのが事業所得です。

例えば、脱サラして商売を始めた独立１年目の個人事業主がいたとします。開業したてで売上が少なく、その年の事業所得が赤字になってしまった場合でも、給与所得があれば、その赤字分を同年の給与所得から差し引くことができます。

給与から源泉徴収されていた税金を還付してもらえるので、該当する人は忘れずに損益通算をしましょう。

ちなみに、青色申告をしている個人事業主ならば、その年の赤字を翌年以後３年間繰り越して翌年以後に発生した黒字（所得）と相殺できます（93ページ）。

特に、事業を始めた初年度は設備の購入など、物入りなので売上よりも経費のほうが多くなるケースも少なくありません。

青色申告制度の活用は節税の大前提ともいえます。

株式の譲渡損益も相殺できる

同じ種類の所得同士でも、赤字と黒字を相殺することができます。これを**損益相殺**といいます。

代表的なのが、株式同士の損益相殺。例えばA社の株で利益を出したもののB社の株で損害をこうむった場合、この２つを相殺できます。FXの場合は同じ雑所得である年金収入やインターネットのアフィリエイト（成果報酬型広告）収入などと相殺できます（一部例外あり）。

Biz-サプリ! FXとは外国為替証拠金取引ともいい、証拠金を証券会社などに預託して、外国通貨の売買取引を行う。基本的に雑所得として総合課税などの対象となる。FXについてはこれまで申告漏れを指摘されるケースが相次いでいた。くれぐれも注意したい。

損益通算のしくみ

赤字		黒字	
事業所得	損益通算 →	利子所得	給与所得
不動産所得		配当所得	雑所得
山林所得		不動産所得	一時所得
譲渡所得		事業所得	山林所得
(不動産譲渡は一定の居住用の土地建物の譲渡のみ)		譲渡所得	退職所得

●損益通算は、1年間で2つ以上の所得を持つ人が対象

事業所得の赤字を損益通算する場合の手順

1 事業所得以外の所得金額を、利子所得・配当所得・不動産所得・給与所得・雑所得の「経常グループ」と、譲渡所得・一時所得の「臨時グループ」の2グループに分けます。

2 事業所得の赤字を、「経常グループ」の所得から差し引きます。

3 「経常グループ」で通算後も損失がある(赤字が残る)場合は、「臨時グループ」の所得から差し引きます。まだ赤字が残る場合は、山林所得、次に退職所得から差し引きます。

4 上記の手順でまだ赤字が残る場合は、損失申告をして赤字分を翌年へ繰り越すことができます。(→174ページ参照)

2 損益の通算

所得の種類				Ⓐ 通算前		Ⓑ 第1次通算後		Ⓒ 第2次通算後		Ⓓ 第3次通算後	Ⓔ 損失額又は所得金額
A	経常所得			㊾ 円	第1次通算	円	第2次通算	円	第3次通算	円	円
B	譲渡	短期	総合譲渡	㊶							
		長期	分離譲渡(特定損失額)	㊷ △							
			総合譲渡	㊸							
	一時			㊹							
C	山林			----→	㊺						㋟
D	退職			----→		----→	㊻				
損失額又は所得金額の合計額										㊆	

節税のコツ❸

事業のためならすべて経費にできる

事業性を裏付ける根拠は必要

経費は収入から差し引くことができるおカネになるので、経費を増やすことは節税のために非常に効果的です。では、どのような支出が経費として認められるのでしょうか。税金の計算をする上で経費として認められるものは「事業のために必要な支出」です。

なので、例えば、軽自動車は経費になるけれども、高級車ならば経費にならないということではありません。事業上必要な車ならば、レクサスでもベンツでも経費になります。

ただし、経費として計上するには明確な根拠や裏付けが必要です。車を使った行動を手帳に記録する、これだけ車で営業先を回っているなど、客観的な資料を用意しておきましょう。「とりあえず経費にしちゃえ」というアバウトな感覚では税務署は経費とは認めてくれません。

また、建築関係の仕事をしている人が職人さんたちに自動販売機のジュースを配る時など、領収書が出ない場合でも、出金伝票やメモ書きを残しておけば計上することができます。こうした細かいことの積み重ねが節税につながります。

交際費もしっかり計上しよう

個人事業主としてスムーズに事業を進めるためにも取引先と飲食する機会も少なくありません。この際に活用したいのが**交際費**です。交際費は会社の場合、経費にできる金額には上限がありますが、個人事業主は交際費を全額経費にできます。1年を通じて交際費を計上すれば、それなりの金額になるので、領収書をきちんと管理して漏れなく経費にしましょう。

細かい経費の計上漏れを防ぐ

実務サポート

経費の計上のために逐一記帳するのは大切なことですが、かかる手間はできるだけ省くと同時に、漏れなく計上したいもの。

例えば、電車賃や駅構内での細々とした出費はSuicaなどでまとめて払い込んで、そのチャージ金を交通費として経費に計上するのも確実です。

Biz-サプリ! 個人事業主の場合、交際費は全額経費にできるので、外注先との打ち合わせ、持参した手土産代も経費になる。領収書は必ずとっておくこと。

経費を見直す際のポイント

Point 1

経費になるかどうかの判断基準は「収入を得るために必要なものかどうか」。

Point 2

事業を始める時に持ち出した固定資産（パソコンや自動車など）も忘れずに減価償却費として計上する。

Point 3

自宅を事務所にしている場合は、家賃・水道光熱費・通信費などの「家事関連費」を、仕事で使う割合を計算（按分（あんぶん））して経費として計上する。

見逃しがちな経費のチェックリスト

- □ 業務で使用するパソコン、周辺機器、インターネット接続料
- □ 業務で使用するパソコン・周辺機器などの修理代
- □ 業務で使用する電話代・携帯電話代
- □ 水道光熱費（電気・ガス・水道）
- □ 新聞代
- □ 書籍・雑誌代
- □ 業務に関する旅行費
（クライアントとの打ち合わせ、出張、情報収集など）
- □ 業務に関するセミナー受講料、通信教育費
- □ DVDプレーヤー（仕事で必要な資料を見る際に用いる場合）
- □ 衣装代
（講演やセミナー登壇時に着用する、営業活動でパーティに参加するなど、仕事で必要な場合）
- □ ヘアサロン・ヘアメイク代
（テレビや雑誌などで取材を受ける、講演やセミナー登壇などの場合）
- □ 応接間の絵画、置物
（応接間を仕事の打ち合わせの場所として使う場合など）
- □ 仕事先への冠婚葬祭の包金
- □ 仕事先へのお中元・お歳暮、手土産代
- □ 映画館、美術館、展示会の入場料（仕事で必要な情報収集の場合）

節税のコツ❹

来期に向けて先行投資!

これからの仕事に必要な支出もOK

経費にできる支出には「今後役立ちそうな売上の先行投資をする」という使い方もあります。

経費は収入を得るためにかかった支出を計上するものですが、さらに、将来に向けて収入を得るための支出も経費に計上することができます。事業拡充のための先行投資も賢い節税の方法です。

コンサルタントをしている個人事業主が仕事の幅を広げようと、例えば、「経理に関する仕事の相談を受けた時のために、いまのうちに簿記の資格を取っておこう」とスクールに通った場合、資格取得にかかった費用は経費に計上できます。

30万円未満の資産ならば即時償却

年度末に駆け込みで自動車やパソコンを購入する人がいます。その分、経費として収入を圧縮できるので節税効果を期待できます。特に、**少額減価償却資産の特例**（201ページ参照）を使うことで全額償却が可能な30万円未満のものであれば、節税効果は高いでしょう。

ただし、新車（耐用年数６年）などを購入した場合、残念ながら減価償却費は月割りで計算されるので、仮に12月に自動車を購入したとすると、経費に計上できるのはその年の減価償却費として算出される額の12分の１です。

節税のための「浪費」は本末転倒

「今期は利益が出そうだから、何か経費にできる大きな買い物をしようか」と考える事業主は少なくありません。しかし、単純にこう考えるのは危険です。

というのも、こうした買い物はやはり有益な投資であるべきだと考えるからです。今後の事業に結びつくかどうかで、先行投資なのか、それともただの浪費かに色分けされます。

「自動車を購入したから営業エリアが広がった」というように、節税の視点だけではなく、来期以降の収益に結びつくおカネの使い方こそ、ビジネスの成長が見込めます。

Biz-サプリ! 中古品の償却方法は、その商品が新しく発売された年からの経過年数を耐用年数から引いて、残りの期間で中古品の取得価格を償却する。ただし、残りの期間は最低でも2年間と決められている。

大切なおカネだからこそ意義ある投資につなげよう

今期は利益が出そうなので

仕事の効率を上げる最新のパソコンを購入

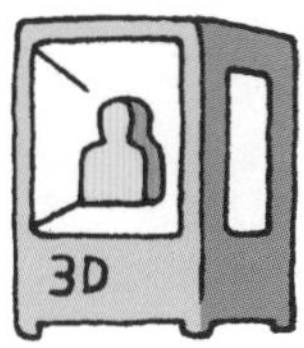

↓

投資 生産性が向上して売上アップ！

↓

翌期の**利益アップ**

あこがれの高級外車を購入

↓

浪費 生産性は変わらず

↓

翌期の**利益変わらず**

収益に結びつくおカネの使い方を考えることが大切！

レクチャー

社長が4年落ちのベンツを買うワケ

4年落ちのベンツに乗っている社長が多いという話を聞いたことがありますか？

実はこの話、減価償却の耐用年数と関係しています。そもそも、自動車の耐用年数は6年。仮に新車を買った場合、6年間にわたって減価償却費として、経費に計上していきます。

これに対し、4年落ちの中古車を買った場合の耐用年数は2年。2年で償却すれば、それだけ早く資金を経費に計上することができます。

ちなみに、耐用年数は、1年落ちなら5年、2年落ちなら4年のように新車発売から6年間となっています。ただし、4年落ち以上なら一律2年と決められているので、5年落ち、6年落ちと古くなっても変わりません。経費にしやすく比較的新しい、4年落ちに人気があるのはこのためなのです。

経営セーフティ共済

最大で240万円の所得控除

取引先が倒産！　もしもの時の備え

節税というものは、しくみとしてはそれほど難しいものではなく、割に単純な話です。

税務上の課税される所得を引き下げることができる諸々の費用や減価償却費などの経費、所得控除、税額控除などを確実に、あるいは戦略的に引いていくことで所得税の負担を軽減できます。

208ページからは節税につながる経費に関する説明をしてきましたが、ここでは個人事業主が経費を増やすことができる、つまり課税される所得をより引き下げることができる具体的な方法として**経営セーフティ共済（中小企業倒産防止共済制度）**を紹介します。

経営セーフティ共済は**独立行政法人・中小企業基盤整備機構（中小機構）**が運営する公的な制度で、取引先が倒産した際に個人事業主などが連鎖倒産、経営難に陥ることを防ぐためのサポート制度です。資金繰りに困った時には掛金の最高10倍（上限8000万円）まで無担保・無保証人で借入れできます。

掛金は全額経費に。解約もできる

この共済の特徴の1つがその節税効果です。掛金は月額5000～20万円まで選べますが、その全額を必要経費に算入できるので、経営セーフティ共済だけで最大240万円の所得控除を受けることができます。

さらに、掛金を12ヵ月以上納めていれば掛金総額の8割以上が返金され、40ヵ月以上掛金を納めていれば掛金全額が返金されます（12ヵ月未満は掛け捨て）。

ちなみに、個人事業主が所得控除を増やせる方法として11ページで個人年金（**iDeCo、小規模企業共済、国民年金基金**）を紹介しています。こちらは掛金が全額所得控除できるので、あわせて検討してみるとよいでしょう。

Biz-サプリ！ 中小機構は経済産業省が所管する独立行政法人で、国の中小企業政策の実施機関として、起業・創業期から成長ステージに合わせた支援を行っている。専門家の派遣や補助金制度、経営に関するさまざまな無料相談なども行っているのでホームページ（https://www.smrj.go.jp）などもチェックしてみるといい。

「もしも」に備える経営セーフティ共済

借入れ

無担保・無保証人で、掛金の10倍まで借入れ可能

共済金の借入れは、無担保・無保証人で受けられる。共済金貸付額の上限は「回収困難となった売掛金債権等の額」か「納付された掛金総額の10倍（最高8000万円）」の、いずれか少ないほうの金額。

共済金が借り入れられる取引先の倒産

- 法的整理
- 取引停止処分
- でんさいネットの取引停止処分
- 私的整理
- 災害による不渡り
- 災害によるでんさいの支払不能
- 特定非常災害による支払不能

共済金が借り入れられない取引先の倒産

- 夜逃げ

連鎖倒産

取引先が倒産後、すぐに借入れできる

取引先の事業者が倒産して売掛金などの回収が困難になった時は、その事業者との取引の確認が済み次第、すぐに借り入れることができる。

節税効果

掛金の税制優遇で高い節税効果

掛金月額は5000～20万円まで自由に選べ、増額・減額できる。確定申告の際、掛金を必要経費（個人事業主の場合）に算入できるので節税効果がある。

掛金は返金

解約手当金が受け取れる

共済契約を解約された場合は、解約手当金を受け取れる。自己都合の解約であっても掛金を12ヵ月以上納めていれば掛金総額の8割以上が戻り、40ヵ月以上納めていれば掛金全額が戻る（12ヵ月未満は掛け捨て）。

ココに注意 ホントは恐ろしい黒字倒産

ここでは経営セーフティ共済の節税メリットを紹介しましたが、それはあくまでも派生的なメリットで一番の目的は取引先の倒産によるダメージを防ぐことです。

無借金経営だとしても安心はできません。実は取引先の倒産のあおりを受けて黒字倒産するケースも少なくありません。おカネの流れは事業経営にとって血液の流れに例えられることがあります。おカネの流れが滞れば、経営はただちにすべての機能を失います。

住宅ローン控除と配当控除

これで所得税がゼロになる人もいる

納税額から直接引くことができる

税額控除はその名の通り、税金から直接差し引いてくれる控除です。身近な税額控除としては、**住宅ローン控除（住宅借入金等特別控除）**と**配当控除**があります。

所得控除に比べると、税額控除は適用が限られていますが、納税額を直接減らすので、使えればインパクトは大きいのが特徴です。マイホームの購入や配当所得があった場合は適用関係をチェックしましょう。

ローン残高の0.7％を税額控除

住宅ローン控除は、国の政策として国民の住宅の保有を促進させるという目的でつくられた優遇措置です。自分が住む家の購入にあたってローンを組んだ場合などに一定期間にわたり控除を受けられます。

適用を受けるには、「床面積50㎡以上」「取得後6ヵ月以内に居住」「返済期間が10年以上残っている住宅ローン」「過去に特別制度を受けていない」など、いくつかの適用要件があります。

住宅ローン控除で所得税額から控除できる金額はローン残高の0.7％。例えばローン残高が2000万円の場合、14万円が所得税額から控除できます。近年は、長期優良住宅・低炭素住宅、ZEH水準省エネ住宅など環境性に優れた新築住宅について最大控除額の引き上げなどの改正が行われています。

なお、所得税から控除しきれなかった額がある場合は、翌年の住民税（所得割）から控除することができます。この住民税の控除について、市町村への手続きは必要ありません。

中古住宅やリフォームにも住宅ローン控除が使える

実務サポート

新たに住宅を建てた場合だけでなく、中古住宅を購入したり、増改築（リフォーム）したりした場合も住宅ローン控除の対象になります。

リフォームの場合の適用要件は、「増改築の工事費用が100万円を超えるもの」「自己の居住用に供される部分の工事費用の額が、増改築等の工事費用の総額の2分の1以上」など。バリアフリーのリフォームや、省エネリフォーム工事も対象となります。

Biz-サプリ! 災害や盗難、横領によって損害を受けた場合には、一定の金額を所得から控除できる「雑損控除制度」がある。控除できる額は①（損害金額＋災害等関連支出の金額－保険金等の額）－（総所得金額等）×10％。②（災害関連支出の金額－保険金等の額）－5万円、のいずれか多いほうの額。ただし、詐欺や恐喝の場合には雑損控除は受けられない。

配当所得の確定申告損益分岐点

株の配当金などの配当所得がある時には、二重課税を排除する目的からの一定の金額の税額控除を受けることができます。これを配当控除といいます。配当控除を受けるか受けないかは原則として任意（大口株主、非上場などの配当は要確定申告）。課税総所得がいくらかで判断しましょう。

●配当控除の適用を受けたほうがおトクな場合

課税総所得金額	所得税（復興特別所得税を除く）			住民税		
	税率	配当控除	差引負担	税率	配当控除	差引負担
195万円以下	5.0%	10.0%	▲5.0%	10.0%	2.8%	7.2%
195万円超330万円以下	10.0%		0.0%			
330万円超695万円以下	20.0%		10.0%			

※配当所得にかかる税額から控除しきれない分は、他の所得にかかる税額から控除する形になります。

●配当控除の適用を受けないほうがおトクな場合

695万円超の所得

※配偶者控除や扶養控除などの適用を受けている場合などは、それらが適用から外れてしまう場合もあるため、さまざまな検討が必要になる。

住宅ローン減税の控除額

新築 買取再販住宅		認定住宅 （認定長期優良・認定低炭素）	ZEH水準 省エネ住宅	省エネ基準 適合住宅
借入限度額	子育て世帯等	5000万円	4500万円	4000万円
	それ以外	4500万円	3500万円	3000万円
控除期間		13年		
控除率		0.7%（ローンの残額が2000万円ならば2000万円×0.7=14万円）		
所得要件		合計所得金額2000万円以下		
床面積要件		50㎡（合計所得金額1000万円以下の場合は40㎡）		

※子育て世帯等とは、18歳以下の扶養親族を有する者、または自身もしくは配偶者のいずれかが39歳以下の者。

※所得税額から控除しきれない額については、控除限度額の範囲内で個人住民税額から控除する。

こんなケース、きっとある!?

個人事業主のための税金Q&A

Q お客さんからお祝いをいただいたのですが、これは売上ではないですよね？

（飲食業Aさん）

A お祝い金は事業所得になります。

飲食業などを営んでいる人は、店舗を新築したり、改築したりした際に、常連客や取引先からお祝い金を贈られることがあります。

売上ではないので事業所得にはあたらないと考えてしまいそうですが、開店祝や店舗の改築祝としてお客さんや取引先から受けた金品については税務上、事業の遂行に付随して生じた収入として、原則その金品を受けた年分の事業所得に算入しなければなりません。

しかし、例えば、店舗前に飾る花輪、店内に掲げる「大入」と書いた額縁のようなものについては算入しなくても差し支えありません。

Q 仕事中にスピード違反で反則金をとられてしまいました。

（運送業Bさん）

A 反則金は経費にできません。

仕事中に起きた交通違反による反則金については税法上、経費にはできないこととされています。

反則金は、罰金や科（過）料と同様に「反則者への制裁」としての意味合いを持つことから、仕事中に起こした交通違反であっても反則金に経費性はありません。

スタッフなどが交通違反をして事業主が負担した場合も同様です。

ただし、駐車違反などで車がレッカー移動されてしまった場合、そのレッカー費用については罰則金ではないため、経費にできると考えられます。

個人事業主になって所得税の確定申告や税務上のさまざまな手続きをこなしているうちに、自然と税金への関心が高まります。毎日の仕事の中で、「これって、税務上はどう処理するのだろう?」と首をかしげてしまうシーンもきっとあるはず。そこで、個人事業主がギモンに感じる税金の取り扱いについてお答えします!

Q 取引先から宣伝用の自動車を購入して使うように言われました。普通に買うよりも安く売ってくれるというのですが?

（小売業Cさん）

A 安く購入した場合は事業所得になるケースもあります。

小売業者が製造業者などから宣伝用の自動車を無償、あるいは元々の金額に満たない額で取得した場合、元々の額の３分の２に相当する額から購入額を差し引いた残額は「経済的利益」として事業所得にしなければなりません。ただし、残額が30万円以下の場合は事業所得に加えなくても差し支えありません。

ちなみに、自動車の場合、広告宣伝用とみなされるのは「車体の大部分に一定の色彩を塗装して、製造業者等の製品名または社名を表示し、広告宣伝の目的が明らかなもの」とされています。

Q 知人を誘って一緒に働いてもらうことにしました。支度金を用意しましたが、所得税はかかりますか?

（コンサルタント業Dさん）

A 通常必要な引っ越し費用などは非課税です。

就職に際して支給される一時金などは、「支度金」「準備金」「契約金」「研究費・研修費」「スカウト料」などさまざまな形がありますが、その名目に関係なく、税務上は一時金の実質をとって判定されます。

例えば、就職に伴う転居のための旅費、引っ越しなどの実費を弁償する性質のものであれば、通常必要と認められる範囲では所得性があるとはされず、基本的に非課税です。

ただし、ヘッドハンティングのような特別なケース、高額な一時金を支給するケースでは非課税と認められる金額を超える部分については所得として課税関係が生じます。

Q 得意先から売上代金80万円の代わりとして時価80万円の中古車をもらいました。この場合、売上は収入に計上しないとダメですか？ （編集者Eさん）

A 中古車の時価80万円が収入になります。

収入には金銭による収入だけでなく、金銭以外の物や権利、その他経済的な利益の価額も含めるとされています。そのため、Eさんは譲り受けた中古車の時価について収入に算入しなければなりません。

また、その自動車を事業用として使用する場合は、減価償却費を必要経費に計上することになりますが、減価償却費の計算の基礎となる取得価額は80万円になります。なお、中古の減価償却資産を取得した場合の減価償却費の計算は残存耐用年数を見積もる必要があります。

Q 食中毒で営業を停止しました。休業補償金は税務上どのように扱えばいいですか？ （ペンション経営Fさん）

A 事業主に支払われる補償金は事業所得になります。

ノロウイルスなどによる食中毒事件が起きると、レストランや宿泊業などは業務上影響を受けることになります。

通常は被害がやむまで営業を停止するほかないですが、保険会社から休業補償金が支払われるケースもあります。この休業補償金は税務上、事業所得の収入金額として扱われるので非課税ではありません。

ちなみに、従業員が病気になったり、怪我をしたりして働けなくなり、営業ができなくなるケースもあります。従業員が療養のためにしばらく休まなければならない場合、労働基準法では使用者が休業補償を行うこととされていますが、この休業補償金については所得税を課さないとしています。

ただし、非課税扱いにできるのは、あくまでも労働基準法に基づいて支払われる休業補償のみ。「休業補償として通常の賃金を払う」といった独自の就業規則などによって従業員に支払われる賃金は、給与として課税されます。

Q 仕事の疲れを癒すために、頻繁にマッサージを受けています。これって医療費控除の対象になりますか？

（デザイナーGさん）

A 治療行為の場合は医療費控除の対象になります。

医療費を支払った場合、医療費控除として一定の所得控除を受けることができます。ただし、控除の対象となるのは原則として、医師らによる診療費や治療費です。

単に疲れを癒したり、体調を整えたりするための、治療に直接関係のないマッサージ費用は医療費控除の対象となりません。

ただし、病気の治療を目的とした、あんまマッサージ指圧師、はり師、きゅう師、柔道整復師などによる施術費用は医療費控除の対象となります。

Q 自分のお店で取引先を接待しました。税務処理はどうなりますか？

（レストラン経営Hさん）

A 交際費として経費に計上できます。

交際費は税法上「その得意先、仕入先その他事業に関係のある者等に対する接待、供応、慰安、贈答その他これらに類する行為のために支出する費用」と定められています。

そのため、自分の店で取引先を接待した場合、料理などの原価で交際費の計算をします。メニューに載っている金額、売価で計算する必要はありません。また料理の場合、さまざまな食材、調味料、調理のためのガス代、電気代など実際の原価を計算することが難しいので、「売価×平均原価率」によって算出した概算であっても、明らかに不合理と認められない限りは差し支えありません。

なお、自社の商品を贈答した場合もその商品の原価で交際費を計算します。

Q 仕事柄、自分で自宅をリフォームしました。これは売上として計上しなければなりませんか？

（住宅リフォーム業Iさん）

A 使った資材は収入金額に算入します。

大工さんや美容師さんなど手に職がある人は、持っている技術を生かして、自分や家族のために自宅を修理したり、ちょっとパーマをかけてあげたりすることもできます。

税法上は自分自身もしくは親族らのために仕事を行った場合、その仕事に対する対価を事業所得として収入に算入する必要はありません。

しかし、例えば、大工さんが自宅を新築する上で余っている建築木材などの棚卸資産を自家消費した場合は、その資産の時価に相当する金額を事業所得の収入として算入する必要があります。

Q 確定申告のこと、すっかり忘れていました！

（ラーメン店経営Jさん）

A 気が付いたら1日でも早く申告を。

所得税の確定申告は毎年２月16日から３月15日までの間に行うことになっています。しかし、確定申告を期限内にすることを忘れていた場合は、「期限後申告」ということになります。

その場合でも、気が付いたらできるだけ早く申告を行ってください。というのも、期限後申告では日を追うごとに延滞税が加算されてしまうからです。

さらに、税務署から指摘を受けた後での期限後申告、そして税務署から「更正の決定」を受けたりすると、本来の税額に加えて「無申告加算税」や「過少申告加算税」が追徴されて、より多くの税金を支払わなければなりません。

無申告加算税は原則として、納付すべき税額に対して50万円までは15％、50万円を超え300万円までの部分は20％です。なお、税務署の調査を受ける前に自主的に期限後申告をしていれば、この無申告加算税が一定割合、軽減されます。

Q ロータリークラブに入会しました。入会金は経費になりますか？

（コンサルタント業Uさん）

A 個人事業主と会社経営者では税務処理が異なります。

ロータリークラブやライオンズクラブの会員は、会社経営者や個人事業主が多く､会員同士の親睦を深めながら、地元財界の連帯を強めたり、地域貢献に関する活動を行ったりしています。

入会金や会費については、会社と個人事業主では取り扱いが異なります。会社の場合は支出した入会金や会費は事業年度の交際費として処理します。各種行事や催し物に際して支出した臨時の会費などはその目的、内容に応じて寄附金となる場合もあります。また、会員個人が負担すべきものと考えられる支出を会社が負担している場合、会員である経営者に対する給与となります。

一方、個人事業主の場合は、「必要経費として認められない」とする国税当局の見解が示されており、注意が必要です。

Q 交通事故で入院しました。事故相手からの見舞金はどのように処理すればよいですか？

（配達業Oさん）

A 交通事故の見舞金に税金はかかりません。

交通事故でケガをした際に受け取る治療費や慰謝料、損害賠償金などは心身に加えられた損害に対して支払われるものなので、見舞金、治療費、寸志などの名目にかかわらず、損害賠償金として税金はかかりません。

この規定は、おカネなどを受け取る被害者本人のほかに配偶者、直系血族、生計を一にするその他の親族の場合も同じように適用されます。その理由は、家族の誰かがケガをした時に、同じ世帯の誰が損害賠償金などを受け取ろうとも、それはケガの治療に充てられることが多く､ケガをした本人が受け取ったことと実質的に変わらないためです。

また、事故の内容によっては見舞金などが相当な金額になることもあります。その場合、非課税となるのは社会通念上ふさわしい金額のものに限られます。

Q 定年退職後すぐに個人事業を始める予定です。青色申告の申請はいつまでにすればよいですか？

（会社員Kさん）

A 白色申告していたならば3月15日までに申請を。

青色申告の承認を受けるためには原則として、その年の３月15日までに「青色申告承認申請書」を納税地の税務署に提出する必要があります。

ただし、新規開業する場合（その年の１月16日以後に業務を開始する場合）は、業務を開始した日から２ヵ月以内に申請をすれば、青色申告者として個人事業をスタートできます。たとえば、３月末の退職で５月１日から個人事業を始めるようなケースでは、青色申告の申請のために業務開始から２ヵ月の準備期間があります。

しかし、気を付けなければならないのは、サラリーマンでも給与所得のほかに不動産などを所有していて、その収入について白色で確定申告していたようなケースです。この場合、「すでに事業を行っている人」なので新規開業には当たらず、青色申告の承認を受けるには原則通り、３月15日までに申請書を提出しなければなりません。

Q 母親の所有する建物で営業しているので、毎月10万円、母親に家賃を払っています。家賃は必要経費として処理できますよね？

（飲食業Gさん）

A 一緒に暮らす家族に支払う家賃は経費にできません。

税務上、事業主と生計を一にする親族に対して支払った家賃や給料は必要経費になりません。ただし、建物や土地の固定資産税、建物の減価償却費に支払う金額は必要経費になります。

また、母親側の税務処理としては、家賃として支払われた収入が息子側で経費にならないのと同様、所得として計上する必要はありません。

なお、青色申告者が青色事業専従者に関する届出書を提出している場合は、家族に支払う給与についてその全額を経費とすることができます。

第13章

いざという時に
あわてないために

税務調査の心構え

国税当局ではさまざまな角度から情報の分析を行い、不正に税金を逃れることのないように納税者への調査を実施しています。税務調査では、帳簿などの提出が求められ、経理処理の状況が必ずチェックされます。いざという時にあわてないように、帳簿などをきちんと保管しておくとともに、日ごろから適切な経理処理を心掛けましょう。

税務調査ってナニ？

税務署が帳簿などの確認に訪れる

調査日は事前に電話連絡がある

税務調査とは**国税庁**（228ページ参照）が管轄する**国税局・税務署**が納税者の申告内容を帳簿などで確認し、誤りがないかどうかを確認する調査のことです。

調査は突然やって来るものではなく、通常は事前に電話で連絡があって調査日の日時などの調整が行われた上で実施されています。調査当日は税務署の担当者が２人程度で帳簿などが保管してある事業所などを訪問し、だいたい１～２日で終了します。

調査を受ける側としてはやはり大きな不安を感じるものです。昔の税務調査の実態は問答無用で課税処分を断行するような強引な話も聞かれましたが、普通は納税者へのヒアリング、話し合いをしながら進められることがほとんどです。

所得税の申告に対する税務調査の実施状況

国税庁では、所得税の調査については高額・悪質な不正計算が見込まれる事案を対象に、深度ある実地による調査（特別調査・一般調査）を優先して実施しているとしています。一方で、「申告漏れ等が見込まれる事案には、短期間で行う実地による着眼調査を実施した」ということです。このほか、実地調査ではなく、文書、電話による連絡、来署依頼による面接により、申告漏れ、計算誤り、所得（税額）控除の適用誤りがある申告を是正するなどの簡易な接触を実施しています。

●令和4事務年度（2022年7月～2023年6月の所得税の調査等の状況）

		実地調査			簡易な接触	調査等合計
		特別・一般	着眼	計		
調査等件数（件）		35,751	10,555	46,306	591,517	637,823
申告漏れ等の非違件数（件）		31,271	7,150	38,421	299,847	338,268
申告漏れ所得金額（億円）		5,204	390	5,594	3,448	9,041
追徴税額（億円）	本税	818	31	849	348	1,197
	加算税	162	4	166	5	171
	計	980	35	1,015	353	1,368
1件当たり（万円）	申告漏れ金額	1,456	369	1,208	58	142
	追徴税額の計	274	33	219	6	21

資料：国税庁「令和4事務年度における所得税及び消費税調査等の状況」

Biz-サプリ！ 税理士と顧問契約を結んでいる場合、税理士にも調査に立ち会ってもらうことができるケースが多い。税務署の担当者への質問についても税理士が代わりに対応してくれるので安心感がある。

「税務署と断固戦う」といった姿勢ではなく、調査に協力しながらスムーズな調査終了をめざすことが大切です。

税務調査は秋ごろから本格化

税務調査は1年を通じて行われていますが、一般には税務調査は秋ごろから本格化すると言われています。その理由は税務署の人事異動の時期が関係しています。

市役所の職員、公立学校の教員など普通の公務員は4月が新年度になりますが、税務署の場合、3月中は所得税の確定申告シーズンを迎えており、非常に多忙なことから税務署員の人事異動を行っている余裕がありません。そこで、税務署では7月から新年度（新事務年度）が始まります。

税務署員は7月に新しい部署に配属されて、資料の整理などをしながら3ヵ月ほど経た10月ごろから税務調査の動きが始まっているというわけです。

そのため、個人事業主の場合、確定申告期に提出した申告について税務署から内容の問い合わせがあるとすれば、だいたいこの時期ぐらいからになるケースが多いようです。

税務署から指摘を受ける業種ランキング

●事業所得を有する個人の1件当たりの申告漏れ所得金額が高額な上位10業種

順位	業種目	1件当たりの申告漏れ所得金額（万円）	1件当たりの追徴税額（含加算税）（万円）	前年の順位
1	経営コンサルタント	3,367	676	1
2	くず金卸売業	2,483	952	—
3	ブリーダー	2,075	454	3
4	焼肉	1,611	319	—
5	タイル工事	1,598	266	—
6	冷暖房設備工事	1,520	287	15
7	鉄骨、鉄筋工事	1,440	261	—
8	太陽光発電	1,391	289	—
9	バー	1,391	250	—
10	電気通信工事	1,374	223	13

資料：国税庁「令和4事務年度における所得税及び消費税調査等の状況」

税務調査で見られるポイント

調査官の目はごまかせない!

準備万端でやってくる税務署

税務調査は実は大きく3つの段階を経て実施されています。第１段階が「選定」、第２段階が「準備調査」、第３段階が「実地調査」（通称・実調）――となります。

事業主、経営者個人に「税務調査が入る」というのは、この第３段階の実調のことです。調査に入るまでの過程を見てもわかるとおり、調査の流れではすでに実調の時点で仕上げに近い状況になっています。

税務署としても人員は限られているので、やみくもに調査を行っているわけではありません。その業種に特有の商慣習、取引の形態、あるいは不正のパターンなどにも関心を払いながら、事前の選定の段階で「この申告内容には疑問がある」と踏んで、準備を進めています。

税務調査を受けることについてあまり軽く考えてはいけません。税務調査では事業主や経理担当者の場当たり的なごまかしは到底、通用しないことは明らかです。

数字ミスの有無は必ずチェック

調査でまずチェックされるのは経理上の数字のミスです。会計ソフトに数字を入力する際の打ち間違えなどは必ずチェックされる箇所です。例えば、会計ソフトに入力する以前の伝票起票で転記ミスについて税務調査で発見されれば当然、申告書が否認されることになります。

また、大きな否認が発生するものとして税務処理にかかる判断ミスがあります。例えば、年度末に利益を圧縮するために翌年の家賃を一括で前払いして経費に計上するようなケースでは、税務署から否認されるリスクが高まります。

税務署の指摘に対して、もちろん納税者として主張すべきことはきちんと伝えなければなりませんが、適切な処理をしているという証拠になる帳簿や領収書などの管理を徹底すること、そしてプライベートのおカネを事業用の必要経費につけてしまうような公私混同は一番ＮＧなので、日ごろから常識的な税務処理をしておくことが肝要です。

Biz-サプリ! 税務上の処理は専門性が高く、素人にはどうしてもわかりにくい部分もある。自分の一人合点が大きな判断ミスにつながるリスクもあるので、わからないことは税務署、あるいは税理士のアドバイスを求めることが正解だろう。

はじめての税務調査　～ココは必ずチェックされる!～

税務署も効率よく調査を行うために必ずチェックしていくポイントがあります。

❶ 通帳などの保管場所
❷ 金庫、引き出し
❸ 当日の現金出納帳、現金の実際有高（レジの現金など）
❹ 生命保険証書
❺ 不動産、機械設備の売買契約書（領収書、見積書）

恐るべき眼力を持つ「調査のプロ」

「自宅」で納税者の経済力を分析！

屋根や柱に使われている建築材、数寄屋風（すきやふう）、西洋風といった建築様式、庭石などの外観だけでなく、自宅の坪単価を推定して住んでいる人の本当の経済力を分析。家の設計図から資産を隠す部屋を見つけ出した調査官も。

経営者への「質問」で懐具合を見抜く！

税務調査が入ると、納税者としての心理は「おカネなんて持っていない」とアピールをしたがりますが、調査官は納税者の様子から申告書よりも明確な現実の所得を判断しています。身に着けている高級品、あるいはわざとらしい安物もチェック。

事業主の「視線」からウソを見破る！

「目は口ほどに」というように、視線が泳いで落ち着かなかったり、異様にギラギラと視線を合わせてきたり、ベテラン調査官になると、目を見てウソかどうかわかるといいます。

声のトーンも欠かせない判断材料。書類の提出を求めた場合、納税者が想定していたものならば「はい、ありますよ!」と返事は軽いけど、特にやましい事実が発覚しそうなものを要求すると、途端に声が沈んでしまう人も……

課税処分に納得できない場合

審判所に訴えることができる

課税処分に納得できない時

税務調査の結果、申告内容に誤りを指摘された場合、個人事業主が取るべき対応として2通りのアクションがあります。

税務署の指摘を認める場合は個人事業主が自分で**修正申告**を行います。修正申告の際、本来課税されるはずだった税金（本税）に加えて、**延滞税**や**過少申告加算税**などが追徴されることになります。

一方、税務署の指摘に納得がいかない場合、税務署は**更正**の決定を行い、個人事業主は税務署から課税処分を受けることになります。この場合も本税に加えて追徴課税を受けることがあります。この段階では修正申告をした場合も、更正の処分を受けた場合も変わりはありません。

しかし、更正による課税処分に不服がある場合は、納税者の権利救済の制度として**国税不服審判所**に訴えを起こすことができます。

国税庁の組織機構

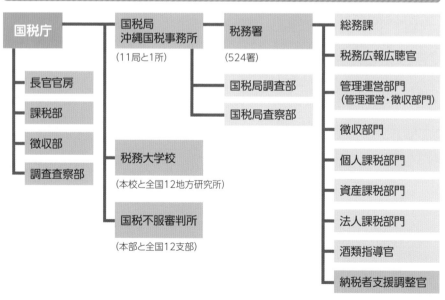

- 国税庁
  - 長官官房
  - 課税部
  - 徴収部
  - 調査査察部
  - 国税局
沖縄国税事務所
（11局と1所）
    - 税務署
（524署）
      - 総務課
      - 税務広報広聴官
      - 管理運営部門
（管理運営・徴収部門）
      - 徴収部門
      - 個人課税部門
      - 資産課税部門
      - 法人課税部門
      - 酒類指導官
      - 納税者支援調整官
    - 国税局調査部
    - 国税局査察部
  - 税務大学校
（本校と全国12地方研究所）
  - 国税不服審判所
（本部と全国12支部）

Biz-サプリ！ 以前は課税処分に不服がある場合、まず、処分の取消しを求めて異議申立てを行うこととされていた。その上で異議申立てに対する決定になお不服があるときは審査請求を行うことができた。2018年4月1日以降は異議申立ては「再調査の請求」に変更され、最初から審査請求を行うことも可能になっている。

国税の課税処分に関する不服申立制度

不服申立てには、税務署長などに対する**再調査の請求**、国税不服審判所長に対する**審査請求**があり、そのいずれかを選択して行うことができます。再調査の請求を選択した場合でもその決定後の処分になお不服があるときには、審査請求を行うことができます。

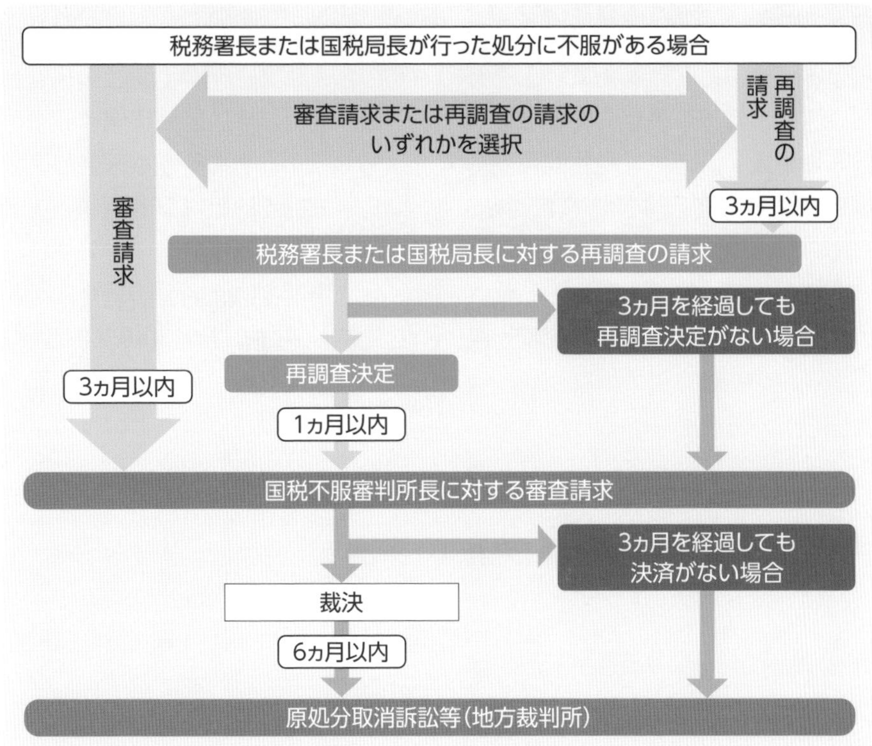

納税者の訴えが認められる割合

納税者の主張の全部または一部が認められた割合は再調査の請求で12.3%といった状況です。

●2022年度に訴えが認められた実績（国税庁発表）

再調査の請求	審査請求	訴訟
1,533件中	3,034件中	173件中
63件	225件	10件

税理士とは?

個人事業主の心強い味方

何でも相談できる「おカネのプロ」

仕事が軌道にのってくると、それだけ日々の経理や税金に関する処理量は増えます。特に、税金は専門的な事柄が多くミスは許されません。そんな個人事業主にとって心強い味方となるのが、**税理士**です。

税理士は、個人事業主の確定申告書の提出や青色申告の承認申請、税務調査への立会いなどを行う国家資格の保有者です。税金面のサポート以外にも、経営上のおカネに関する高度な知識を有している、いわば「おカネのプロ」なんです。

守秘義務があるので安心できる

税理士は、法律で納税者の**秘密保持**（守秘義務）といった厳しいルールが定められていますから、安心して相談できます。税理士は、たくさんの個人事業主、中小企業の経営者と接しています。節税に関する悩みはもちろん、その豊富な経験に基づいた現実的で的確なアドバイスを受けることができます。

個人事業主は、自分の事業に必要な知識やスキルを有するプロです。半面、経営を維持していくために欠かせないおカネの管理といった、「経営に関する数字」の専門家ではありません。運転資金のスムーズな調達、金融機関との交渉、事業の採算性の分析などは、なかなか馴染みにくい分野です。「餅は餅屋」といいますが、おカネに関する仕事は税理士に任せて、事業主は本業に専念するというのも１つの手です。

レクチャー

にせ税理士に要注意!

誰かと税金の話をしていると、「この特例を使えるよ」とか、「その費用は経費にできる」というようなアドバイスをする人がいます。

しかし、実をいうと、自分以外の税務申告について助言することは法律で禁止されている行為です。

税金の申告・納付は、国の財政基盤を支える極めて重要な行政上の手続きです。

そのため、**税金の取り扱いに関する助言、税務相談は、有償・無償を問わず、税理士にしか認められていません。確定申告期には、税理士資格を持っていない、いわゆる「にせ税理士」が出没することがあります。**くれぐれも用心しましょう。

Biz-サプリ! 税理士は、税理士法に定められた税の専門家だ。税理士として業務を行うには、国家試験に合格して税理士資格を取得するだけでなく、税理士の指導・監督機関である税理士会への登録が義務づけられている。現在、全国で8万1073人（2024年4月末時点）の税理士が登録している。

事業者をサポートする税理士の仕事

税務代理

確定申告・青色申告の承認申請、税務調査の立会い、税務署への不服申立てなどについて、事業主を代理。

補佐人制度

税務訴訟において納税者の正当な権利、利益の救済を援助するため、補佐人として、弁護士である訴訟代理人とともに裁判所に出頭し、陳述(出廷陳述)。

税務書類の作成

確定申告書、青色申告承認申請書、その他税務署などに提出する書類の作成。

税務相談

税金の取り扱い、特別措置の適用に係る相談などの受付。

会計業務

財務書類の作成、帳簿の記帳。

「税理士の書面添付制度」で税務調査が来なくなることも

税理士が提供するサポートとして**書面添付制度**があります。これは、事業主が税務署に提出する申告書に、「この申告内容に間違いはありません」という趣旨の書面を添付することで、税務署の抜き打ち調査が来なくなります(必ず来ないということではない)。

書面添付制度は、税理士が事業者の申告に「お墨付き」を与える意味があり、税務調査で実地調査(税務署の調査官が実際に事務所を訪問して帳簿などを調べる)が省略されるほか、銀行から融資を受ける際に借入利率が引き下げられることもあります。

税理士の選び方

長く付き合えるパートナーを

事業のすべてを見せる相手

個人事業主が初めて税理士のサポートをお願いする場合、知人や仕事仲間を通じて紹介してもらうパターンが一般的です。

しかし、最近では、多くの税理士がホームページを開設してサービス内容や具体的な料金体系を明らかにしています。一度､「税理士」や「会計事務所」といった言葉で検索してみるといいでしょう。近隣でもずいぶんヒットするはずです。なかには、税理士本人の写真、ブログまで紹介しているホームページもあります。

事業主にとって税理士は、税務申告や決算業務を通じて自分の事業のすべてを見せることになります。信頼できるパートナーとして長年のお付き合いができることが大事です。

税理士は現在、全国に約8万人います。そして税理士事務所（会計事務所）の数は約3万といわれています。税理士は、皆さんと同じ個人事業主ですが、会社として組織している「税理士法人」もあります。

税理士は、税務署を定年退職した元「国税マン」も多いので平均年齢は60代と高めです。多くの個人事業主にとっては「年上の先生」というケースも少なくありません。ベテラン税理士は、豊富な経験があるので税務調査では安心感があります。

一方で、30～40代の若い税理士もたくさんいます。若手の税理士は毎年変わる新しい税金の制度をよく勉強しているなどフットワークが軽いので､身近さを感じられるでしょう。

税理士は、税理士資格を有しているだけでは税理士業務を行うことが法律上、認められていません。税理士の指導・監督機関「**税理士会**」への登録が義務づけられています。税理士会は全国に15あり、さらに、税務署の所轄ごとに各税理士会の支部が置かれているケースが多いので、最寄りの税理士会や支部を訪ねてみる方法もあります。

税理士の選び方については、この本の監修を務めている大沢育郎税理士のアドバイスをコラム（234ページ参照）で紹介していますので、そちらも参照ください。

Biz-サプリ! 税理士のホームページで極端に低い顧問料を謳っているところもあるが、注意が必要だ。掲載しているのはあくまでも最低料金であって、実際にはそれ以外にいろいろな費用が発生するということもある。「総額でどれぐらいかかるのか」を最初に確認しておきたい。

レクチャー　税理士の顧問料はどのくらいかかるのか？

税理士の顧問料は事業規模や売上高で大きく変わりますが、個人事業主の場合、目安として月額１万～３万円ぐらいです。ただし、決算や年末調整については別途費用がかかります。

一般的な個人事業主の場合、１年間の税理士関係の費用は約20万～50万円程度と考えてよいでしょう。

近年では税理士同士での顧客の獲得競争が激しくなっているので、顧問料は下落傾向にあるといわれています。しかし、税務サービスを受ける際に最も重要なことは、「信頼性が担保されている」ことです。事業の大事な税務、経理をサポートしてもらうのですから、単に料金だけで決めてしまってよいものでもありません。

全国の税理士会の連絡先

名称	区域	所在地	電話番号
北海道税理士会	北海道	〒064-8639　札幌市中央区北3条西20丁目　北海道税理士会館3階	011-621-7101
東北税理士会	宮城県、岩手県、福島県、秋田県、青森県、山形県	〒984-0051 宮城県仙台市若林区新寺1-7-41	022-293-0503
関東信越税理士会	埼玉県、茨城県、栃木県、群馬県、長野県、新潟県	〒330-0842　埼玉県さいたま市大宮区浅間町2-7	048-643-1661
千葉県税理士会	千葉県	〒260-0024　千葉市中央区中央港1-16-12　税理士会館3階	043-243-1201
東京税理士会	東京都	〒151-8568 東京都渋谷区千駄ヶ谷5-10-6	03-3356-4461
東京地方税理士会	神奈川県、山梨県	〒220-0022　神奈川県横浜市西区花咲町4-106　税理士会館	045-243-0511
名古屋税理士会	愛知県(名古屋市、清須市、北名古屋市、半田市、常滑市、東海市、大府市、知多市、豊明市、日進市、長久手市、西春日井郡、愛知郡、知多郡)、岐阜県	〒464-0841 愛知県名古屋市千種区覚王山通8-14 税理士会ビル4階	052-752-7711
東海税理士会	愛知県(名古屋税理士会に係る区域を除く)、静岡県、三重県	〒450-0003 愛知県名古屋市中村区名駅南 2-14-19　住友生命名古屋ビル22階	052-581-7508
北陸税理士会	石川県、福井県、富山県	〒920-0022 石川県金沢市北安江3-4-6	076-223-1841
近畿税理士会	大阪府、京都府、兵庫県、奈良県、和歌山県、滋賀県	〒540-0012 大阪府大阪市中央区谷町1-5-4	06-6941-6886
中国税理士会	広島県、岡山県、山口県、鳥取県、島根県	〒730-0036 広島県広島市中区袋町4-15	082-246-0088
四国税理士会	香川県、愛媛県、徳島県、高知県	〒760-0017 香川県高松市番町2-7-12	087-823-2515
九州北部税理士会	福岡県、佐賀県、長崎県	〒812-0016 福岡県福岡市博多区博多駅南1-13-21	092-473-8761
南九州税理士会	熊本県、大分県、鹿児島県、宮崎県	〒862-0971 熊本県熊本市中央区大江5-17-5	096-372-1151
沖縄税理士会	沖縄県	〒901-0152 沖縄県那覇市字小禄1831番地1 沖縄産業支援センタービル7階	098-859-6225

(2024年5月現在)

column

税理士選びの勘所

事業が忙しくなってくると、経理にかける時間的余裕がなくなってきます。特に、税務処理は専門的な知識・経験が求められる作業も多く、事業主は本業のプロであって、この分野では素人です。自力ですべて完璧にこなすのは現実的に難しい部分もあります。

そうなると、事業にかかる経理、税務、確定申告などをサポートしてくれる税理士を探す必要が出てきます。では、どのような税理士を選べばいいのか——。これがなかなか悩ましい問題です。

監修を務める大沢税理士は、「そもそも税理士というのは一定の技量を当然持っていますから差別化がしにくいもの。そうなると、どうしても料金や税理士報酬といった価格面に関心がいくことも１つの真理です。しかし、永続的に事業を営んでいくことが前提であれば、価格面だけで税理士を選ぶことに問題があることは否めません。税理士によって経営哲学はもとより、節税に対するリスクの取り方も千差万別です」

■ ■ ■ ■ ■

そうなると、自分のニーズに合った税理士を探す上では積極的に情報を収集するアクションが必要といえます。税理士のブログや書籍はその税理士の考え方を捉える１つの判断材料になるでしょう。

ただし、いずれの場合でも「相談しやすい関係を築ける相手かどうか？」であることが前提です。

ビジネスは常に順風満帆とは限りません。うまく利益が確保できなかったり、資金繰りに苦労したり、さまざまな壁が現れては乗り越えての連続です。そんな時に頼りにするのは、やはり身近な相談相手である税理士です。

偉そうで相談しにくそうだったり、自分の担当者がころころ変わってしまったりするようでは、事業の内情をしっかり把握してもらって、効果的なアドバイスを受けることは期待できません。

「税理士との相性・フィーリングも大事です。いざという時に二人三脚で、一緒に進んでいけるチームを組める相手であることが望ましいと思います」（大沢税理士）。

巻末付録

お役立ち経理情報

- 勘定科目パーフェクトリスト
- 「よく使われる仕訳」ベスト8
- 勘定科目早見表

勘定科目パーフェクトリスト❶

損益計算書のおもな勘定科目

一般的な勘定科目は覚えてしまおう

基本的な勘定科目をリストアップしました。勘定科目は自分にわかりやすいように設定しても構いません。

なお、一般的な科目を覚えておくことで、「この費用はどこに分類すればいいのか？」といった判断に迷うことも少なくなります。

●費用グループ

勘定科目	該当する費用	
売上原価	仕入にかかる費用	商品販売などの営業において、利益を得るために使われた費用をいいます。仕入れた商品が12月31日を過ぎても売れ残った場合、在庫分を差し引いて計算し棚卸(たなおろし)表をつくります。
租税公課	一部の税金のほか組合費もOK	税金などの費用のことで、印紙税、自動車税、固定資産税、不動産取得税、登録免許税などがこれに該当します。商工会議所や同業者組合などの会費や組合費も含みます。
荷造運賃	宅配便だけでなく梱包(こんぽう)用品も	商品や製品の梱包と運搬に要する費用です。宅急便、バイク便、運送料、航空便のほか、梱包に使われる段ボール箱やガムテープの購入費も含みます。
水道光熱費	おもに電気代にあたる	電気、水道、ガス料金、灯油。自宅兼事務所・店舗の場合は、それぞれの出費を割り振りして事業用分のみを経費とします。事業内容によって、水道代とガス代は認められないこともあります。
旅費交通費	交通手段だけでなく出張費もOK	仕事で使った電車代、バス代、タクシー代、高速代、駐車代、通勤手当、出張費用（宿泊費など）をいいます。SuicaやPASMOなどのチャージ代も該当します。
通信費	電話、郵便、インターネットなど	事業で使う通信の出費のこと。固定電話代、携帯電話代、ハガキ・切手代、プロバイダー料金などをいいます。
広告宣伝費	カタログや名刺もOK	商品販売のための雑誌や新聞の広告掲載費用、求人費用、展示会費用、パンフレット制作費用のこと。名刺代や年賀状、暑中見舞いなどの宣伝的内容も含みます。
接待交際費	クライアントとのお付き合いに	得意先、仕入先、そのほか事業に関係するものに対する接待、供応(きょうおう)、慰安(いあん)、贈答。そのほか、これに類する行為のために支出した費用をいいます。
損害保険料	事業の資産に掛けた保険料	事務所や店舗、工場などの資産に対して掛けた火災保険や自動車保険などの保険料。基本的に掛け捨ての保険を指します。貯蓄型の場合は積立保険料に相当する分を差し引きます。
修繕費	修理や点検代を計上	土地や建物、車などの有形固定資産の維持・管理に関する費用。壁の塗り替えや屋根の修理、定期保守点検などをして原状回復することをいいます。

勘定科目	該当する費用	
消耗品費	オフィス用品全般	耐用年数が1年未満程度のものや価格が10万円未満のものを指します。事務用品や蛍光灯、湯のみなどです（144ページ参照）。
減価償却費	高額なものを購入した時	固定資産の取得価額を、各事業年度に費用配分した金額。車や高額な備品などに対して行います。
福利厚生費	レクリエーションや慶弔金	従業員の医務衛生や慰労などにかかった費用。忘年会費や従業員の慶弔金、記念品などのことです。
給料賃金	給与や退職金、手当を含む	従業員、パート、アルバイトに対する給与や退職金、ほか各種手当。被服などの現物給与もこれに当たります。
利子割引料	ローンなどの利子・利息	事業資金として借入をした時に、元金返済以外に支払う利子のこと。土地の購入や、事務所・店舗のリフォームなどで借入をした時、ローンの利息も経費になるのです。
地代家賃	オフィスの家賃や駐車場代	事務所や工場、倉庫などの家賃、月極駐車場代。自宅兼事務所・店舗の場合は、事業用の面積と使用頻度の割合を基準に振り分けます。
貸倒金	取引先の倒産時に	クライアントが会社更生法や破産法などで法的手続きに入ったり、倒産した時、回収不能になった売掛金や貸付金などを経費として申告する時に使います。
雑費	どれにも当てはまらないケース	いずれの科目にも含まれない費用をこれで処理します。この勘定科目の多用は避けるべきです。引っ越し費用など、一時的かつ少額な費用で、適当な勘定科目が見当たらない場合に使います。
貸倒引当金	将来の取立不能見込額	現在の経済状況を反映して、売掛金・受取手形などの債権の貸倒れリスクに備え、その見込額を計上するものです。
専従者給与	家族や親族への給与	家族従業員に支払う給与のこと。一定の条件により経費扱いにすることができます。
新聞図書費	新聞や本・雑誌をひとくくりに	事業で必要な情報を得るために読んだ新聞や書籍、雑誌など。有料メールマガジンを含めてもかまいません（通信費でも可）。
打合会議費	オフィスやオフィス外での会議	打ち合わせで使った喫茶代、昼食代、場所代などのこと。接待交際費とは分けて利用しましょう。
リース料	リース契約を結んだ時	コピー機やFAX、車などのリース契約に従って支払う賃借料。リース契約とレンタル契約は異なりますので注意を。
支払手数料	銀行関連や仲介者への手数料	銀行の振込手数料やATMの時間外手数料、売買契約の仲介者に支払う手数料など。

●収益グループ

勘定科目	該当する費用	
売上高	売上全般を指す	商品や製品の販売、サービスの提供など、主たる営業活動によって獲得した収益。
雑収入	営業外での少額収入	営業外収益に該当するもののうち、ほかの勘定科目にも当てはまらないもの。比較的少額、かつ重要性の低い収入。

勘定科目パーフェクトリスト❷

貸借対照表のおもな勘定科目

継続して同じ勘定科目を使おう

事業に関わる費用を勘定科目に分けることで、どのような性質のおカネが入って、またおカネがどのように出ていったかがわかります。同じ費用なのに、計上する勘定科目が毎年変わるのは、比較できなくなるのでNGです。

●資産グループ

勘定科目	該当する費用	
現金	手元にあるお金や小切手	紙幣や硬貨などのおカネ。受け取った小切手も含まれますが、入手後ただちに預金している場合は含めなくて構いません。
当座預金	手形・小切手用の預金	手形や小切手を振り出すために預け入れておく預金。いわゆる未達小切手については銀行側残高と不一致が生じます。また、当座貸越契約を結んでいる場合は、残高がマイナスとなることもあります。
定期預金	期間が定められている預金	満期日の定めがある預金。満期時の利息が元金に組み入れられる場合に、それが未処理になっていることがよくあるので注意。
受取手形	代金のかわりに受け取る手形	商品の代金などの対価として営業取引で受け取る手形。売上代金を手形で回収して決済期日がまだきていないものをいいます。裏書きや割引きをした場合は、この勘定科目は減少します。
売掛金（うりかけきん）	納品済みの未回収代金	売上代金の未入金分。後から代金をもらう約束で、品物を先に渡して売ることを掛け売りといい、その未回収代金が売掛金となります。
有価証券	財産権を表示する証券	財産権の移転または行使に証券が必要なもの。手形・小切手・株券・債券・船荷証券・倉庫証券・貨物引換証・商品券などをいいます。
棚卸（たなおろし）資産	仕入済みでこれから販売する資産	仕入れた商品のうち、いまだ販売されていない財産または用役をいい、商品・製品・仕掛品・半製品・原材料などの総称。
前払金	商品の仕入や諸経費の前渡金（まえわたしきん）	対価となる財やサービスの提供前に支払う手付代金。取引先などに短期(だいたい1年くらい)で貸した金銭をいいます。
貸付金	短期・長期で貸し付けたおカネ	企業(個人)金銭消費貸借契約書などを締結し、金銭を貸し付けた時に使います。短期と長期に分けられます。
建物	所有する家屋資産	事業で使用する自己所有の家屋。壁、屋根があり、事務所、工場、倉庫などに利用されるものをいいます。
建物付属設備	電気や水まわりの設備	建物に固着し、建物の使用価値を高め維持管理上必要なものをいいます。電気設備、給排水設備、空調設備、エレベーターなど。
機械装置	現場の業務を支える機械	工場や建設現場で使用される動力で動く製造設備や建設機械。

勘定科目	該当する費用	
車両運搬具	車やトラックなど車両全般	事業のために人や物を運搬する車両のこと。乗用車、トラック、特殊自動車。
工具・器具・備品	作業用具や機器全般	工具とは作業用や運搬用などの工具(レンチ、スパナ、ジャッキなど)、器具・備品とは家具、電気・ガス機器、事務・通信機器、容器、金庫などです。
土地	事業で使う土地の値段	事業のために使用される敷地の購入原価をいいます。購入に要した諸費用(登記費用、不動産取得税、立退き費用など)を含める場合もあります。

●負債グループ

勘定科目	該当する費用	
支払手形	代金を支払う義務を示す手形	仕入代金などの支払いのために営業取引で振り出す手形。仕入代金として手形を振り出した場合の未決済金額です。
買掛金	商品受領済みで未払いの時	商品や材料など仕入代金の未払い。会計上、在庫計上または原価計上は商品またはサービスの提供時点で計上され(発生主義)、その対価は債務として計上されます。
借入金	短期・長期の借金	銀行などから借り入れた資金。1年以内に返済する予定のあるものは短期借入金、1年超に及ぶ借入金は長期借入金として処理します。
未払金	支払日が先の時	仕入代金以外の未払いのこと。諸経費などの代金で、すでに物の引き渡し・サービス提供は受けているけれども、支払期日が到来していないもの。
前受金	商品提供前にもらったおカネ	商品の引き渡しまたはサービスなどの提供を受ける前に受け取る代金。販売後は売上高に振り替えます。
預り金	一時的に預かる金銭	後に第三者へ払い出すことを前提に、第三者から受け取った金銭のこと。顧客から受け取った消費税や源泉徴収した所得税などです。

●資本グループ

勘定科目	該当する費用	
事業主借(店主借)	個人資金を事業に使用	家計の現金預金を事業用に使った場合の個人事業主からの「借入金」。
事業主貸(店主貸)	事業用資金を個人目的で使用	事業用の現金預金を個人事業主が個人的なものに使った場合の事業主への「貸付金」。
元入金	会社でいう資本金のこと	個人事業における資産合計から負債合計を差し引いた残り(純資産)。会社をつくる時には、出資者などから集めた元手になるおカネのことを元入金といいます。

実務サポート

どの勘定科目に振り分けるか迷ったら……

例えば、ガソリン代。「旅費交通費」でしょうか？　それとも「車両運搬具」？　どの勘定科目に振り分ければいいのか悩んでしまう費用もあります。実際のところ、どちらに分類しても問題はありません。大事なことは、一度決めたらそのルールを守ることです。

分類についてはあまり神経質にならずにしましょう。むしろ勘定科目は少ないほうが記帳もラクです。

「よく使われる仕訳」ベスト8

よく使われる仕訳を厳選しました。
仕訳や記帳の初心者は、この仕訳をまずは理解しましょう。

❶外注先への支払い（※消費税30,000円、源泉所得税30,630円となる）

（借方）		（貸方）	
外注費	330,000	預り金	30,630
支払手数料	440	普通預金	299,810

❷携帯電話等の口座引き落とし

（借方）		（貸方）	
通信費	8,956	普通預金	8,956

❸得意先を接待した飲食代

（借方）		（貸方）	
接待交際費	28,650	現金	28,650

❹現場まで電車で移動（※打ち合わせ先や営業先、工事現場などへの移動）

（借方）		（貸方）	
旅費交通費	1,280	現金	1,280

❺得意先へ請求書の発行

（借方）		（貸方）	
売掛金	440,000	売上	440,000

❻得意先からの振込

（借方）		（貸方）	
普通預金	439,340	売掛金	440,000
支払手数料	660		

❼仕入先から受領した請求書

（借方）		（貸方）	
仕入	220,000	買掛金	220,000

❽仕入先への支払い

（借方）		（貸方）	
買掛金	220,000	普通預金	220,000

勘定科目早見表

税理士に対して一番多いのが「これは、何の科目になりますか？」という質問。そこで、よく使われる費用を五十音順に一覧にしました。日々の処理の参考にしてください。
物品名は特に断りがなければ購入したものを示します。

あ

アウトソーシング費用	**外注工賃**
あっせん費用	**支払手数料**
アフィリエイト費用	**広告宣伝費**
アルバイト代(支払ったアルバイト代)	**給料賃金**
アルバイト代(自分が得たアルバイト代)	**給与所得**

い

慰安旅行費用	**福利厚生費**
ETFの収益配分	**配当所得**
維持管理費用(固定資産分)	**修繕費**
いす	**消耗品費**
委託販売手数料	**支払手数料**
一時的に得た収入	**一時所得**
イラストレーター代(支払った報酬)	**外注工賃**
イラストレーターとして得た収入	**事業所得**
医療費(10万円超)	**医療費控除**
祝金	**接待交際費**
印鑑	**消耗品費(事務用品費)**
インク(スタンプなど)	**消耗品費(事務用品費)**
インク(プリンター用)	**消耗品費**
印紙税	**租税公課**
飲食代(会議、打ち合わせなど)	**会議費**
飲食代(接待)	**接待交際費**
インターネット広告料	**広告宣伝費**
インターネット接続料金	**通信費**

う

ウイルス駆除ソフト	**消耗品費**
ウイルス対策のための会費	**諸会費**
打ち合わせ代(コーヒー代など喫茶費用)	**会議費**
売った商品の代金の未回収分	**売掛金**
売上奨励金(支払ったお金)	**広告宣伝費**
運送料	**荷造運賃**

え

エアクッション	**荷造運賃**
エアコン	**消耗品費(事務用品費)**
衛生設備(取得価額が30万円以上)	**建物付属設備**
SDメモリ	**消耗品費**
MMFの収益配分	**利子所得**
MOディスク	**消耗品費(事務用品費)**
エンジンオイル	**車両関連費**
鉛筆	**消耗品費(事務用品費)**

お

OA機器リース料	**リース料**
OA機器保守(メンテナンス)料	**修繕費**
オーディオ	**福利厚生費**
お菓子(打ち合わせ用)	**会議費**
お菓子(社内用)	**福利厚生費**
お歳暮費用	**接待交際費**
お茶(打ち合わせ用)	**会議費**
お茶(社内用)	**福利厚生費**
お中元費用	**接待交際費**
お土産(取引先用)	**接待交際費**

か

カーテン	**消耗品費(事務用品費)**
カーナビゲーション	**車両関連費**
カーペット	**消耗品費(事務用品費)**
海外出張費	**旅費交通費**
海外送金為替手数料	**支払手数料**
開業資金	**元入金**
外国貨物の荷役・運送等	**荷造運賃**
介護保険の保険料(同一生計の親族負担分)	**社会保険料控除**
会社案内制作費	**広告宣伝費**
会社員の給料からの源泉	**預り金**
回収不能の売掛金、貸付金	**貸倒金**
会場使用料(会議、打ち合わせ)	**会議費**
会場使用料金(研修会)	**研修費**
回数券(電車、バスなど)	**旅費交通費**
害虫駆除(飲食店などが専門業者に頼んだ場合)	**外注工賃**
会費(商店会、町内会費、同業者の団体、自治会費など)	**諸会費**
解約損害金	**損害保険料**
解約手数料	**支払手数料**
書留料金	**通信費**
確定拠出年金の掛金	**小規模企業共済等掛金控除**
火災保険料	**損害保険料**
加算税	**事業主貸**
家事消費分の減価償却費	**事業主貸**
家事消費分の家賃の支払い	**事業主貸**
加湿器	**消耗品費(事務用品費)**
ガス設備(取得価額が30万円以上)	**建物付属設備**
ガス料金(事務所、店舗の使用分)	**水道光熱費**
家族への給料(青色申告者)	**専従者給与**
ガソリン	**車両関連費**
カタログ制作費	**広告宣伝費**
株式の売却で得た収入	**譲渡所得**
株の配当	**配当所得**
壁の塗装、塗り替え費用	**修繕費**
ガムテープ(一般事務用)	**消耗品費(事務用品費)**
ガムテープ(梱包用)	**荷造運賃**
ガラス	**消耗品費**
借入金の利子の支払い(事業用の借入金)	**利子割引料**
カレンダー購入	**消耗品費(事務用品費)**
カレンダー制作費(社名入り)	**広告宣伝費**
歓送迎会費用	**福利厚生費**
鑑定費用(不動産物件などの鑑定)	**支払手数料**
看板制作費(商品告知用の少額小型なもの)	**広告宣伝費**
観葉植物	**雑費**

き

キーボード	**消耗品費**
機械装置(取得価額が30万円以上)	**機械装置**
機械装置(取得価額が30万円未満)	**消耗品費**
機械リース料	**リース料**
機器使用料	**賃借料**
キックバック	**広告宣伝費**
喫茶代(打ち合わせ、会議)	**会議費**
切手	**通信費**
寄附金(5,000円以上、ただし寄附金控除が認められた特定の団体へのもの)	**寄附金控除**
キャビネット	**消耗品費**
求人広告の費用	**広告宣伝費**
給排水設備(取得価額が30万円以上)	**建物付属設備**
給排水設備(取得価額が30万円未満)	**消耗品費**
共益費	**地代家賃**
業界団体の会費	**諸会費**
共済契約の掛金	**小規模企業共済等掛金控除**
協賛金	**広告宣伝費**
行政手数料	**支払手数料**
協同組合の会費	**諸会費**

く

空気清浄機	**消耗品費(事務用品費)**
空港使用料	**旅費交通費**
薬	**医療費控除**
組合費	**諸会費**
クラブ会費	**諸会費**
クリーニング(制服など)	**福利厚生費**
クリーニング(テーブルクロスなど店などで使用するもの)	**雑費**
車用品	**車両関連費**
クレジットカード年会費	**諸会費**

け

蛍光灯	**消耗品費**
掲示板購入	**消耗品費**
携帯電話(▶電話機(固定電話) P. 247)	**通信費**
慶弔見舞金(取引先)	**接待交際費**
警備会社へ支払う費用	**支払手数料**
軽油(車両)	**車両関連費**
軽油(冷暖房用)	**水道光熱費**
ケーブル(パソコンの)	**消耗品費**
玄関マット	**消耗品費(事務用品費)**
現金を拠出(個人事業主が事業資金として)	**事業主借**
健康診断費用	**福利厚生費**
原稿料からの源泉	**預り金**
原稿料(もらった)	**雑所得**
原稿料(ライター業として得た)	**事業所得**
研修会への参加料金	**研修費**
原状回復費	**修繕費**
懸賞金	**一時所得**
源泉所得税	**預り金**
源泉所得税分を天引きした	**事業主貸**

こ

コインパーキング	**旅費交通費**
講演料(を得た)	**雑所得**
航空貨物運賃	**荷造運賃**
航空料金	**旅費交通費**

工具器具備品(取得価額が30万円以上)	**工具器具備品**
工具器具備品(取得価額が30万円未満)	**消耗品費**
広告掲載	**広告宣伝費**
広告用写真撮影	**広告宣伝費**
公社債投資信託の収益の分配	**利子所得**
講習会への参加料金	**研修費**
高速道路料金	**旅費交通費**
交通傷害保険料	**損害保険料**
香典(取引先)	**接待交際費**
コーヒー(会議、打ち合わせ用)	**会議費**
コーヒー(従業員用)	**福利厚生費**
小切手帳	**消耗品費(事務用品費)**
国際宅配便(書類)	**通信費**
国債の利子	**利子所得**
国民健康保険料	**社会保険料控除**
国民年金基金の掛金	**社会保険料控除**
国民年金(を支給された)	**雑所得**
国民年金保険料	**社会保険料控除**
個人型年金加入者掛金	**小規模企業共済等掛金控除**
個人事業税	**租税公課**
個人的なものに現金を使った	**事業主貸**
個人年金(を支給された)	**雑所得**
個人年金保険料	**生命保険料控除**
小包料金(書類)	**通信費**
固定資産税	**租税公課**
コピー機購入費(取得価額が30万円以上)	**工具器具備品**
コピー機購入費(取得価額が30万円未満)	**消耗品費**
コピー機の修理代・定期点検	**修繕費**
コピー機リース料	**リース料**
コピー用紙	**消耗品費(事務用品費)**
ゴミの収集費用	**雑費**
ゴミ箱	**消耗品費(事務用品費)**
ゴミ袋	**雑費**
ゴム印	**消耗品費(事務用品費)**
ゴルフ会員権購入費	**接待交際費**
ゴルフプレー(接待)	**接待交際費**
梱包費用	**荷造運賃**

さ

サイドビジネスによる収入	**雑所得**
差入敷金	**敷金**
差入保証金	**保証金**
撮影用機材(カメラマンが撮影用として使用)	**消耗品費**
撮影用機材(店でメニューづくりなどのために使用)	**広告宣伝費**
雑誌	**新聞図書費**
残高証明手数料	**支払手数料**

し

CD-R	**消耗品費(事務用品費)**
シール(店名入り)	**広告宣伝費**
資格取得のための費用(従業員の)	**福利厚生費**
自家消費	**事業主貸**
敷金	**敷金**
事業開始資金	**元入金**
事業資金(個人)	**元入金**
事業所税	**租税公課**
事業税	**租税公課**
事業主貸と事業主借を相殺した差額(決算時)	**元入金**
事業主による立て替え払い	**事業主貸**

試供品費	**見本品費**
事業用資金の借入	**借入金**
資産譲渡による収入	**譲渡所得**
地震保険料	**地震保険料控除**
慈善事業団体への寄附金	**寄附金控除**
自宅を売って得た収入	**譲渡所得**
自転車	**消耗品費**
自動車(取得価額が30万円以上)	**車両運搬具**
自動車(取得価額が30万円未満)	**消耗品費**
自動車(取得価額が30万円以上)購入時の手数料	**車両運搬具**
自動車取得税	**租税公課**
自動車税	**租税公課**
自動車任意保険料	**損害保険料**
自賠責保険料	**損害保険料**
支払利息・割引料	**利子割引料**
司法書士への報酬	**支払手数料**
社会福祉法人への寄附金	**寄附金控除**
借地料(事務所、店舗用)	**地代家賃**
車検費用	**車両関連費**
車庫代	**地代家賃**
借金	**借入金**
JAF年会費	**諸会費**
社名入りメモ帳、マッチなどの制作費	**広告宣伝費**
車両などのオーバーホール費用	**修繕費**
車両の修理	**車両関連費**
車両の整備費用	**車両関連費**
謝礼金(取材先へ)	**雑費**
謝礼金(取引先などへ)	**接待交際費**
修正液(修正ペン)	**消耗品費(事務用品費)**
修繕費・修理費(車両)	**車両関連費**
修繕費・修理費(パソコン、備品など)	**修繕費**
収入印紙	**租税公課**
住民税	**事業主貸**
重油(冷暖房用)	**水道光熱費**
宿泊費(出張)	**旅費交通費**
受信料(店舗、事務所のテレビなど)	**雑費**
出産祝い(取引先)	**接待交際費**
出産のための入院費	**医療費控除**
出張での食事	**旅費交通費**
出張旅費	**旅費交通費**
出展料(展示会など)	**広告宣伝費**
準備金(事業開始のための)	**元入金**
傷害保険料	**損害保険料**
消火器	**雑費**
正月用飾り	**雑費**
小規模企業共済契約	**小規模企業共済等掛金控除**
上場企業の株式の配当金を得た	**配当所得**
消毒液(インフルエンザ対策)	**雑費**
常備医薬品	**福利厚生費**
商品カタログやポスターなどの制作費	**広告宣伝費**
商品に貼るシール	**広告宣伝費**
情報提供料の支払い	**広告宣伝費**
剰余金の分配を受けた	**配当所得**
食事(出張)	**旅費交通費**
食事(接待・来客)	**接待交際費**
除湿機	**消耗品費(事務用品費)**
書籍	**新聞図書費**
暑中見舞い	**広告宣伝費**
食器(コーヒーカップなど打ち合わせ用)	**会議費**

所得税	**事業主貸**
資料（会議・打ち合わせ用）	**会議費**
神社・寺院等への祭礼寄附	**寄附金控除**
心身障害者扶養共済制度の掛金	**小規模企業共済等掛金控除**
新築祝い（取引先への）	**接待交際費**
新年会費用	**福利厚生費**
新聞購読料	**新聞図書費**
新聞、放送などの報道機関への寄附金	**寄附金控除**
親睦旅行（取引先と）	**接待交際費**
診療費	**医療費控除**

す

Suicaへのチャージ	**旅費交通費**
水槽（事務所や店舗で使用）の購入	**福利厚生費**
水道料金	**水道光熱費**
姿見	**消耗品費**
スクラップブック	**消耗品費（事務用品費）**
スタンプ台	**消耗品費（事務用品費）**
ストーブ	**消耗品費（事務用品費）**
スリッパ	**消耗品費**

せ

生花（事務所や店舗の）	**雑費**
請求書用紙	**消耗品費（事務用品費）**
請求書を送ったが回収不能	**貸倒金**
請求伝票	**消耗品費（事務用品費）**
製造業で得た収入	**事業所得**
政党などへの政治献金	**政党等寄附金控除**
制服（従業員の）	**福利厚生費**
生命保険料	**生命保険料控除**
税理士への顧問料	**支払手数料**
セキュリティーに関する費用	**雑費**
石けん	**消耗品費**
設備移設費用	**修繕費**
セミナー参加費	**研修費**
セロハンテープ	**消耗品費（事務用品費）**
洗剤（掃除用）	**消耗品費**
洗濯機（店舗などで使用）	**消耗品費**
宣伝用パンフレット制作費	**広告宣伝費**
船舶運賃	**荷造運賃**
扇風機	**消耗品費（事務用品費）**
餞別（取引先）	**接待交際費**

そ

送金手数料	**支払手数料**
倉庫の賃借料	**地代家賃**
掃除機	**消耗品費**
掃除用具	**消耗品費**
贈答品費	**接待交際費**
ソフトウェア（取得価額が30万円以上）	**無形固定資産**
ソフトウェア（取得価額が30万円未満）	**消耗品費**
損害賠償責任保険料	**損害保険料**

た

台車	**消耗品費**
退職金（を受け取った）	**退職所得**
耐震基準を満たすための耐震改修を行った（自宅）	**住宅耐震改修特別控除**
タイヤ	**車両関連費**
代理店手数料（支払った）	**支払手数料**
ダイレクトメール発送	**広告宣伝費**
タクシー（業務のための移動）	**旅費交通費**
タクシー（接待時の）	**接待交際費**

宅配便（書類送付）	**通信費**
立て替え払い（事業資金の）	**事業主貸**
建物を購入（取得価額が30万円以上）	**建物**
棚	**消耗品費**
段ボール箱（事務処理で使用）	**消耗品費（事務用品費）**
段ボール箱（商品発送用）	**荷造運賃**

ち

地図	**新聞図書費**
地方公共団体への寄附金	**寄附金控除**
着払い運賃	**荷造運賃**
仲介手数料	**支払手数料**
駐車場（一時的）	**旅費交通費**
駐車場（月極・支払）	**地代家賃**
駐車場（賃貸収入として得た）	**不動産所得**
帳票用紙	**消耗品費（事務用品費）**
治療費	**医療費控除**
賃貸家賃	**地代家賃**

つ

通勤費	**旅費交通費**
机（テーブル）	**消耗品費**
妻へ支払う給与	**専従者給与**
釣り銭を個人の現金から補充	**事業主借**

て

定期刊行物の購読料	**新聞図書費**
定期券	**旅費交通費**
定期健康診断料	**福利厚生費**
定期点検	**修繕費**
定期点検費用（車両）	**車両関連費**
ティッシュペーパー	**消耗品費（事務用品費）**
DVD-R	**消耗品費（事務用品費）**
DVDソフト	**新聞図書費**
テープ（荷造り用）	**荷造運賃**
テープ（荷造り以外での使用）	**消耗品費**
テーブルクロス	**消耗品費（事務用品費）**
デザイナー業で得た収入	**事業所得**
デザイナーに支払った報酬	**外注工賃**
デジタルカメラ	**消耗品費**
デジタルビデオカメラ	**消耗品費**
デジタルビデオテープ	**消耗品費**
デジタルビデオレコーダー	**消耗品費**
デスク	**消耗品費**
手帳	**消耗品費**
手袋（作業用のもの、軍手など）	**消耗品費**
テレビ	**消耗品費**
電気スタンド	**消耗品費（事務用品費）**
電気設備（取得価額が30万円以上）	**建物付属設備**
電球	**消耗品費**
電気料金	**水道光熱費**
点検整備費	**修繕費**
電車賃（仕事の移動）	**旅費交通費**
電車賃（通院のための）	**医療費控除**
店主への立て替え	**事業主貸**
電卓	**消耗品費**
電池	**消耗品費**
電報	**通信費**
電話移設工事費	**修繕費**
電話機（固定電話）	**通信費**
電話料金	**通信費**

と

トイレットペーパー	**消耗品費**
トイレ用ペーパータオル	**消耗品費**
動産総合保険料	**損害保険料**
投資信託の収益分配	**配当所得**
盗難による住宅（家財）の損害	**雑損控除**
盗難保険料	**損害保険料**
灯油	**水道光熱費**
登録手数料	**支払手数料**
登録免許税	**租税公課**
時計	**消耗品費（事務用品費）**
土地を貸して得た収入	**不動産所得**
土地を売却して得た収入	**譲渡所得**
トナー	**消耗品費**
トラック（取得価額が30万円以上）	**車両運搬具**
トラック運送費	**荷造運賃**
取立手数料	**支払手数料**

な

内容証明料金	**通信費**

に

入院費（年間で10万円以上の出費）	**医療費控除**
入場料（展示会など）	**研修費**
庭木などの手入れ費用	**雑費**
人間ドック料金（病気が発見された場合のみ）	**医療費控除**

ね

年賀状	**広告宣伝費**
年度末振替	**元入金**

の

納品伝票	**消耗品費（事務用品費）**
ノート	**消耗品費（事務用品費）**
のし袋	**消耗品費**
のり（梱包時に使用する）	**荷造運賃**
のり（事務用）	**消耗品費（事務用品費）**

は

パーキング料金	**旅費交通費**
パーティション（取得価額が30万円以上）	**工具器具備品**
パーティション（取得価額が30万円未満）	**消耗品費（事務用品費）**
パート（パートタイマーへ払う）	**給料賃金**
ハードディスク	**消耗品費**
廃棄物の処理費用	**雑費**
バイク	**車両関連費**
バイク便	**荷造運賃**
バイク便（書類）の費用	**通信費**
配送料	**荷造運賃**
バインダー	**消耗品費（事務用品費）**
はがき	**通信費**
パケット通信費	**通信費**
バス	**旅費交通費**
バス（通院のための）	**医療費控除**
バスカード	**旅費交通費**
パスポート交付手数料	**旅費交通費**
PASMOの購入費	**旅費交通費**
PASMOのチャージ料金	**旅費交通費**
パソコン購入費（30万円未満）	**消耗品費**
パソコンリース料	**リース料**
パッキングケース	**荷造運賃**
発送費用	**荷造運賃**
バッテリー	**消耗品費**

発泡スチロール(荷造り用)	**荷造運賃**
バナー広告料	**広告宣伝費**
花代(事務所や店舗でのみ使用)	**福利厚生費**
ハンガー	**消耗品費(事務用品費)**
ハンガースタンド	**消耗品費(事務用品費)**
パンク修理	**車両関係費**
販売協力金	**広告宣伝費**
販売商品を仕入れた費用	**売上原価**
販売奨励金	**広告宣伝費**
販売促進費	**広告宣伝費**

ひ

PR費用	**広告宣伝費**
光回線使用料	**通信費**
引っ越し費用	**雑費**
筆記用具	**消耗品費(事務用品費)**
ひも(梱包用)	**荷造運賃**
表札の制作費	**消耗品費(事務用品費)**
便せん	**消耗品費(事務用品費)**

ふ

ファイル	**消耗品費(事務用品費)**
ファックス購入費	**消耗品費(事務用品費)**
ファックス用紙	**消耗品費(事務用品費)**
ファックスリース料	**リース料**
ファンヒーター	**消耗品費(事務用品費)**
封筒	**消耗品費(事務用品費)**
不動産取得税	**租税公課**
不動産の家賃収入	**不動産所得**
扶養親族(所得38万円以下)がいる	**扶養控除**
ブラインド	**消耗品費**
振込手数料	**支払手数料**
プリンタ(取得価額が30万円以上)	**工具器具備品**
プリンタ(取得価額が30万円未満)	**消耗品費**
プロジェクター	**消耗品費(事務用品費)**
フロッピーディスク	**消耗品費(事務用品費)**
プロバイダー契約料	**通信費**
プロパンガス料金	**水道光熱費**
文房具	**消耗品費(事務用品費)**

へ

ベッド	**福利厚生費**
弁護士への報酬	**支払手数料**
弁当(会議や打ち合わせで)	**会議費**

ほ

報酬が源泉されていた	**預り金**
法人会の会費	**諸会費**
包装紙(梱包用)	**荷造運賃**
忘年会費用	**福利厚生費**
防犯のための費用	**雑費**
ボールペン	**消耗品費(事務用品費)**
補助金(受け取り)	**雑所得**
ポスト	**消耗品費(事務用品費)**
POPの制作費	**広告宣伝費**
本	**新聞書籍代**
本棚	**消耗品費**

ま

マイク	**消耗品費**
マウス	**消耗品費**
前渡金が回収不能になった	**貸倒金**
マガジンラック	**消耗品費**

枕（事務所仮眠用など）	**雑費**
窓ガラス（割れて買いかえ）	**修繕費**
満期保険金を得た	**一時所得**
マンションの管理費	**支払手数料**
マンションの賃貸収入	**不動産所得**

み

未収金が回収できない	**貸倒金**
見本品の制作費用	**広告宣伝費**
見舞金（取引先への）	**接待交際費**

め

名刺入れ	**消耗品費（事務用品費）**
名刺制作費	**広告宣伝費**
メニュー制作費	**広告宣伝費**
メモリ	**消耗品費**

や

家賃（オフィス、店舗）	**地代家賃**
家賃（申告者が住んでいる住居）	**事業主貸**
家賃収入を得た	**不動産所得**

ゆ

USBメモリ	**消耗品費（事務用品費）**
融資（銀行からの事業用に受けたもの）	**借入金**
郵送料	**通信費**
ゆうパック料金（小包費用）	**荷造運賃**
ゆうパック料金（書類）	**通信費**
郵便切手（郵便料金）	**通信費**
郵便料金	**通信費**
ゆうメール料金（旧冊子小包）	**荷造運賃**
有料駐車場料金	**旅費交通費**
有料道路通行料	**旅費交通費**
有料メールマガジンの購読料	**新聞図書費**
輸出諸手数料	**荷造運賃**

ら

ライター業で得た収入	**事業所得**
ラベルライター	**消耗品費（事務用品費）**

り

リース料を支払った	**リース料**
利子（銀行などの）	**利子所得**
リベートの支払い	**広告宣伝費**
料金別納郵便	**通信費**
領収書用紙	**消耗品費（事務用品費）**
旅行招待（取引先）	**接待交際費**
旅行保険料	**損害保険料**
旅費（研修会参加のため）	**研修費**
旅費（講習会参加のため）	**研修費**
旅費（セミナー参加のため）	**研修費**
旅費（販売・取材など）	**旅費交通費**

れ

レーシック手術費用	**医療費控除**
冷蔵庫	**消耗品費**
冷暖房費	**水道光熱費**
レジスター	**消耗品費（事務用品費）**
レンタカーのレンタル費用	**旅費交通費**
レンタルサーバー使用料金	**通信費**
レンタルCD（DVD）	**新聞図書費**

ろ

ロッカー	**消耗品費**

わ

輪ゴム	**消耗品費（事務用品費）**

さくいん

す

せ

そ

さくいん

監修者

大沢育郎 ●おおさわいくろう

税理士・宅地建物取引士。玉川大学文学部卒業後、2002年4月、税理士登録。会計事務所勤務を経て、2006年1月に大沢税理士事務所を開設。中小企業の税務、経営相談、資金繰り相談、節税対策、会社設立支援などを行う。2008年7月から（株）マチュアライフ研究所のセミナーで税金講座を担当。雑誌などで、税金関連の記事の監修・執筆等も手掛ける。共著に『「目隠しはずし」の税金講座』（PHP研究所）がある。
ホームページ http://www.cfptax.com/

■編集協力　株式会社アーク・コミュニケーションズ、紺野陽平(本文執筆)
■デザイン・DTP　小林幸恵(有限会社エルグ)
■イラスト　江口修平(有限会社江口修平事務所)
■校正　株式会社聚珍社
■編集担当　田丸智子(ナツメ出版企画株式会社)

ナツメ社Webサイト
https://www.natsume.co.jp
書籍の最新情報(正誤情報を含む)はナツメ社Webサイトをご覧ください。

本書に関するお問い合わせは、書名・発行日・該当ページを明記の上、下記のいずれかの方法にてお送りください。電話でのお問い合わせはお受けしておりません。
・ナツメ社Webサイトの問い合わせフォーム
　https://www.natsume.co.jp/contact
・FAX(03-3291-1305)
・郵送(下記、ナツメ出版企画株式会社宛て)
なお、回答までに日にちをいただく場合があります。正誤のお問い合わせ以外の書籍内容に関する解説や法律相談・税務相談は、一切行っておりません。あらかじめご了承ください。

知識ゼロでも自分でできる! 個人事業の経理と節税 第2版

2019年11月5日　第1版第1刷発行
2023年11月2日　第2版第1刷発行
2024年7月20日　第2版第2刷発行

監修者　大沢育郎
発行者　田村正隆

発行所　株式会社ナツメ社
東京都千代田区神田神保町1-52 ナツメ社ビル1F（〒101-0051）
電話 03（3291）1257（代表）　FAX 03（3291）5761
振替 00130-1-58661

制　作　ナツメ出版企画株式会社
東京都千代田区神田神保町1-52 ナツメ社ビル3F（〒101-0051）
電話 03（3295）3921（代表）

印刷所　ラン印刷社

ISBN978-4-8163-7444-9

Printed in Japan